古代歷史文化研究輯刊

二三編

王明蓀 主編

第2冊

《抱朴子·內篇》成仙藥物之研究

胡玉珍 著

國家圖書館出版品預行編目資料

《抱朴子‧內篇》成仙藥物之研究／胡玉珍 著—初版—新
北市：花木蘭文化事業有限公司，2020〔民109〕
目 4+226 面：19×26 公分
（古代歷史文化研究輯刊 二三編；第 2 冊）
ISBN 978-986-518-027-0（精裝）
1. 抱朴子 2. 研究考訂 3. 道教修鍊
618   109000458

ISBN-978-986-518-027-0

古代歷史文化研究輯刊
二三編 第 二 冊   ISBN：978-986-518-027-0

《抱朴子‧內篇》成仙藥物之研究

作　　者	胡玉珍
主　　編	王明蓀
總 編 輯	杜潔祥
副總編輯	楊嘉樂
編　　輯	許郁翎、張雅淋　美術編輯　陳逸婷
出　　版	花木蘭文化事業有限公司
發 行 人	高小娟
聯絡地址	235 新北市中和區中安街七二號十三樓
	電話：02-2923-1455／傳真：02-2923-1452
網　　址	http://www.huamulan.tw 信箱 hml 810518@gmail.com
印　　刷	普羅文化出版廣告事業
初　　版	2020 年 3 月
全書字數	196171 字
定　　價	二三編 21 冊（精裝）台幣 55,000 元

版權所有‧請勿翻印

《抱朴子・內篇》成仙藥物之研究

胡玉珍　著

作者簡介

胡玉珍，1971 年生於高雄市，國立高雄師範大學國文所文學博士，現任空軍航空技術學院通識中心人文組專任助理教授。曾任國際商工高職國文科專任教師、空軍航空技術學院通識中心人文組文職講師。主要研究方向爲古典文學、道教文學、道教醫學以及養生學。著作有《《抱朴子‧內篇》道教醫學之研究》。

提　要

　　本論文以《抱朴子‧內篇》成仙藥物爲文本，一共分成五章，第一章緒論說明研究動機、目的與理論。葛洪獨特的「藥物養身」醫療觀，以服食中下藥進行醫身「形」的養護，屬於「服天氣」的術數醫療，來自「天地人一體」的宇宙觀，以此來維持人與「自然」的和諧。以服食成仙藥物進行醫心「神」的修煉，屬於「通神明」的宗教醫療，來自「人鬼神一體」的宇宙觀，以此來維持人與「超自然」的和諧。第二章《抱朴子‧內篇》金丹仙藥之探析，葛洪認爲服食金丹大藥，始可使人達到「定無窮」的「長生境界」。金丹本身是一種物質化了的「道」，葛洪認爲它是成仙的方便法門；所以「金丹」被視爲醫術的一種，成爲道教專有的「長生醫術」。

　　第三章《抱朴子‧內篇》五芝仙藥之探析，服食五芝的「特殊療效」中，有許多靈性的內容，是道教醫學中的靈性醫療——「生命長生不死」的藥物養身醫療觀，屬於道教醫療的宗教理想。充分體現了凡人以心靈作爲主宰的生命體驗，追究存有的神聖性與不朽性，其目的在於「仙人」的靈性實踐上，完成永恆不朽的生命價值追求。第四章《抱朴子‧內篇》上品仙藥之探析，〈仙藥〉篇較諸〈金丹〉、〈黃白〉篇，尤具巫術特色。這些能成仙的上品仙藥，屬於道教用藥，藥效的發現，引自《仙經》或仙方，經常使用「援物比類」聯想法的思維方式，來解釋藥效，具有宗教文化的社會性。葛洪一再強調將藥品定出高下之說，因此《抱朴子‧內篇‧仙藥》雖已及於平常的本草植物等，卻仍然偏重於奇特的藥類介紹。依據巫術性思考原則，運用於藥物的採集、服食與療效。

　　第五章結論說明研究的成果與價值，服食成仙藥物，來自「通天」宇宙觀的肯定。肯定天地間有超自然的靈體存在，人的存在可以交感鬼神，以此維持與「超自然」的和諧。葛洪博采眾長，對於各類服食方法，大都有實踐經歷，自成一套完整的天人對應體系。這些都是長期以來有關生命存有的經驗與對應技術，立足於民族深層的思維模式與心理結構。

謝　辭

　　本論文從 2018 年 7 月開始撰寫，至 2019 年 11 月撰述完成。首先要感謝筆者博士論文指導教授林文欽老師的時刻鼓勵與叮囑，讓我不因爲畢業而怠惰，停止繼續學習與研究的腳步。其次要感謝輔仁大學宗教系的鄭志明教授（碩士論文指導教授），鄭老師鼓勵我可以繼續從事《抱朴子‧內篇》三品藥物的梳理，作爲日後升等論文的主軸，因爲道教經典中醫藥文獻的梳理方面，太缺少人才的投入，還有很大的耕耘空間，這才讓我確定了撰寫升等論文的主題與想法。接著要感謝空軍航空技術學院副校長周德威上校，在筆者寫作期間，所提供的寶貴意見，讓本論文的思路與內容，能有更好的呈現；通識中心主任金智教授的不吝分享自己升等的經驗與協助，人文組組長田光佑中校以及老師同仁們的鼓勵與督促。此外感謝本校通電系的詹政翰助理教授，詹老師是理工背景，所以邏輯思維能力特別強，每次我在處理論文遇到難題，不知如何解決時，他總能提供我不同的思路，讓我能豁然開朗，找到解決問題的途徑，可說是我研究路上的的良師益友。還有高師大博士班的好同學，陽明國中的許利彰老師，轉讓一套由詹石窗主編《道醫養生——百年道學精華集成》共八卷的套書；這是一套非常珍貴有關道教醫學方面研究書籍，讓我能順利完成此論文的撰寫。還要感謝陸軍官校通識中心的康經彪副教授，熱心送我他的升等論文《先秦儒家武德思想－四書中的概念與實踐》，並且叮囑我一些注意事項。同時要感謝好友劉益廷先生，筆者博士論文及升等論文中的圖形，都是他幫忙用電腦繪製而成。在寫作升等論文期間，要感謝外子金仁醫師對我的包容、支持與鼓勵，他是一位優秀的外科醫師，仁心與醫術兼備，論文中有關世俗醫學的理論與技術，我時常向他請益。想對二個女兒

芷琳、宜琳說：在你們焚膏繼晷的升學路上，媽咪以身作則，一路相陪，希望此身教能啓發妳們勇於實踐夢想。最後要感謝我親愛的母親胡秦鳳蘭女士以及亡父胡國棟先生，從我大學畢業開始工作，就毫不間斷地給我實質的幫助與支援，謝謝大家的幫忙和關心，才有今天的小小成果，謝謝你們！

　　本書的撰寫，對於資料之蒐集與分類，付梓前之校對，筆者雖全力以赴，惟學識、能力有限，內容未臻完善，撰寫不周或有疏誤之處，甚盼請學者專家，惠予匡正是幸！

目

次

第一章　緒　論

　　葛洪（283～343），字稚川，自號「抱朴子」。是兩晉時期的道教理論思想家、醫學家、煉丹家及著名的養生學家。他在中國哲學史、醫藥學史以及科學史上都有很高的地位。他的著作以《抱朴子》一書最能傳達其思想，因篤信神仙之說，而著書立說，並親身實踐，倡導各種養生醫療的方術，不但充實了道教的內涵，也為其建立系統理論，因此《抱朴子·內篇》可說是道教的醫療養生大全。葛洪把仙學理論作為貫穿《抱朴子·內篇》的一條主線，完成了醫療、養生、成仙的理論，醫療、養生只是為了實踐「養生之盡理」的手段，「成仙不死」才是終極目的，由此可知醫療、養生、成仙是三位一體不可切割的。各種養生醫療的方術，追求從醫身「形」的養護、醫心「神」的修煉到變化成仙，醫療、養生只是身體長壽延年的手段，成仙即生命的長生不死才是終極目標。

　　二十一世紀是養生的世紀，人們都冀望能養生防老，活得精采，各個學科領域也以此為努力研究之目標。道教重視醫藥與方術，醫藥學是道教修道成仙的相關必備知識與操作技能。葛洪獨特的「藥物養身」醫療觀，來自古人的生活經驗，累積了藥物採補與身體保健的相關知識，是古人為了「身體」的「長壽延年」與「生命」的「長生不死」需求，所發展出來的醫療、養生、成仙的操作技術。這些操作實踐工夫，與自然、超自然的神聖信仰，有著密切的關係。是延續著傳統以「氣」為核心的宇宙論，這是一種相當古老的「天人感應」思想，認為人體與天地萬物都是由「氣」所構成的，因此可以「氣化相通」；同樣的藥物，也是氣化流行下的產物，彼此是可以「氣感相應」的。人具有「明哲」與「得道」能力，位於宇宙的核心，必須相通於「自然」、「超

自然」的秩序之中，此秩序是建立在精神性的形上認同，將人提昇到與天地鬼神同在的神聖領域，是一種「服天氣」與「通神明」的境界追求。

《抱朴子・內篇》中的上品藥就是成仙藥物，不論是人工煉製的還丹金液、五芝或是自然生成的仙藥，包含金石礦物類藥、或是有滋補作用的上品草木藥，都屬於道教用藥。在葛洪獨特的「藥物養身」醫療觀中，屬於醫心「神」的修煉，來自「通神明」的宗教醫療。它們的功效，是為了求神仙和長生不老，是修道者主要追求的藥物，也是葛洪所重視的藥物。《抱朴子・內篇》的中品藥「主養性」，下品藥「主除病」，屬於醫身「形」的養護，來自「服天氣」的術數醫療。用藥目的是去除人體內的各種疾病，是道教醫療的最初本意，屬於醫家用藥。如此才可達成養生長壽目的，屬於「成仙」的預備休養。學者鄭金生認為：「巫家用藥的特點是『顯示神力』，無處不可通靈；醫家用藥是為他人『治病』，道教用藥則是為了『成仙和長生』。」〔註1〕

葛洪既是道士，也是醫生，《抱朴子・內篇》的上品藥（成仙藥物），主要在「求神仙、長生」，屬於道教用藥。是修道者所追求的藥物，也是葛洪所重視的藥物。成仙藥物「特殊療效」的發現，引自道經或仙方，常用「援物比類」聯想法的思維方式，去解釋藥效，具有宗教文化的社會性。成仙藥物的「一般療效」，主要在「消體疾」，是屬於醫家用藥，藥效的發現，來自於經驗性，使用中國醫學的正統藥理系統——「性味理論」，去解釋藥效，具有科學的經驗性，故葛洪提倡「為道者須兼修醫術」，因為醫藥學是修道成仙的相關必備知識與操作技能。本論文的研究動機是期望能藉由對《抱朴子・內篇》成仙藥物的梳理與探討，來了解葛洪獨特的藥物養身醫療觀，顯示古人具有主動創造的生活智慧，從生活經驗中建構出藥物養身的醫療理論與操作功夫。其形而上「宇宙論」、「生命觀」的思維模式，提供「天人交感」的整體對應關係，肯定人體是一個小宇宙，是對應著自然、超自然的運行秩序而來，從而發展出順應自然、超自然的醫療、養生技術，此技術不屬於科學範疇，而是生活經驗的神聖範疇，是建立在「宇宙氣化論」的信仰上，以「氣」來進行天人一體與內外一理的交感。成仙藥物的「特殊療效」，屬於醫心「神」的修煉，已超出生物本能的層次，進入到心靈開發的自性覺醒，領悟到藥物養身與醫療的特殊功能。此智慧來自傳統社會中各種的文化養分，所發展出龐大的醫療養生體系，對二十一世紀的現代人來說，依然深具意義。

〔註1〕鄭金生：《藥林外史》（台北：東大圖書），2005年，頁99。

第一節　研究動機與目的

　　在一次國際研討會中，筆者深感有關「中醫藥的文本與文獻梳理」部分，非常缺乏專業人才的投入，目前中國文學系所的師生，都不太從事道教醫藥典籍的考釋與整理，因為缺乏中醫藥的相關學理知識；而中醫藥系所的學生，由於古文能力及宗教醫學背景的不足，在理解中國古代醫藥時，容易受到限制。筆者撰寫博士論文時，因為需要，研讀了一些傳統中國醫藥的相關知識，因緣際會下產生撰寫此升等論文的動機。筆者嘗試從葛洪獨特的藥物養身醫療觀切入研究面向，希望釐清《抱朴子・內篇》成仙藥物「通神明」的文化內涵。

一、研究動機

　　升等論文《抱朴子・內篇》成仙藥物之研究的緣起，是筆者在 2018 年 7 月時，偶然看到由中央研究院人文社會科學研究中心以及中原大學醫療史與人文社會研究中心主辦的「流失在民間的中國醫療史暨廢除中醫案 90 週年」國際學術研討會在徵稿，會議主題包含七個方面，分別為：一、「廢除中醫案」歷史新探，包括法令、政治、學術、人物等研究。二、1929～2019 年以來各種中醫面臨「被廢除」的相關歷史研究與探討。三、東亞各式中西醫競爭、匯通的歷史。四、東亞抄本醫書、民俗醫療、藥方的研究。五、外科、骨傷科、推拿、針灸、草藥，在正統醫學之外的醫療技術的社會史。六、中醫技術與組織適應社會與科技變遷的例子。七、其他中西醫學史、衛生史研究可能忽略之主題。

　　針對第四、五個會議主題，民俗醫療、草藥、藥方的研究，筆者想到自己的博士論文《抱朴子・內篇》道教醫學之研究〔註2〕，曾經在第六章《抱朴子・內篇》的診療法——第二節《抱朴子・內篇》的生理醫療法中，使用「以食配藥」、「以藥配食」、「藥藥相配」、「食食相配」以及服藥順序與禁忌來探討《抱朴子・內篇》藥物養身的生理治療法。但是總覺得此方法有些疏漏與不適切，因此看到此研討會徵稿時，心中想到可由另一個面向——按照三品藥上、中、下的分類，來梳理《抱朴子・內篇》的上藥、中藥與下藥。由於

〔註2〕胡玉珍：〈《抱朴子・內篇》道教醫學之研究（上、中、下）——中國學術思想輯刊二七編23、24、25〉（新北市：花木蘭文化事業，2018年3月）。

上藥－成仙藥物的內容太豐富，短時間內無法完成，筆者便決定縮小範圍來討論，撰寫了《抱朴子‧內篇》藥物養身醫療觀之探析——以五芝為例，初稿曾宣讀於中央研究院主辦的「流失在民間的中國醫療史暨廢除中醫案90週年」國際學術研討會。在會議中感謝論文主持評論人中原大學皮國立副教授、中國醫學大學李健祥副教授以及與會之專家學者們，所提供的寶貴意見，筆者根據這些寶貴意見，加以修正成為本論文第三章《抱朴子‧內篇》五芝仙藥之探析。

在二天的會議中，與會學者大多是兩岸三地的中醫師、中國醫藥大學中醫系的教授、中研院近史所、史語所的研究員或研究生等，反觀具有中國文學背景的學者非常之少，只有二位包括筆者。會議發表分為四部份：中醫存廢論戰、中醫藥的文本與文獻梳理、古往今來藥物之歷史以及「正統」還是「民間」的技術與知識？其中「中醫藥的文本與文獻梳理」稿件非常缺乏，急需要專業人才的投入，筆者在此次會議中有深刻的體會。會議結束後，筆者拜訪輔仁大學宗教系的鄭志明教授（碩士指導教授），談及此事，鄭老師鼓勵我繼續從事《抱朴子‧內篇》三品藥物的梳理，作為日後升等論文的主軸，這才有了撰寫此升等論文的主題想法與動機。學者陳立夫曾說：「習西醫者，極少數具有國學根柢；且中醫書籍，研讀不易，而棄之不顧。」〔註3〕他指出國學養成教育系所，將傳統醫藥典籍的考釋整理拱手讓人；而中醫藥系所的學生，由於古文能力及國學背景的不足，在理解中醫藥時，自然受到限制。他認為如果能整合中文系及中醫藥系所的力量，勢將開創傳統醫學的第二春。此為筆者撰寫此升等論文的研究動機之二。

中國古代的方技是醫藥養生和神仙家說雜揉不分的體系，雖然漢唐以後，醫藥養生與神仙家說逐漸分化，形成二個不同領域，但最初二者是緊密相聯的。〔註4〕特別是醫術中的「藥」這一項與神仙方術關係最大。古代醫術有「內治」與「外治」之別，所謂「毒藥治其內，針石治其外」。「內治」是以內服藥物為主，與神仙家的服食相似，二者都是在「藥」上做文章，所以「藥」是聯結醫術和神仙家說的主要紐帶。雖然服食與醫術都講服藥，但是道教醫療的服食之藥是以金石為主，而中國傳統醫學的醫術之藥是以本草為

〔註3〕陳立夫：〈中華文化復興運動中醫界應負之使命〉收錄於《對中國醫藥之願望》（台中：私立中國醫藥學院印行，1994年），頁57。

〔註4〕在漢代和隋唐史志之中，醫籍和服食、行氣、導引、房中等方面的內容是結合在一起，自宋以後，服食、行氣、導引、房中的內容往往只在道教內部流傳。

主，這是道教醫療與中醫的一個基本區別。中醫是以治病爲出發點，進而追求養生與延年；而道教醫療的服食則是以追求長生、不死和成仙爲目標，退而求其次，才求諸醫藥養生。筆者嘗試從葛洪獨特的藥物養身醫療觀切入研究面向，希望釐清《抱朴子·內篇》成仙藥物「通神明」宗教醫療的文化內涵。

二、研究目的

從二十世紀開始，「宗教醫療」成爲迷信的代名詞，象徵人類的愚昧與落伍，被認爲是阻礙時代文化進步的絆腳石。《抱朴子·內篇》成仙藥物的「特殊醫療」中，有許多靈性的內容，例如：見仙人博戲、身輕有光明、避兵、步行水上、令人壽三千、四萬歲、白日昇天、地仙不死之類的超能力內容，一般學者從現代醫學的立場來看，認爲這是荒誕無稽，愚昧迷信的反科學，屬於巫藥的餘毒。筆者嘗試從葛洪獨特的藥物養身醫療觀切入研究面向，希望釐清《抱朴子·內篇》成仙藥物「通神明」宗教醫療的文化內涵；來自「天人交通」的靈感文化，是中國傳統宗教最核心的信仰內涵，也是中國文明連續型的意義所在，深信「人」與「天地鬼神」之間有著相交、相通與相感的對應關係。人的存在可以交感鬼神，以此維持與「超自然」的和諧。這種「靈性醫療」即論文中的「特殊醫療」，是建立在靈實互動的精神體驗上，內在的信仰感情是重於任何的外在形式，是直接訴諸人與天地鬼神之間的「靈性交感」與「生命體驗」。所以靈性醫療是屬於精神層次的文化治療，在葛洪獨特的藥物養身醫療觀中，這是心靈的永生治療，屬於神聖醫學中的靈性醫療。

這種「宗教」與「醫療」的衝突，牽涉到「科學」的定位問題，科學雖然提昇了人類文明的新境界，但是無法完全取代人類幾千年來的精神文明。學者張光直認爲：

> 「瑪雅－中國文化連續體」一詞，代表中國文化重要特徵是連續性的，就是從野蠻社會到文明社會許多文化、社會成分延續下來，其中主要延續下來的是人與世界的關係、人與自然的關係，留傳著史前的宇宙觀、巫術、天地人神的溝通以及借助這種溝通所獨佔的政治權力等。〔註5〕

〔註5〕張光直：《考古學專題六講》（台北：稻香出版社，1988年），頁23。

此種說法顯示早期人類在面對個體生命時,不僅扣緊在生物本能的存有動機與要求,也同時開啓心靈的精神性作用,肯定生命的形式是超出肉體的物質領域,還需要進入到目的存在、價值存在與超越存在的精神領域之中。〔註6〕

由於科學的定位不清,時常侵入到人類的各種精神生活中,企圖取而代之,這種心態混亂了「物質文明」與「精神文明」的分際,造成了錯誤的價值認知,形成強烈意識形態的衝突,顛倒了社會生存原有的理性秩序。〔註7〕這是背離「瑪雅－中國文化連續體」的生態環境,也斷裂了傳統精神文化的價值作用。學者鄭志明認爲:

> 將宗教與科學連結在一起,以科學作爲唯一檢驗的眞理,忽略了宗教與科學脫勾的可能性,二者之間可以沒有因果關係,即宗教是宗教,科學是科學,各有其不同的領域與範疇,當能清楚掌握二者的分際時,宗教不會促進科學的發展,也不會阻礙科學。〔註8〕

此看法一針見血地指出我們對宗教應有的認識與省思,科學與宗教原本就是兩種不同的文明形態,雙方可以不必尖銳對立,反而可以藉由「醫療」來相互對話與交流,彼此相輔相成。

醫療不是醫院與醫生的專利,它也是一種長期社會化的文化學習,背後有其完備與成熟的「宇宙觀」與「生命觀」,以養生護生來實現人類生命的價值。二十一世紀的現代社會,人們需要科學性的醫學體系,同時也需要宗教性的醫學體系,這二種體系可以依其文化本位發展、相輔相成,從「文化」上做精準定位,了解科學醫學與宗教醫學雙方各自的屬性與作用,可以二者並重,以滿足人們世俗性的生存需求及神聖性的精神安頓。

期能藉此論文的研究,對道教經典《抱朴子‧內篇》成仙藥物的醫療理論,進行文化性梳理和發掘的微觀研究。從文化形上的觀念系統與詮釋體系中,擴大對「醫療」概念的界定與認知。以歷史文化的關懷角度來理解,道教醫學是古老文明傳承下的文化現象,在「身」方面追求生理的強身健體、在「心」方面重視個體的意義安頓、在「靈」方面重視擴展生命的存有境界,突破生命的有限形式,進入長存的精神領域。如此能清楚瞭解葛洪生命修煉

〔註6〕馮天策:《信仰導論》(廣西南寧:廣西人民出版社,1992年),頁105。

〔註7〕鄭志明:《華人宗教的文化意識第一卷》(台北:宗教文化研究中心,2001年),頁144。

〔註8〕鄭志明:〈宗教醫療的社會性與時代性〉《宗教與民俗醫療》(台北:大元書局,2004年),頁165〜167。

的內秘世界是豐富的，身體煉養的方法是多樣的，不論是服食中下藥的醫身「形」的養護或是服食成仙藥物的醫心「神」的修煉，都是來自完整性的「天人對應」模式。他重視生命精神性的向上提昇，在博採眾術的修行方法上，展現身體力行的實踐工夫，追求相應於終極實體的精神性永生。

第二節　研究文獻回顧

　　葛洪《抱朴子・內篇》在中國道教史和文化史上，舉足輕重。他是兩晉時期的思想家、醫學家、製藥化學家，煉丹術家及著名的道教人士。有關葛洪《抱朴子・內篇》成仙藥物的研究，較少學者從「宗教醫療」觀念切入的研究面向，不論是人工煉製的仙藥－還丹金液，還是五芝，或是天然的仙藥－礦物類仙藥、植物類仙藥，他們大都從科學的「物質文明」角度來加以解說，這些珍貴、神通的「特殊醫療」內容，總是被學者抨擊為愚昧、迷信的反科學，屬於巫藥的餘毒。筆者認為《抱朴子・內篇》成仙藥物，大多屬於「宗教醫療」的部分，是直接從生命的精神層次來避開或化解各種災難與疾病的侵襲，這是超出科學的實證範疇，無法用物質的科學文明來加以闡釋。在文獻回顧方面，筆者將分成專書、學位論文及單篇論文三部分來說明，以期對這一課題的深入研究，能有所裨益。

一、專書部分

　　專書內容大致有二十二本〔註9〕，筆者較常參閱的是胡孚琛的《魏晉神仙道教》〔註10〕及李豐楙的《不死的探求——抱朴子》〔註11〕、但是整體來說，幾乎沒有純粹從「宗教醫療」、「靈性醫療」來解說《抱朴子・內篇》成仙藥

〔註9〕　筆者已有做過詳細說明，請參閱胡玉珍：《《抱朴子・內篇》道教醫學之研究（上）——中國學術思想輯刊二七編 23》（新北市：花木蘭文化事業，2018年3月），頁13～15。

〔註10〕　該書是大陸首次將葛洪作為道教史上的人物進行專題研究的著作，以《抱朴子內篇》作為研究對象，探討了葛洪神學思想的淵源、發展和創新以及對方術的巨大貢獻，筆者參考其中的「金丹術與醫藥學」部分。胡孚琛：《魏晉神仙道教——抱朴子內篇研究》（北京：人民出版社，1990年版）。

〔註11〕　該書是台灣將葛洪《抱朴子內篇》作為專題，進行完整且全面研究的開創著作，重點在《抱朴子內篇》中體現的神仙不死思想，對其中的養生、服食、存思、變化、法術等進行說法。筆者參考其中的「抱朴子的服食：金丹與仙藥部分」。李豐楙：《不死的探求——抱朴子》（台北：中時出版社，1982年版）。

物「特殊醫療」的文化內涵，因爲違反了科學與主流醫學的認知。筆者認爲這種醫療不是迷信與愚昧的反科學，而是延續自古老靈感文化而來的心靈安頓力量，是建立在「信仰」的神聖交感上，屬於宗教範疇下的文化醫療行爲，因此認爲有再深入研究之必要。

與「道教醫學」有關的論著，目前已經有學者從事專門的學術論著，如蓋建民的《道教醫學導論》、王慶餘、曠文楠的《道醫窺秘——道教醫學康復術》、孟乃昌的《道教與中國醫藥學》、日本學者吉元昭治的《道教與不老長壽醫學》等，這些論著是從宏觀的角度，做整體系統性的建構，但是道教經典在生命醫療觀念的微觀研究上，則是有待擴充與發展的必要性。目前國內學者只有鄭志明建立了一套完整的宗教醫療體系，他在《道教生死學》中有從事一些道教經典醫療觀的單篇論文微觀研究，啓發了筆者的升等論文主題，因此決定從道教經典《抱朴子・內篇》成仙藥物中，做藥物養身醫療理論與操作實踐工夫的微觀研究，對它下一番重新鑑別的研究功夫，掘發出更多豐富的文化智慧與醫療養生內涵，期能呈顯道教醫療的價值性與實用性。

二、學位論文

除了專書以外，在學位論文與期刊論文方面，兩岸學者已開始投入較多的研究。首先，學位論文方面，臺灣學者研究葛洪《抱朴子・內篇》的相關碩博士論文有九篇，如表 1-1 台灣與葛洪《抱朴子・內篇》的相關碩博士論文。

表 1-1　台灣與葛洪《抱朴子・內篇》藥物養身相關碩博士論文

序號	作　者	篇名題目	出　處	出版年
1	謝素珠	葛洪醫藥學成果之探究	國立成功大學／歷史語言研究所	82
2	丁婉莉	葛洪養生思想研究	國立高雄師範大學／國文學系	92
3	李宛靜	抱朴子內篇養生論研究	銘傳大學／應用中國文學系碩士班	93
4	李宗翰	葛洪《抱朴子・內篇》中的神仙思想研究	華梵大學／東方人文思想研究所／碩士	94
5	李翠芳	道教養生思想與養生之關係——以葛洪《抱朴子・內篇》爲例	國立臺南大學／國語文學系／碩士	95

6	陳思汝	葛洪《抱朴子‧內篇》氣論思想研究	中國文化大學／中國文學系／碩士	99
7	紀清賜	葛洪《抱朴子‧內篇》的生命哲學研究	東海大學／哲學系／碩士	99
8	鄧兆欽	葛洪《抱朴子‧內篇》成仙方法修煉與研究	玄奘大學／宗教學系碩士在職專班／碩士	100
9	胡玉珍	《抱朴子‧內篇》道教醫學之研究	國立高雄師範大學／國文學系／博士	103

上述研究，除了李宛靜：《抱朴子內篇養生論研究》〔註 12〕、丁婉莉：《葛洪養生思想研究》〔註 13〕及謝素珠：《葛洪醫藥學成果之探究》〔註 14〕三篇碩士論文，雖與本論文略有關係，但是較少純粹從醫療觀念切入的研究面向，導致葛洪在道教醫學上的定位不一，無法清楚釐清道教與醫療、養生間的互動關係。因此筆者認為有再深入研究之必要。

　　大陸學者在碩博士論文方面，與葛洪《抱朴子‧內篇》藥物養身的相關論文有七篇，如表 1-2 大陸與葛洪《抱朴子‧內篇》的相關碩博士論文。

〔註12〕此碩論從葛洪生平略傳、《抱朴子‧內篇》養生論的思想淵源、《抱朴子‧內篇》養生論的實踐態度、《抱朴子‧內篇》養生論的實踐方法四方面著手，《抱朴子‧內篇》養生論的思想淵源則分成神仙思想、玄道思想、元氣思想；《抱朴子‧內篇》養生論的實踐態度則分成自力實踐、不傷不損、兼採眾說；《抱朴子‧內篇》養生論的實踐方法則分成辟穀食氣、導引按蹻、行氣胎息、房中寶精、存思守一、行功立德來說明。李宛靜：《抱朴子內篇養生論研究》，銘傳大學碩士論文，2004 年。

〔註13〕此碩論從葛洪略傳、葛洪養生思想之基本概念、養生思想的落實及醫藥學思想探析四方面著手，葛洪養生思想之基本概念則分成道論、氣論及神仙思想來說明；養生思想的落實則分成《抱朴子》著成之因緣、養生成仙的基本條件及養生成仙的實踐來說明；醫藥學思想則分成《肘後備急方》著成之因緣、方劑學、針灸學及疾病學來說明。丁婉莉：《葛洪養生思想研究》，高雄師範大學碩士論文，2003 年。

〔註14〕此論文以《抱朴子‧內篇》、《肘後備急方》為研究主體，藉以究明葛洪在醫藥上之師承、淵源與具體貢獻。從葛洪之醫藥思想（上）、葛洪之醫藥思想（下）、《抱朴子‧內篇》之醫藥價值、《肘後備急方》之醫藥價值四方面著手，葛洪之醫藥思想（上）則分成葛洪對陰陽五行思想之運用、強調氣與生命的關係、濃烈的成仙思想三方面，以探求其醫藥思想之源流與醫療主張產生之原因。葛洪之醫藥思想（下）則分成探究葛洪的養生說、醫療觀、醫德論之內容。《抱朴子‧內篇》之醫藥價值，則分成煉丹術、行氣法、房中術，以說明其在醫藥上之價值。《肘後備急方》之醫藥價值，則分成藥物、針灸、內科、傷科、傳染病、獸醫等方面說明。謝素珠：《葛洪醫藥學成果之探究》，成功大學碩士論文，1993 年。

表 1-2　大陸與葛洪《抱朴子‧內篇》藥物養身的相關碩博士論文

序號	篇　名	作者	刊　名	年度
1	漢晉道教醫世思想研究	楊洋	南京大學博士	2013
2	《抱朴子‧內篇》養生思想研究	朴載榮	青島大學碩士	2013
3	煉丹術非金石藥物研究	葛召坤	山東大學碩士	2013
4	葛洪數術思想研究——以《抱朴子內篇》爲中心	裘梧	北京大學碩士	2010
5	葛洪神仙思想的生命哲學研究	許小峰	南京理工大學碩士	2007
6	論葛洪的養生思想	陳寧	中央民族大學碩士	2006
7	南北朝道教煉丹與化學研究	容志毅	山東大學博士	2005

上述大陸學者在研究葛洪、《抱朴子內篇》碩士論文方面，只有朴載榮：《抱朴子‧內篇》養生思想研究〔註15〕是從養生方面著手，裘梧：《葛洪數術思想研究——以《抱朴子內篇》爲中心》〔註16〕，葛召坤：《煉丹術非金石藥物研究》〔註17〕以及容志毅：《南北朝道教煉丹與化學研究》〔註18〕此四篇雖與本論文略有關係，但是較少純粹從醫療觀念切入的研究面向，因此筆者認爲有再深入研究之必要。其餘論文主要多以葛洪、《抱朴子內篇》思想方面研究爲主。

〔註15〕此論文是從時代背景、葛洪家世和一生際遇出發，探討葛洪養生思想理論特色和養生實踐活動。揭示葛洪養生思想的理論基礎「玄道」和「守一」的思想，包括他的生死觀和以德養生的思想，細究金丹、行氣、房中的養生方法。最後評價《抱朴子‧內篇》養生思想對道教醫學和民間道教的影響及現代價值。朴載榮：《抱朴子‧內篇》養生思想研究，青島大學碩士論文，2013 年。

〔註16〕此論文認爲從葛洪著作中，可以發現大量數術思想的材料，葛洪精通數術，並形成了一套以長生成仙爲最高追求的道教數術理論，通過對葛洪的人生經歷和思想流變來做説明。裘梧：《葛洪數術思想研究——以《抱朴子內篇》爲中心》，北京大學碩士論文，2010 年。

〔註17〕此碩論以煉丹術中的非金石類藥物歷史沿革爲線索，以藥物使用爲綱，系統闡述各歷史時期神仙服食以及外丹黃白術中的非金石藥物使用概況，力圖勾勒出煉丹術與本草藥物的關係，探討煉丹思想、用藥理論的時代特點。葛召坤：《煉丹術非金石藥物研究》，山東大學碩士論文，2013 年。

〔註18〕此博論試圖從道教成仙信仰的發展歷史進程中，去把握道教煉丹與原始化學的關係，從具體的煉丹發展演變的歷史考察出發，了解并闡釋它與原始化學乃至處於萌芽狀態的整個古代科學之間相互糾纏的關係和歷史。容志毅：《南北朝道教煉丹與化學研究》，山東大學博士論文，2005 年。

三、單篇論文

在單篇論文方面，臺灣學者約有五篇文章，有鄭志明〈葛洪《抱朴子‧內篇》的醫療觀〉〔註19〕。筆者本篇升等論文，就是受到學者鄭志明的啓發，承續其單篇論文中「藥物養身」醫療觀的概念，擴大成爲升等論文，並從《抱朴子‧內篇》成仙藥物的內涵：金丹仙藥、五芝仙藥以及上品仙藥等三方面說明，來詳細呈顯《抱朴子‧內篇》成仙藥物研究之文化內涵。其餘的單篇論文主要是探討葛洪哲學與宗教思想爲主，醫療養生方面較少研究文章。

而大陸學者的研究，80年代以來，對葛洪、《抱朴子內篇》的研究，主要還是集中在他的思想方面，特別是他的道教思想研究。大致可以分爲哲學與宗教思想、政治與倫理思想、人格理想和隱逸思想及養生醫學等方面。筆者搜索與《抱朴子內篇》成仙藥物相關的單篇論文，從缺。筆者擴大範圍搜尋，將二百五十篇「仙藥」的單篇論文，梳理出與本論文較有相關的，共有二十九篇單篇論文，如表1-3。

表1-3　大陸與「仙藥」醫療養生相關的期刊

序號	篇　名	作者	刊　名	年／月
1	中國古代醫藥及導引養生諸術考論	葛志毅	古代文明	2015-07
2	葛洪養生思想撮述	胡可濤	商丘師范學院學報	2015-10
3	我國早期對靈芝功用的研究	曹麗娟	亞太傳統醫藥	2013-05
4	論道教的「食玉」思想——以魏晉南北朝時期爲中心	王艷霞	華夏文化	2012-12
5	「曠世仙藥」有多少是大「忽悠」？	譚敦民	科學養生	2012-04
6	葛洪養生思想管窺	文豪	河南工業大學學報（社會科學版）	2012-02
7	道教食養與《抱朴子》仙藥	孫曉生	新中醫	2011-09
8	漢畫像石中蟾蜍的醫藥文化含蘊	楊金萍	醫學與哲學（人文社會醫學版）	2011-04
9	《抱朴子內篇》藥物服食法淺析	柳亞平	云南中醫學院學報	2011-04
10	《漢武帝內傳》中所呈現的服食與養生思想	蕭登福	中國道教	2009-08
11	仙藥有品，茯苓獨秀——白茯苓能最快提升人體免疫力	欒加芹	中華養生保健	2009-01

〔註19〕鄭志明：〈葛洪《抱朴子》內篇的醫療觀〉《道教生死學》（台北市：文津出版社，2006年5月），頁118～140。

12	道教與玉文化	江南	世界宗教文化	2008-06
13	淺談靈芝的應用	張先梅	實用醫技雜志	2007-11
14	漢畫像石中鳥圖騰‧神仙羽化思想與中醫藥	楊金萍	中國典籍與文化	2007-05
15	枸杞養生又養顏	伊鳴	醫藥保健雜志	2006-11
16	道家「仙藥」說枸杞	華安	家庭中醫藥	2006-03
17	《抱朴子‧內篇》醫學思想初探	魏先斌	錦州醫學院學報（社會科學版）	2006-02
18	《神農本草經》的道家養生思想與漢畫像石中的羽人仙藥圖	楊金萍	醫學與哲學（人文社會醫學版）	2006-02
19	上品「仙」藥——五味子	常章富	家庭醫藥	2004-10
20	上品仙藥——茯苓	葉水泉	現代養生	2004-05
21	靈芝的保健和美容作用	芮世華	服務科技	1999-10
22	道教服餌派的仙藥、美容方及食療方	謝彥紅	中國中醫基礎醫學雜志	1998-03
23	論葛洪的藥學成就	鄭國燊	中成藥	1997-11
24	晉人自污井中水　錯將朱砂當仙藥	孫啓明	家庭中醫藥	1994-04
25	「仙藥」？神功！	馮軍	湖南老年	1994-04
26	葛洪的養生學理論與方術述評	郭起華	湖南中醫學院學報	1993-12
29	服食	曾召南	宗教學研究	1983-07

上述二十九篇單篇論文與本論文密切相關的，有胡可濤的〈葛洪養生思想撮述〉〔註20〕、華安的〈道家「仙藥」說枸杞〉〔註21〕、楊金萍的《《神農本草經》的道家養生思想與漢畫像石中的羽人仙藥圖〉〔註22〕、孫曉生的〈道教

〔註20〕葛洪一方面積極重建道教「長生不死」的神仙信仰，另一方面在總結前人養生經驗的基礎上，形成了較爲豐富的養生學思想體系。葛洪將服食「金丹大藥」視爲長生成仙的根本，並廣泛探討自然界的各類物質對於養生的藥用價值。胡可濤：〈葛洪養生思想撮述〉《商丘師范學院學報》，2015 年10 月。

〔註21〕主要在說仙人杖，杞菊地黃丸。華安：〈道家「仙藥」說枸杞〉《家庭中醫藥》，2006 年3 月。

〔註22〕作者認爲鳥圖騰寓含的健康長壽的特殊涵義，反映了其與中醫藥之間的密切關係；畫像石中的羽化仙人，是戰國至秦漢時期神仙羽化思想的顯明寫照，羽人搗藥、針刺、導引等圖，反映了道家方士神仙養生思想對中醫藥的重要影響。請參閱楊金萍：《《神農本草經》的道家養生思想與漢畫像石中的羽人仙藥圖〉《醫學與哲學》，2006 年2 月。

食養與《抱朴子》仙藥〉〔註23〕、楊金萍的〈漢畫像石中蟾蜍的醫藥文化含
蘊〉〔註24〕、伊鳴的〈枸杞養生又養顏〉〔註25〕、郭起華的〈葛洪的養生學
理論與方術述評〉〔註26〕、曾召南的〈服食〉〔註27〕等，其餘雖然略有關係，
但因每篇篇幅較短，且多屬概要式論述，不夠深入與全面。筆者將這些引以
爲參考資料，在論文的適當篇幅中將會引用說明。

　　綜觀以上所述，可以看出有關葛洪、《抱朴子內篇》、成仙藥物三方面的研
究，雖然取得了豐碩成果，但是較少純粹從宗教文化醫療的觀念切入的研究面
向，這些與生命、醫療、宗教課題及道教經典在「藥物養身醫療觀」的「微觀
研究」等課題，是值得進行深入探討與研究的，道教醫療不同於其他的生理醫
療，除了醫療、養生之外，還要成仙。此醫療體系是建立在宗教醫療的「永生
需求」上，服食中下藥，只是入門工夫，最終目的在於「服金丹」或「服仙藥」。
此長生觀念與科學無關，是建立在「神仙可成」的宗教理論上，「假外物以自
堅固」的需求上；可以「令人不老不死」，這是把人攝取藥物的認知，做機械
性的推理延伸，這些是筆者認爲有必要再深入研究此課題之所在。

〔註23〕作者認爲養生概念首載道家，道家與養生關係密切，道教食養三大來源中金
　　　　石類礦物已極少使用，流行至今的草木類植物和動物類大多數已收入《中藥
　　　　學》教科書，其中具有代表性的有《抱朴子・內篇》中的仙藥。孫曉生：〈道
　　　　教食養與《抱朴子》仙藥〉《新中醫》，2011年9月。
〔註24〕作者認爲漢畫像石中有關蟾蜍的題材比較特殊，蟾蜍常口含仙草，或搗制仙
　　　　藥，或與西王母、嫦娥相伴，這些畫面涵著較深的文化意蘊：反映了古老
　　　　的蟾蜍及蛙崇拜，揭示遠古時期對女性的生殖崇拜心理，反映了戰國秦漢時
　　　　期的羽化升仙思想及人們對仙藥的渴求。中醫針灸類書《黃帝蝦蟆經》，其書
　　　　名及書中的針灸隨月避忌之法，體現了蟾蜍爲月精觀念對醫學的影響。楊金
　　　　萍：〈漢畫像石中蟾蜍的醫藥文化含蘊〉《醫學與哲學》，2011年4月。
〔註25〕構杞子是枸杞的果實，葉叫綠枸杞，莖稱卻老枝，籽稱天精子，根稱地骨皮，
　　　　子、花、葉、根、皮都可入藥。伊鳴：〈枸杞養生又養顏〉《醫藥保健雜志》，
　　　　2006年11月。
〔註26〕《抱朴子》內篇富含宗教（道教）哲學、神仙方藥、養生延年、禳邪卻禍的內
　　　　容，其養生理論以生命至貴，長生可致爲基本出發點，運用外服金丹，餌用仙
　　　　藥；內修守一，寶精行氣等內外修煉之術，達到長生成仙的目的，體現了駁雜
　　　　多端，瑕瑜互見的特點，全面、客觀地剖析葛洪養生論的得與失、科學成就與
　　　　宗教迷信，其可爲今用的精華與必須拋棄的糟粕，則是本文的主旨。郭起華：
　　　　〈葛洪的養生學理論與方術述評〉《湖南中醫學院學報》，1993年12月。
〔註27〕作者認爲道教修煉方術，指服食藥物（丹藥和草木藥）以求長生。道教修真
　　　　煉養方法，有內修和外養兩類，服食藥物屬外養。服食起於戰國方士。與行
　　　　氣、房中同屬當時方術三流派。初爲服食「仙藥」。曾召南：〈服食〉《宗教學
　　　　研究》，1983年7月。

第三節　巫醫同源的生命醫療觀

　　巫術與醫術，都是人類相當古老的文化遺產，累積長期以來古人對「生命存有」的行為與「對應技術」。這種行為、技術，從現代科學的立場來看，或許荒謬無稽，但是其背後的觀念與操作系統，反映出人類生命探索下，最早期的文化智慧型態，其思維方式與行為模式，屬於意識活動的精神創造，有其自成系統的信念與思想體系。

　　所謂「巫醫同源」，是指巫術與醫術都是來自於古老的原始文化，早期人類意識到人類生存的自然環境，到處存在著「超自然」的「靈性力量」，這種靈性力量可以支配人的生死，是導致疾病的原因。〔註28〕原始社會有其自成系統的病因觀念，以「巫術」與「醫術」並用的方式來醫治疾病，積累了長期流傳下來的「神聖文化」與「醫療經驗」。此二者是建立在人神交通的「靈感思維」上，認為「超自然」的精怪厲鬼，是引起疾病的原因，由此發展出各種驅除病魔與疫鬼的方法與技術，來達到驅魔、健身與治病等的生存目的。這些巫醫對應技術，反映了人類早期靈感思維下的「宇宙觀」與「生命觀」，是奠基於迄今尚未被人們完全認識的超自然力量，顯示著人類精神活動下的文化景觀。

　　巫醫共構的宇宙圖式指的就是「天地人鬼神五位一體」的宇宙圖式，就其文化內涵來說：是延續了原始社會通天地、事鬼神的需求，而發展出一套完整「天人合一」的人文精神世界。認為天地人、人鬼神是可以彼此相互感通的。這種宇宙圖式的中心，就在於人與天地，人與鬼神的交通上，人是宇宙的主體，顯示人的生命不單是生物性的個體，而是與宇宙存在著全息對應的關係，相信人與天地鬼神確實有著相互交通的共性。如此精神性的生命觀，是經過世代傳承、長期累積而成的集體觀念與實踐活動，肯定人性是可以會通於宇宙的超越性與永恆性。

　　「得道成仙」雖源自於古老的神仙神話傳說，後來卻成為道教獨特的信仰目標，同時也是葛洪《抱朴子・內篇》生命醫療觀的核心思想，神仙就是肯定生命是可以超越死亡而永恆不朽的。凡人經由修道的各種歷程，即「內養生命的提昇」，或經由服食「成仙藥物」，直接進行「靈性的治療」，便可以進入超越界的神仙世界，那是代表「終極生命」的世界。在此神仙世界中，所展現的是以生命為中心的宇宙觀，及以價值為中心的人生觀，它統合了人

　　　　　　　　　　　　　　　　　　　　　　　　　　　　　　　　

〔註28〕苗啟明、溫益群：《原始社會的精神歷史構架》（雲南昆明：雲南人民出版社，1993年），頁43。

的精神性存在與價值。道教的生命醫療觀，是承續巫醫同源時期形上的生命關懷，將人的生命投射在宇宙存在與變化的規律中，重視形與神的內在關聯，深信天人之間相互感應的運行秩序。從物質層面進入精神層面，幫助人們對治生存所遇到的困境，追求無限生命（成仙）的心理願望。

一、巫醫共構的氣化宇宙論

　　從先秦到漢初的醫術，稱爲「方技」，或是「方士醫學」。方士可說是宗教化的巫，追求長生不死的神仙信仰，發展出各種求仙成仙的方術，有不少方士出身的醫者，稱爲「方士醫」。在戰國時代燕齊一帶的方士，將神仙、方技、術數與陰陽五行學說融爲一體，形成了「方仙道」盛行於世。到了秦漢時期與「黃老道」會合，更趨成熟，主張以「長生不死」與「得道成仙」爲其宗旨，學者蓋建民認爲此與原始巫術醫學，有一定的關聯。〔註29〕學者蒙文通認爲：「晚周仙道，主要可以分爲行氣、藥餌、寶精等三種系統」〔註30〕，亦即導引行氣、服食煉養與房中寶精等三大養生技術，可分成內修與外養，開始有了成套的醫療思想，並且對長期的醫療經驗，建構出總結性的文化體系。

　　《黃帝內經》總結了古代巫術、宗教與人文等思想傳承，就其文化內涵來說，仍然延續著「通天地」、「事鬼神」的需求，是將人體擺在天地萬物的運行規律之中，強調「人的生命」是感應著「天地鬼神」，是「自然」與「超自然」秩序會合的焦點。這種文化內涵，形成了一種根深蒂固的宇宙圖式，其基本模式建立在「天地人鬼神」五位一體上〔註31〕，認爲「天地人」與「人鬼神」是不可分割，彼此可以「相互感應」，由此建構出一套精神性的宇宙觀念與行爲技術。這種宇宙圖式，認爲人是宇宙的主體，「天地鬼神」則是超越的依據，人要與「天地鬼神」相合，才能眞正掌握到生命本源的存有規律。顯示人的生命，不單是生物性的個體，而是宇宙存在著「全息對應」的關係，相信人與天地鬼神確實有著相互交通的共性，可以「參天地」、「通神明」。

　　「氣」是人和天地「自然」溝通的媒介，古人認爲風雲等氣象的流動，瀰漫於天地之間，也可以作爲人與鬼神溝通的中介。「氣」的觀念，在巫文

〔註29〕蓋建民：《道教醫學導論》（台北：中華道統出版社，1999年），頁29。

〔註30〕蒙文通：〈晚周仙道分三派考〉《古學甄微》（四川成都：巴蜀書社，1987年），頁337。

〔註31〕「天地人鬼神」五位一體，請參閱本章第四節研究理論（二）巫醫共構的宇宙圖式說明。

化中快速地發展，認為人體血液呼吸等氣，是與風雨等天地之氣，彼此是可以聯想與類想之物。〔註32〕人的生死是「氣」的聚散現象，同樣天地萬物也是「氣」的作用，人與天地鬼神的交流，就在於「通天下一氣」。這種「氣化宇宙論」，從戰國到漢初相當流行，例如《淮南子‧本經訓》說：「天地之合和，陰陽之陶冶，萬物皆乘一氣也。」「一氣」是人與天地萬物相通的主要媒介，讓「人體」與「天地」得以相互聯繫與相互作用，肯定氣在宇宙中的「神聖地位」，是生命的源頭所在，在人身上的作用也是相當巨大的，可以從天地的氣化現象來推知或驗證人體的內在規律。《黃帝內經》承續了這種「氣化宇宙論」，以「氣」作為人與天地相通的本源。例如《素問‧天元紀大論》說：「在天為氣，在地成形，形氣相感而化生萬物。」〔註33〕陰陽變化的運用，在天為無形的氣，在地為成形的物質，形氣相互感應結合，萬物就化生了。以「形氣相感」建立出人與天地萬物的氣化關係，整個宇宙都是經由「氣化」的運作，而聯為一體。

（一）陰陽氣化觀

這種「氣化宇宙論」，主要建立在「陰陽」、「五行」等氣的分化上，建構出龐大的「術數醫療」理論體系，以「陰陽五行」等氣的變化，來體現出天的造化意志或運行規律，並將這些氣化的規律，作用於人體上，認為人的生命是與天地氣化密切相關，彼此之間有著「相應」的「內在規律」，是建立在「陰陽五行」的「運行規律」上。《黃帝內經》對陰陽五行等觀念的運用，已經相當的成熟，肯定人是天地合氣所生，從陰陽的氣化流行，可以掌握到天地萬物與人的生存規律。例如《素問‧天元紀大論》說：「陰陽者，天地之道也，萬物之綱紀，變化之父母，生殺之本始，神明之府也，治病必求於本。」〔註34〕陰陽是天地的道理，萬物的綱領，變化的根本，生成殺滅的開端，神明的秘府。從以上引文可知「陰陽的氣化觀念」，從《周易》以來運用相當廣泛，從天象的氣候變化，對應出季節的陰陽消長。此消長可以支配自然災異與命運吉凶等變化，進而認為人體不是一個孤立的局部，而是與外界密切相

〔註32〕 小野澤精一、福永光司、山井涌編著，李慶譯：《氣的思想——中國自然觀與人的觀念的發展》（上海：上海人民出版社，1990年），頁27。

〔註33〕 （唐）王冰次注、（宋）林億等校正：欽定《四庫全書》子部三九醫家類《黃帝內經》，第七三三冊，（上海市：上海古籍出版社，1987年），頁205。

〔註34〕 （唐）王冰次注、（宋）林億等校正：欽定《四庫全書》子部三九醫家類《黃帝內經》，第七三三冊，（上海市：上海古籍出版社，1987年），頁204。

關的一個開放系統,「陰陽氣化」對人體疾病的形成與發展,有著重要的影響。
〔註35〕「陰陽」成為「人」與「天地鬼神」交通的主要載體,人面對自我生
命的存在,必須遵循「陰陽變化」的「運行規律」,因此《黃帝內經》強調「陰
陽」是「神明之府」,是萬物變化與生殺的「神聖法則」。自古以來,「巫」與
「醫」的主要工作,就是要掌握到這種宇宙的神聖法則。

　　到了《黃帝內經》時,雖然已經建立了系統龐大的術數醫療理論,但是
其基本精神,仍然建立在「天人相通」上,有著濃厚的巫術色彩。例如《素
問・生氣通天論》說:

> 夫自古通天者生之本,本於陰陽天地之間,六合之內,其氣九
> 州九竅五藏十二節,皆通乎天氣。其生五,其氣三,數犯此者,則
> 邪氣傷人,此壽命之本也。蒼天之氣清淨,則志意治,順之則陽氣
> 固,雖有賊邪,弗能害也,此因時之序。故聖人傳精神,服天氣,
> 而通神明。失之則內閉九竅,外壅肌肉,衛氣散解,此謂自傷,氣
> 之削也。〔註36〕

自古以來,人生命之氣,通達於天,是生命的根本,是本之於陰陽。人的九
竅、五臟等都是和天氣相通的,天地陰陽,化生五行,若是時常違反天地人
的相應之道,邪氣就會傷人而生病,這就是壽命的根本道理。所以聖人能適
應四時氣候的變化,傳導其精神,服食導引天氣,而通達於神明。此處所謂
「聖人」即真人,因通神明而入道,在形象上接近於巫,注重在天人經由「氣」
而相通。所謂「服天氣」,在於體會到陰陽的消長與變化之理,以這種「理」
作為治病的根本。

(二)五行氣化生剋運行規律

　　五行是用來補充說明天地萬物之間,氣化的「制約」與「生化」的關係,
產生了彼此相生相剋的運行規律。五行之說,可以用來解釋宇宙演變過程的
複雜情況,擴充了「萬物之綱紀」的對應關係。天地與「陰陽合氣」,也與「五
行合氣」,將陰陽與五行結合起來,就更可以理解到宇宙氣化的變化法則,也
就是掌握到「萬物皆然」的內在秩序。五行不是指五種物質,而是五種物質

〔註35〕 Frederick J. Streng 著,李慶譯:《人與神──宗教生活的理解》(上海:上海
　　　　人民出版社,1991 年),頁 71。

〔註36〕 (唐)王冰次注、(宋)林億等校正:欽定《四庫全書》子部三九醫家類《黃
　　　　帝內經》,第七三三冊,(上海市:上海古籍出版社,1987 年),頁 15。

的元氣，作爲氣與萬物之間的中介，有著五種運行的規律。在這種規律之下，萬物從「不可勝量」到「不可勝竭」，只要掌握到其中的「原理法則」，就能以簡御繁。例如《素問・寶命全形論》說：

> 人生有形，不離陰陽，天地合氣，別爲九野，分爲四時，月有小大，日有短長，萬物並至，不可勝量，虛實呿吟，敢問其方。歧伯曰：木得金而伐，火得水而滅，土得木而達，金得火而缺，水得土而絕，萬物盡然，不可勝竭。〔註37〕

此篇說明治病之道，養生之法，在天人相應。人有形體，離不開陰陽，天地二氣相合，分爲九洲，別爲四時，月的運行有大月、小月，日行有短與長，天地間萬物並生不可勝數，根據病患細微呵欠及呻吟來判斷疾病。歧伯說：五行變化，木遇到金，就被砍伐；火遇到水，就熄滅；土遇到木，就被通盛；金遇到火，就被熔化；水遇到土，就被遏止。萬物都是一樣，不勝枚舉。

「通神明」的奧秘，在於體會到陰陽五行的動態平衡上，回到天地運動的根源上，來確實掌握到一切變化的規律。這種規律，是對應著「時間」與「空間」的整體平衡與和諧。《素問・陰陽應象大論》的篇旨，是以天地、陰陽、四時、五行，來應合於人體的陰陽、五臟六腑、九竅、十二經脈、五體五志，從而究極「天人之際」。例如《素問・陰陽應象大論》說：

> 天有四時五行，以生長收藏，以生寒暑燥濕風。人有五藏，化五氣，以生喜怒悲憂恐。〔註38〕

天有春、夏、秋、冬四時，金、木、水、火、土五行的變化，產生寒、暑、燥、濕、風的氣候，人有肝、心、脾、肺、腎五臟，化生五臟之氣，產生了喜、怒、悲、憂、恐五種情志。陰陽四時，象徵著時間運行的規律，五行對應五方、五臟，象徵著空間對應的節奏，在時間空間等自然環境的運作之下，氣候的變化與人體的性情，是息息相應的。人體在自然外界的變化影響之下，由於機體各部，受到的影響不同，出現了各種不同的節律活動〔註39〕，比如以「寒、暑、燥、濕、風」對應「喜、怒、悲、憂、恐」，天氣與人情是相互

〔註37〕 （唐）王冰次注、（宋）林億等校正：欽定《四庫全書》子部三九醫家類《黃帝內經》，第七三三冊，（上海市：上海古籍出版社，1987年），頁90～91。

〔註38〕 （唐）王冰次注、（宋）林億等校正：欽定《四庫全書》子部三九醫家類《黃帝內經》，第七三三冊，（上海市：上海古籍出版社，1987年），頁25。

〔註39〕 李亦園：《文化的圖像（下）——宗教與群體的文化觀察》（台北：允晨文化公司，1992年），頁90。

感應的，二者之間有著共同遵循的普遍法則。

這種「天人感應」的思想，是延續著巫術的「通天信仰」，承認人體是宇宙的一部分，此一部分與宇宙全體，有著相互涵攝的關係。《黃帝內經》認為人體的內環境與天地的外環境，是一體相通的，可以經由天地來認識人體，也可以經由人體的「生理」與「病理」，來認識天地。氣的概念，從宇宙中的混沌之氣、陰陽之氣，轉化為人體中的精氣，精氣在人體中，經過修煉和昇華，合道成仙（將人身內的靈性、精神與道合為一體）。在道教哲學中，氣的概念，也是道的範疇的具體化，換言之，氣就是道的另一種說法。

葛洪在《抱朴子‧內篇》中說明氣生天地萬物，《抱朴子‧內篇‧至理》說：「夫人在氣中，氣在人中，自天地至於萬物，無不須氣以生者也。」〔註40〕他在《抱朴子‧內篇‧黃白》還說：「雲雨霜雪，皆天地之氣也，而以藥作之，與真無異也。」〔註41〕從而認識到雲雨霜雪，統一於氣的物質屬性。學者胡孚琛認為：葛洪用氣的學說，為道教科學中用物質手段，模擬自然變化的實驗，提供了理論根據，並且將氣的概念，作為道教哲學中由「無」過渡到「有」的重要連結。〔註42〕

葛洪將「氣」作為人體觀中的基本概念，認為人的生死，完全由氣來維持。《抱朴子‧內篇‧至理》說：「身勞則神散，氣竭則命終。根竭枝繁，則青青去木矣。氣疲欲勝，則精靈離身矣。」〔註43〕葛洪確立了以氣為本的思想。在藥物養身中，能以養氣為本，就能存住真一，也就是將道保存在人體之中了。

二、巫醫形上的生命關懷

在「通天」的宇宙觀上，肯定天地之間有神聖的靈體存在，這種靈體與人可以「靈感相通」。鬼神「超自然」不是高高在上的，而是與天地「自然」存在一樣，轉化成「精神與神聖」的超越力量，這種力量一直是與人相互交感的，提升了人掌握自然規律的途徑。表面上看來，是來自人對鬼神有著神祕性質的

〔註40〕《抱朴子‧內篇‧至理》引自葛洪著、王明校釋：《抱朴子內篇校釋》（北京：中華書局，1985年3月），卷5，頁114。是書據清孫星衍「平津館校刊本」為底本點校，本文後面所引《抱朴子‧內篇》皆據此本。以下引用同書，僅註明卷數及及頁碼。

〔註41〕《抱朴子‧內篇‧黃白》，卷16，頁284。

〔註42〕胡孚琛：《魏晉神仙道教——抱朴子內篇研究》（北京：人民出版社，1991年），頁223。

〔註43〕《抱朴子‧內篇‧至理》，卷5，頁110。

崇拜，但是從「精神文化」的內涵來說，人與天地鬼神的聯結，是自我生命的擴充與完成，展現強烈的與宇宙合為一體的實質願望。雖然人生命是短暫的，卻能在「無限的空間」與「永恆的時間」中，建立出精神的家園，讓人從「生物形式」的生命，進入到「精神形式」的生命。人成為宇宙的一份子，在面對「天地鬼神」的信仰中，進入到「自然」與「超自然」的秩序之中。

「通神」的目的，是將人的生死通向於「天地」與「鬼神」，從而獲得來自於「自然」與「超自然」的靈力護持，彼此之間的意志得以交流，由此增強人克服生死的信心與勇氣。「鬼神」只是人格化的超自然的存在，是將人的人格精神，擴充在天地之間，是一種生命力的貫穿。「通神」的手段，有助於將人加以神化，克服肉體的限制，達到與神同性的願望，雙方可以經由「氣」的相通之下，獲得宇宙間普遍存在的生命力，「醫術」與「巫術」的作用是相同的，都是要進行肉體與宇宙之間的「自然」與「超自然」的聯繫。《黃帝內經》認為人的形體存在是要法天則地的，根據陰陽五行的時空法則來治理其身，才能「以知死生」與「以決成敗」。例如《素問・藏氣法時論》說：

> 黃帝問曰：合人形以法四時五行而治，何如而從，何如而逆，得失之意，願聞其事。歧伯對曰：五行者，金木水火土也，更貴更賤，以知死生，以決成敗，而定五藏之氣，間甚之時，死生之期也。〔註44〕

黃帝問：「綜合五臟之氣，效法四時五行，作為治療疾病的法則，如何叫從？如何叫逆？」歧伯回答：「五行就是金木水火土，配合時令，有衰有旺的更替。以此可知疾病的死或生，決定醫治的成或敗，從而認定疾病的輕或重，就可知死生的時間了。《黃帝內經》肯定了人的生命，必須結合空間、時間與周圍環境，才能有效地進行保養與醫療。〔註45〕強調人可以根據「五臟之氣」來決定「死生之期」，認為形體的生理現象，也有超越的「氣」與「神」來維持個人機體的生命功能。

人的肉體是形神相通的，有形的身與無形的神，是相互感應的，有著與天地運行的同理法則，在此法則下，人的「神」、「氣」活動，是比「形」更為重要，人的生命就維持在精神與形體的結合上，以精神的保養來擴充形體

〔註44〕（唐）王冰次注、（宋）林億等校正：欽定《四庫全書》子部三九醫家類《黃帝內經》，第七三三冊，（上海市：上海古籍出版社，1987年），頁80～81。

〔註45〕蒲慕州：《追尋一己之福——中國古代的信仰世界》（台北：允晨文化公司，1995年），頁169。

的存有。例如《素問・上古天眞論》說：

> 上古之人，其知道者，法於陰陽，和於術數，食飮有節，起居
> 有常，不妄作勞，故能形與神俱，而盡終其天年，度百歲乃去。今
> 時之人不然也，以酒爲漿，以妄爲常，醉以入房，以欲竭其精，以
> 耗散其眞，不知持滿，不時御神，務快其心，逆於生樂，起居無節，
> 故半百而衰也。〔註46〕

上古人懂得養生道理，取法於天地畫夜陰陽四時的變化，調養合道，飲食有節，生活起居有常規，不妄作操勞，所以能夠形體與精神都健旺，活到上天賦予的年壽，超過百歲後才死亡。今人就不如此，把酒當成甘露貪飲，把邪妄之事當作正常，縱情色欲，竭盡精氣，消耗眞元，不知保持精氣神，作息起居沒有一定的節度，所以五十歲就衰老了。

「形與神俱」才能夠「盡終其天年」，顯示人的生命存在，「養形」與「煉神」是盡天年的主要方法。在形神相通之下，從有限的肉體，進入到無限的精神領域之中，從而體會個體安身立命的養生工夫。「法於陰陽」、「和於術數」是煉神的工夫，「食飮有節」、「起居有常」、「不妄作勞」等是養形的工夫。形神是建立在「有節有常」的生活秩序之中，符合了「陰陽術數」的運行規律，以精神的主體自覺來節制情欲，使身體符合天地之理，享其天年。反之人之所以「半百而衰」，原因在於「欲竭其精」、「耗散其眞」、「起居無節」等上，切斷了形與神相通的管道，失去了精神上的滋潤，人的肉體也就無法有效保存。

醫療的生命觀，是要以神養形，盡了形體存在的生命責任，這就是所謂的「天年」。人壽命的短長，有其自我的生命規律，無法強求；人要懂得在此一規律之中來養形與煉神，克服物質與精神上的各種障礙，以維持其應有的生存秩序。例如《靈樞・天年》說：

> 人生十歲，五藏始定，血氣已通，其氣在下，故好走；二十歲，
> 血氣始盛肌肉方長，故好趨；三十歲，五藏大定，肌肉堅固，血脈
> 盛滿，故好步；四十歲，五藏六府十二經脈，皆大盛以平定，腠理
> 始疏，榮貨頹落，髮頗斑白，平盛不搖，故好坐；五十歲，肝氣始
> 衰，肝葉始薄，膽汁始減，目始不明；六十歲，心氣始衰，苦憂悲，
> 血氣懈惰，故好臥；七十歲，脾氣虛，皮膚枯；八十歲，肺氣衰，
> 魄離，故言善誤；九十歲，腎氣焦，四藏經脈空虛；百歲，五藏皆

〔註46〕（唐）王冰次注、（宋）林億等校正：欽定《四庫全書》子部三九醫家類《黃帝內經》，第七三三冊，（上海市：上海古籍出版社，1987年），頁9。

虛，神氣皆去，形骸獨居而終矣。〔註47〕

人十歲時，五臟始安定。氣血運行已暢通，生氣在下，故喜歡走路。二十歲時，氣血開始強盛，肌肉正在成長，故喜歡長跑。三十歲時，五臟已經大爲安定，肌肉堅固，血脈充盛，故愛好散步。到了四十歲時，五臟六腑十二經脈，都盛大而安定，腠理開始疏鬆，顏面的榮華逐漸衰落，頭髮開始花白，經氣由平定盛滿已到了不能搖動，故好坐。到了五十歲時，肝氣開始衰退，肝葉開始薄弱，膽汁開始減少，兩眼開始不明。到了六十歲時，心氣開始衰弱，經常憂愁悲傷，血氣懈怠，所以好臥。到了七十歲時，脾氣虛弱，皮膚乾枯。到了八十歲時，肺氣衰弱，魄離開，言語經常錯誤。到了九十歲時，腎氣也要枯竭了，其他四臟經脈的血氣都空虛了。到了百歲時，五臟的經脈都已空虛，神氣都消失，形骸獨存而一生終結了。《黃帝內經》認爲人體本身也是一種宇宙氣化的過程，這種過程反映在人的「血氣」上，「血氣」是形，可以通向於神，人的一生就是對應在此「形神相通」上。神是形的主宰，操控著「氣」的流轉，決定了人的生理功能與行爲動作。「血氣」由盛而衰，有其必然的規律，疾病的治療，也要順應著此一規律而來。

「形」有其固定運行的規律，這種規律是由「神」來作主導的，人要掌握到自身生命的存在理性，就必須由「形」通向於「神」，確立了「神」在形體上的作用，讓人成爲有神之人。亦即每個人都是有神的，神就在人的身上，此神稱之爲「本神」。例如《靈樞・本神》說：

> 天之在我者德也，地之在我者氣也。德流氣薄而生者也。故生之來謂之精；兩精相搏謂之神；隨神往來者謂之魂；並精而出入者謂之魄；所以任物者謂之心；心有所憶謂之意；意之所存謂之志；因志而存變謂之思；因思而遠慕謂之慮；因慮而處物謂之智。故智者之養生也，必順四時而適寒暑，和喜怒而安居處，節陰陽而調剛柔。如是，則僻邪不至，長生久視。〔註48〕

天所賦予我的是「德」，地所賦予我的是「氣」，由於天德下流地氣上進，陰陽結合，而萬物化生。生命的來源叫做精，男女兩精交媾，而成生命叫做神，跟隨神氣往來的叫做魂，隨從精氣出入的叫做魄；擔任生命活動的叫做心，

〔註47〕（唐）王冰次注、（宋）林億等校正：欽定《四庫全書》子部三九醫家類《黃帝內經》，第七三三冊，（上海市：上海古籍出版社，1987年），頁391。

〔註48〕（唐）王冰次注、（宋）林億等校正：欽定《四庫全書》子部三九醫家類《黃帝內經》，第七三三冊，（上海市：上海古籍出版社，1987年），頁336。

心中懷念叫做意，意念所存叫做志；根據志而存心衡量變化，叫做思；思考由近及遠叫做慮；認真考慮而後毅然處理事務叫做智。所以智者，保養身體，必定順從四時節令的變化，去適應氣候的寒暑，調和喜怒而安於正常的飲食起居，節制陰陽，調劑剛柔，這樣四時不正的邪氣，不會到來。就獲得長生久視與天地同壽，而不易衰老。

這種「神」不是人格化的靈體，而是宇宙氣化的「形上力量」，這種形上力量可稱之為「德」與「氣」；天地運行的規律，就是由「德」與「氣」的作用而「生生不已」。人與天是相通的，這種通的特性是「德」，即「天之在我者德也」，人與地是相通的，這種通的特性是「氣」，即「地之在我者氣也」。人與萬物都是「德流氣薄而生」，是「德」與「氣」交通後的產物，宇宙運化與生命節奏的共振，認為人的生命形態，必然要進入到宇宙的存有規律之中，人的內在生命活動是與自然相互呼應，有著一致運動變化的節律，深化了天人交通的思維架構。〔註49〕

人的生命功能，主要來自於精神作用，這種作用包括「精」、「神」、「魂」、「魄」、「心」、「意」、「志」、「思」、「慮」、「智」等，人的精神活動是相當豐富而多樣的，可以用一個字──「神」來總稱呼。人的生命過程，就是從「形俱神生」到「形死神滅」，「神」才是生命真正的核心所在。所謂養生、醫療，就是建立個人機體「形神聯繫」的關係，經由「神」的鍛鍊，來充實「形」的存在意義。經由「順四時」、「適寒暑」、「和喜怒」、「安居處」、「節陰陽」、「調剛柔」等，來延命修真，以精神上的「自我超越」，達到相形而欲生的作用。

葛洪認為形神之間的關係，是有和無的關係。具體的形（有）和抽象的神（無）相輔相成，才能發揮作用。《抱朴子・內篇・至理》說：

> 夫有因無而生焉，形須神而立焉。有者，無之宮也。形者，神之宅也。故譬之於堤，堤壞則水不留矣。方之於燭，燭糜則火不居矣。〔註50〕

葛洪把形比做堤，神比做水；把形比做燭，神比做火，從而說明了精神依附於形體的關係。葛洪提出「形者神之宅」的觀點，同《黃帝內經・靈樞》說「心」是「精神之所舍」的古代醫學理論相契合。由此可知葛洪這一思想，是他從事醫學實踐中所得來的概括，同時也反映出道教哲學人體觀與古代醫

〔註49〕陳樂平：《出入命門──中國醫學文化學導論》（上海：上海三聯書店，1991年），頁121。

〔註50〕《抱朴子・內篇・至理》，卷5，頁110。

學之間，有著本質的關聯。

　　葛洪獨特的生命醫療觀，是建立在「形體神用」上，也就是「以形爲體」與「以神爲用」。人有了形體之後，還要懂得追求如何神用，「巫術」與「醫術」的發達，實際上就在於「神用」，發揮了「精神」對形體的「積極作用」，此種作用（特殊醫療）不僅可以治病健身，還能開啓生命交感的「創生作用」；追求「天人感應」的「生命體驗」，在自我的精神修行下，創造了生命的「無限活力」。這種活力，超越了生死的侷限，將人的精神與形體合而爲一，形體藉「氣」與自然的天地相通，精神藉「德」與超自然的鬼神相通，將「天德」與「地氣」轉化爲生命源源不斷的能量。

第四節　研究範圍與理論

　　有關《抱朴子‧內篇》筆者是以王明的《抱朴子內篇校釋》（增訂本）（中華書局，1985 年 3 月第二版）爲主要版本，本論文的研究方法則是採用紮根理論研究法〔註51〕，此紮根法優點爲適足彌補經驗性研究容易造成的輕、薄、短、小狀態，可說是一個更有效的研究途徑。研究理論則有「致中和的養生宇宙觀」、「巫醫共構的宇宙圖式」、「仙人的自我醫療」、「葛洪獨特的藥物養身觀」。

一、研究範圍

　　葛洪（西元 283～343 年），是東晉著名道士及醫藥學家，丹陽句容人，東晉戰亂時期，攜子侄至廣州，於羅浮山煉丹，在山積年而終。葛洪治學的範圍非常廣泛，包括道教、哲學、史學、醫學以及藥學等，著作甚豐。葛洪重視醫藥知識，相關著作甚多，主要著作有：《抱朴子》內外篇、《金匱藥方》、《神仙傳》、《方技雜事》、《神仙服食藥方》等，後來《方技雜事》、《神仙服食藥方》二書亡佚。其中醫學價值最高的首推《金匱玉函方》一百卷、《肘後備急方》三卷，現在僅存《肘後備急方》一書。

　　本論文主旨在探討《抱朴子‧內篇》的上品藥，也就是「成仙藥物」，包含人工煉製的金丹大藥，以及自然生成的仙藥，包括眞菌類的五芝、礦物類的仙藥

〔註51〕它是質化研究方法的一種，質化研究可說是著眼於研究者和被研究者在日常生活世界中意義的描述及詮釋的研究，一般是指不經由統計程序或其他量化手續而產生研究結果的方法。參見胡玉珍：〈《抱朴子‧內篇》道教醫學之研究（上）——中國學術思想輯刊二七編23〉（新北市：花木蘭文化事業，2018年 3 月），頁 26～27。

以及植物類的仙藥。這些相關內容，主要在《抱朴子‧內篇》的〈金丹卷〉、〈黃白卷〉、〈仙藥卷〉以及〈雜應卷〉，都有與醫藥學相關的記載與操作實踐工夫。上述四篇是筆者主要集中研究的範圍，並且輔以《神仙傳》做說明。《抱朴子‧內篇》的「成仙藥物」，目的是爲了求神仙和長生，屬於「道教用藥」。葛洪是神仙道教的道士，其醫療養生觀念，是建立在人與鬼神「超自然交感」的需求上，來自「人鬼神一體」的宇宙觀，人的存在，可以藉由「德」、「氣」來交感鬼神，以此來維「人」與「超自然」的和諧，屬於「通神明」的「宗教醫療」。

　　《抱朴子‧內篇》的養性「中品藥」以及除病「下品藥」，資料較少，此屬於「治已病」、「救虧損」的生理醫療，是道教醫療的最初本意，目的是爲人治病，屬於「醫家用藥」，並非葛洪所重視的藥物，也不是本論文要探討的範圍。有關這方面的資料，在其醫藥學專著《肘後備急方》中，葛洪提出了一個重要的醫學思想，即醫生處方用藥要以「價廉、簡便、靈驗」爲原則，選擇和實施醫療措施要力求「救急、方便、實用」的臨床醫療思想。這一臨床醫療思想，是以葛洪爲代表的道教醫家在繼承《黃帝內經》、《傷寒雜病論》所奠定的一些醫療原則，例如辨證論治、調整陰陽、扶正祛邪、因勢利導等原則基礎之上，在長期濟世行醫實踐活動中所形成的，此思想也豐富了中國傳統醫學的醫療思想。《肘後備急方》所記載的藥物約 350 種，其中植物藥約 230 種，動物藥約 70 種，礦物藥和其他藥約 50 種，貴重藥物極少，多爲山野易得之藥。這是葛洪結合了他個人的醫療經驗，治療方法簡便易行，適應範圍包括：內科急性病症、外傷科、五官科等，甚至還有預防醫學、性醫學、食療、養顏美容及獸醫等，可說是範圍非常廣泛。

　　《抱朴子‧內篇‧仙藥》具學者統計，收載藥物約 88 種，其中植物藥約 46 種（仙藥約 27 種），礦物藥約 26 種（仙藥 16 種），動物約 16 種，（仙藥 6 種）。〔註 52〕葛洪把能具有祛除百病，使人長生不老，羽化成仙，與鬼神相見的「特殊療效」藥物，稱之爲「仙藥」，而僅具有治療疾病的「一般療效」藥物，則不列入「仙藥」。葛洪的神仙道教，從道教義理的角度和層次上，深刻說明了「醫藥」在長生成仙、濟世救人的修道實踐活動中的重要意義，明確提出爲道之人必須「兼修醫術」的主張，並且身體力行。

二、研究理論

　　人類最早的文化創造便是原始宗教，有學者認爲：「人類最早的思想，是

〔註 52〕鄭國棨：〈論葛洪的藥學成就〉《中成藥》，1997 年 11 月，頁 46。

借助宗教的形式表達出來的。在原始文化中最早出現的就是原始宗教。……
實際上，原始宗教與原始文化是不分彼此、渾然一體、相伴相依、共生共長
的。」〔註53〕也許有人懷疑原始宗教的理性成分，但是弗雷澤（James Frazer）
在其著作《金枝》中認為：

> 巫術與科學在認知世界的概念上，兩者是相近的。二者都認定
> 事件的演替是完全有規律的和肯定的。並且由於這些演變是由不變
> 的規律所決定的，所以它們是可以準確地預見到和推算出來。一切
> 不定的、偶然的和意外的因素，均被排除在自然進程之外。對那些
> 深知事物的起因，並能接觸到這部龐大複雜的宇宙自然機器運轉奧
> 秘發條的人來說，巫術與科學這二者似乎都為他開闢了具有無限可
> 能性的前景。於是，巫術同科學一樣在人們的頭腦中產生了強烈的
> 吸引力，強有力地刺激著對於知識的追求。〔註54〕

原始信仰採用的巫術手段是理性思維的結果，即使它是「對空間或時間兩種
思維的基本規律的錯誤運用」〔註55〕，並不妨礙它展現了人類初期理性思維
的本質。隨著人類探索宇宙事物奧祕能力的提升，科學越發達，便越容易忽
略原始信仰中巫術行為的理性色彩。

（一）致中和的養生宇宙觀

　　社會有其運行的秩序，這種秩序包含物質層面與精神層面。精神層面的
重要性不亞於物質層面，人們渴望著天、人、社會的整體和諧，重視維持人
與社會、自然的運行秩序，認為天、人、社會是可以互相感應，因此能經由
宗教醫療的技術與方法，來追求現世的福祉目的。〔註56〕學者李亦園指出傳
統社會的宇宙運作觀是建立在「三層面的和諧均衡觀」上，所謂「三層面」
是指三個層面或三個系統，亦即個體或有機體系統、人際關係系統與自然關
係系統等，〔註57〕三層面的和諧均衡觀，三者是交相感應、互為一體。漢人
傳統健康的極致觀念，就建立在此「和諧辯證觀」中，意即「天、地、人」

〔註53〕黃海德、張禹東主編：《宗教與文化》（北京：社會科學出版社，2005年），頁15。
〔註54〕弗雷澤著、汪培基譯：《金枝：巫術與宗教之研究》（台北：久大桂冠圖書公
　　　　司，1991年），頁76。
〔註55〕黃海德、張禹東主編：《宗教與文化》，頁15。
〔註56〕呂理政：《天、人、社會——試論中國傳統的宇宙認知模型》（台北：中央研
　　　　究院民族學研究所，1990年），頁249。
〔註57〕李亦園：《文化的圖像（下）——宗教與族群的文化觀察》（台北：允晨文化
　　　　公司，1992年），頁68。

和諧的表現，人要與宇宙時間（流年）、空間（風水）要取得和諧均衡，人與親屬（家族）、社會（人際關係）要取得和諧均衡，人與自己的內在（神）、外在（形）要取得和諧均衡，才能獲致身心靈的健康。

筆者引用學者李亦園傳統漢人致中和的「養生宇宙觀」〔註58〕，來說明葛洪獨特的藥物養身醫療觀理論。這是將人的存在，安置在人與天地交感的「自然系統」與人與鬼神交感的「超自然系統」中，人成為宇宙的核心。人們渴望與天地的「自然系統」相互感通，合而為一，發展出以「氣」交感的術數醫療；特別重視人體的經脈、臟腑與自然系統的和諧均衡，強調氣血的流通。若是以「氣」交感的術數醫療「不通」的話，人無法避開天地陰陽的失調，導致疾病災禍叢生。同時人們渴望與鬼神的「超自然系統」相互感通，合而為一，發展出以「德」、「氣」交感的宗教醫療；特別重視靈性，人們渴望與超自然的鬼神相互感通，這是屬於「心靈」的永生治療。從靈性淨化，來進行精神性的突破與超越，人就可以獲得了與天地鬼神相同的形上生命，即是「成仙的生命」，以此獲得神聖力量的護持。若是以「德」、「氣」交感的宗教醫療「不通」的話，人就會無法避開鬼神煞氣的作祟，導致疾病災禍叢生。

道教醫療繼承了「通天地」與「通鬼神」得神聖性需求，重點在追求「神用」，發揮精神對形體的積極作用。此作用既可以「治病健身」，還能開啟生命交感的「創生作用」，追求「天人感應」的「生命體驗」。在自我的精神修行之下，創造了生命的無限活力與能量，這種活力與能量，將「形」與「神」合而為一，如此可將與自然交感的「氣」，和超自然交感的「德」，轉化成生命源源不絕的能量。道教醫療原本就是「信仰」性質的醫療養生體系，不同於科學性質的醫療系統。

「天人感應」的觀念，有哲學的意義，也有宗教的意義，把人體視為宇宙的一部分，彼此對應成統一的複合體，部分與整體之間存在著互涵與相關的關係。〔註59〕這樣的觀念提高了「人」的主體存在價值，主張人與天地是同理的存有，必須遵循宇宙運行的法則，掌握到氣化流行的規律。認為人體的身心疾病是受到天地自然環境的影響，天象、氣候、物候等氣化運行的現象都會支配人體的病候。〔註60〕這種病因觀結合了複雜的象數理論，更加強

〔註58〕李亦園：《信仰與文化》（台北：巨流出版社，1996年），頁127。

〔註59〕薛公忱主編：《中醫文化溯源》（南京：南京出版社，1993年），頁43。

〔註60〕鄔良：《人身小天地——中國象數醫學源流》（北京：華藝出版社，1993年），頁135。

化人體與宇宙有機聯繫的規律追求，甚至認爲宇宙與人體是全息對應的，人們可以根據這些對應的關係，來進行診斷與醫療。〔註61〕

術數醫療理論強調人體與天地的對應法則，肯定人的生命可以經由「天人感應」落實在自然的運行規律中，所以人的形體存在也要法天則地，並且根據陰陽五行的時空對應法則來治理其身，肯定人的生命必須要結合空間、時間與周圍環境，才能有效地進行養生與醫療。所謂「自然的運行規律」，學者認爲：

> 不只是科學的物質實驗，還涉及到形而上的宇宙觀念，是將人與宇宙進行精神性的生命聯結，發展出特殊的生命與宇宙共振的圖式，探究天時地理的自然氣候變化，對人體生理與病理的感應與會通之理，是將人的生命體等同於自然的宇宙體，或者身體本身就是一種小宇宙，彼此間產生了共振效應，當這種共振波受到干擾，人體就會百病叢生。〔註62〕

此「通天地」的術數醫療背後，傳承了中國傳統社會中的宇宙論與形上學，是一種民族文化的醫療觀，它來自於長期思維模式的理性思考，形成了生命本質的文化信仰，從天人合一到天人感應，人體也被納入到宇宙的原理之中，配合陰陽五行等宇宙生成論與生命構造說，發展出獨特的人體醫學，認爲人體經由經絡運行氣血，維持自身與外在自然環境的動態平衡，當此一動態平衡遭受到破壞，而人又無法立即有效調整，導致陰陽五行失調，於是引發了人體的各種疾病。

（二）巫醫共構的宇宙圖式

巫術是否爲宗教？這在學術界的討論上，一直有爭議〔註63〕，因爲牽涉到宗教定義的問題。不同的學科，對宗教的認知，各有其立場。筆者採用比較廣義的詮釋：「認爲不論是圖騰、神話、巫術、儀式、靈魂等，都是宗教的範疇。」〔註64〕由此可知，巫術是人類早期的文化創造，或可稱之爲「原始宗教」。相信人之外，另有靈體的存在，可以通過「超自然」的行爲，來達到

〔註61〕劉杰、袁峻：《中國八卦醫學》（山東青島：青島出版社，1993年），頁486。
〔註62〕陳樂平：《出入命門——中國醫學文化學導論》（上海：上海三聯書店，1991年），頁115。
〔註63〕呂大吉：《宗教學通論新編》（北京：中國社會科學出版社，1998年），頁298。
〔註64〕Brian Morris 著、張慧端譯：《宗教人類學導讀》（台北：國立編譯館，1996年），頁4。

與靈的相通、相交與相感，以便獲得來自「超自然」的力量。〔註65〕

　　傳統社會是一個以「人」作為主體的存在空間，〔註66〕對應著宇宙整體的存在，意識到人與天地的自然對應，進而發展出人與鬼神的超自然對應，從而建立文化傳承下深層的宇宙觀與空間觀。從文化內涵來說，宇宙觀念的傳承是非常重要的，因為它統攝現實生活中意識形態，提供了一定的「宇宙圖式」，以此作為民眾生活模式的價值尺度與行動指南。學者鄭志明認為：

　　　　所謂「宇宙圖式」，是指傳統社會最基本的宇宙認知模式，將
　　原本流傳的各種宇宙觀念加以整合成基本圖式，建構出認識宇宙的
　　空間模式。〔註67〕

根據學者張光直的考察，認為「天圓地方」是古代中國人的宇宙認知基調，〔註68〕發展出相應於方形或圓形的核心存在，形構著圓心與圓的對應形態，即一個「中心」與一個「外環」的「圓形」空間基型。形成人們的生存要先有一個「核心性」的所在，這種核心安置了人們共同認可下的存在意義與價值。

　　中國哲學大約在商周之際，「鬼神」的觀念逐漸被「天地」的形上觀念所取代，鬼神的超自然力被轉化為天地的自然運行原理，同時被視為宇宙理性的精神存有，開啟了人文性精神文化的基型。〔註69〕「天地」的自然觀念與「鬼神」的超自然觀念，二者之間是有相當程度重疊在一起的。「天地」的超越形上力量實際是脫胎於鬼神的天命信仰，學者鄭志明認為：

　　　　比如哲學上的「天人合一」，人與天可以僅是形上的自然關係，
　　建構出心性與天地的精神性聯繫，在天理與人理的感通上有一貫的
　　統一性。同樣地，宗教也可以採用哲學的「天人合一」理論，發展
　　出「神人合一」的宗教體系，經由「人」將「天」與「神」重新結
　　合在一起，將自然與超自然進行形上的聯結，這種聯結在漢代的「天
　　人感應」思想中已有體系性的建構。〔註70〕

〔註65〕朱存明：《靈感思維與原始文化》（上海：學林出版社，1995年），頁10。
〔註66〕陳文尚：《台灣傳統三合院式家屋的身體意象——地理知識學的例證研究之二》（台北：中國文化大學地理學系，1993年），頁23。
〔註67〕鄭志明：《華人宗教的文化意識第一卷》（台北：宗教文化研究中心，2001年），頁56。
〔註68〕張光直：〈談「琮」及其在古史上的意義〉《中國青銅器時代（第二集）》（台北：聯經出版事業公司，1990年），頁70。
〔註69〕徐復觀：《中國人性論史先秦篇》（台北：台灣商務印書館，1996年），頁32。
〔註70〕鄭志明：《宗教與民俗醫療》（台北：大元書局，2004年），頁93。

　　從上所述可知在傳統社會裏「神」是泛指一切的鬼神，其中可以分為兩組，即「天地人一體」與「人鬼神一體」，顯示人的存在，既可以交感天地，也可以交感鬼神，人的存在必須維持與天地的自然和諧，更須要鞏固人與鬼神的超自然和諧。

　　「天地」與「鬼神」實際上都是抽象的形上存有，人的具體存在往往依附於這種形上的超越力量，進而將「天地」與「鬼神」安置在生活空間的核心位置上。〔註71〕天地的宇宙觀念與鬼神的靈性觀念，都是在人之上的抽象存有，在人的實有位置上，同時對應著四個虛靈的「天地鬼神」之位。因此從現實生活的秩序和諧來說，「天地」與「鬼神」是同等重要的，自然與超自然都是形上的價值存有，成為支配人間生活運作的方向與法則，也是生存場域平安和諧的保證。顯示人的生命不單是生物性的個體，而是與宇宙存在著全息對應的關係，相信人與天地鬼神確實有著相互交通的共性。如圖一。

圖一　巫醫共構的宇宙圖式〔註72〕

「天地人鬼神五位一體」的宇宙圖式」

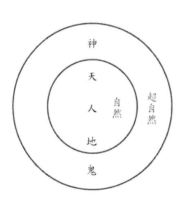

1. 人是圓心，居於核心地位，也是宇宙論的核心，與內圈的天地、外圈的神鬼，形構中心與圓形的空間對應基型。
2. 內圈指「天地人一體」的宇宙觀，人的存在可以交感天地，維持與自然的和諧。
3. 外圈指「人鬼神一體」的宇宙觀，人的存在可以交感鬼神，維持與超自然的和諧。

故人的存在是在天地、鬼神生活空間的核心位置上，人的「實」對應天地鬼神四位的「虛」。此宇宙論的核心安置了人們共同認可下的存在意義與價值。

〔註71〕鄭志明：《宗教與民俗醫療》（台北：大元書局，2004 年），頁 88。
〔註72〕圖一筆者是根據學者鄭志明在《傳統宗教的文化詮釋——天地人鬼神五位一體》書中的觀點所繪製而成，並以此理論為基本架構來展開說明《抱朴子‧內篇》的生命醫療理論。它可以從最簡單的「天人」二位對應關係開始，發展成「三才」也就是「天地人」以及「人鬼神」二個三位對應關係，代表人對應自然與超自然的法則，維繫著自然與超自然的生存秩序。二個三位對應關係，綜合成「天地人鬼神五位一體」的宇宙圖式。請參閱鄭志明：《傳統宗教的文化詮釋——天地人鬼神五位一體》（台北市：文津出版社，2009 年），頁 1～16。

　　巫醫共構的宇宙圖式，簡單的說，就是「天地人鬼神五位一體」的宇宙觀，主要觀念在於「人與天地一體」，同時「人與鬼神一體」，人位於宇宙的核心，必須相通於「自然」與「超自然」的秩序之中，此一秩序是建立在精神性的形上認同，是將「人」提昇到與天地鬼神同在的「神聖領域」，是一種「服天氣」與「通神明」的境界。《黃帝內經》中的聖人真人，因為通達天道，天人合一，究極天人，能傳精神服天氣，通神明而入道。凡夫俗子，因不知服食天地精粹之氣，不知生氣通天的理論，而得各種疾病。所以四時、五行、五味，陰陽之氣未能和諧整治，就會感發各種疾病。唯有調整陰陽和同筋骨，謹和五味，骨正筋柔，血氣暢旺，腠理密固，氣骨以精，天人相應，方能長享天齡。此時醫療不只關心個人肉體的健康，更要順應與運用天地之道，將世俗的生存環境，納入到神聖的超越時空之中。各種醫療養生技術，只是手段而已，必須配合陰陽五行等氣化理論，才能適應外在時間與空間的變化，從形體的治療，提昇到精神的保全，意識到人的生命是形體與精神的結合，唯有在精神上找到了形上的依據，生命才有存在的價值與作用。

（三）仙人的自我醫療

　　道教的生命醫療觀，是承續巫醫同源時期形上的生命關懷，巫醫共構的宇宙圖式指的就是「天地人鬼神五位一體」的宇宙圖式，就其文化內涵來說：是延續了原始社會通天地事鬼神的需求，而發展出一套完整「天人合一」的人文精神世界。認為天地人、人鬼神是可以彼此相互感通的。這種宇宙圖式的中心，就在於人與天地，人與鬼神的交通上，人是宇宙的主體，顯示人的生命不單是生物性的個體，而是與宇宙存在著全息對應的關係，相信人與天地鬼神確實有著相互交通的共性。

　　道教醫療認為在「人與萬物的採補體系」中藥物的採補與滋潤上，對於凡人生命形態的轉變是有幫助的，至少有助於身體的延年益壽，可以達到去疾養身的現實利益，也是成仙必修的功課之一。葛洪認為「藥物養身」和「術數延命」是仙人主要的二種生命修持的工夫，「養身」與「延命」是成仙的主要途徑，道士仰賴「藥物」和「術數」的協助，來維持人體內外的個體系統、自然系統及人際關係系統的整體和諧，就能達到「內疾不生」與「外患不入」，追求人體生命力的自我提升，排除各種內外在的傷損，獲得自身醫療的蓄積能量，達到「成仙的生命」境界，所以道教醫療的目的，不在於身體的疾病救助，而是追求靈性的長生不死，完成「升為天仙」、「遨遊上下」與「使役萬靈」的生命終極境界。

　　道教將人的生命形式分成「凡人」與「仙人」，這兩種型態是一體相承與連繫的，在有限的生命歷程中，努力的將「凡人」提昇到「仙人」的修道境界中。道教的生命觀不是著眼於凡人的個體，還重視精神性的心靈，是以心靈作為主宰的生命體驗，追究其存有的神聖性與不朽性，目的在於「仙人」的靈性實踐上，將生命推向終極的超越境界。仙人與凡人的生命差別在於「通」與「不通」上，能與天地鬼神相互感通的就是仙人，不能感通的就是凡人，從「不通」到「通」是需要經過特殊的修練歷程。葛洪指出仙人主要的二種修持工夫，《抱朴子‧內篇‧論仙》說：

> 若夫仙人，以藥物養身，以術數延命，使內疾不生，外患不入，雖久視不死，而舊身不改，苟有其道，無以為難也。而淺識之徒，拘俗守常，鹹曰世間不見仙人，便云天下必無此事。夫目之所曾見，當何足言哉？天地之間，無外之大，其中殊奇，豈遽有限，詣老戴天，而無知其上，終身履地，而莫識其下。形骸己所自有也，而莫知其心志之所以然焉。壽命在我者也，而莫知其脩短之能至焉。〔註73〕

葛洪認為仙人的修持工夫有二，一為「以藥物養身」，二為「以術數延命」。所以仙人的修持工夫包括修道、藥物養身、術數延命。人體的存有，是為了修道成仙而來，凡人具有「明哲」與「得道」能力，懂得以「藥物」、「術數」來「養身」、「延命」；藉由「氣」來維持身體內外的整體和諧，改善個人生命對應「內疾」、「外邪」的環境系統，以養形、煉神的修持工夫，獲得來自自身的醫療蓄積能量，追求生命超越的自我永生，即醫心「神」的修煉與形上宇宙合一的生命本真。「仙人」的生命形態與「道」相通，代表圓融的終極生命。如圖二。

圖二　仙人的修持工夫

凡人具有「明哲」與「得道」能力，懂得以藥物、術數來自我醫療，追求生命超越的自我永生。「養身」與「延命」是成仙主要途徑，仰賴「藥物」與「術數」的協助。

〔註73〕　《抱朴子‧內篇‧論仙》，卷2，頁14～15。

此仙人的修持工夫，顯示出生命是掌握在自己的手中，不是被外在的天地鬼神所決定的，《龜甲文》說：「我命在我不在天，還丹成金億萬年。」表明「我」才是「形骸」與「壽命」的主體，取決於修道者自身的意志與修持工夫的深淺。在人有限的生命歷程中，努力地將「凡人」提昇到「仙人」的修道境界中。

所謂「自我醫療」，是要達到「養生之盡理」，《抱朴子‧內篇‧雜應》說：

> 養生之盡理者，既將服神藥，又行氣不懈，朝夕導引，以宣動榮衛，使無輟閡，加之以房中之術，節量飲食，不犯風濕，不患所不能，如此可以不病。但患居人閒者，志不得專，所修無恆，又苦懈怠不勤，故不得不有疢疾耳。苦徒有信道之心，而無益己之業，年命在孤虛之下，體有損傷之危，則三屍因其衰月危日，入絕命病鄉之時，招呼邪氣，妄延鬼魅，來作妖害。其六厄並會，三刑同方者，其災必大。其尚盛者，則生諸疾病，先有疢患者，則令發動。是故古之初爲道者，莫不兼修醫術，以救近禍焉。凡庸道士，不識此理，恃其所聞者，大至不關治病之方。又不能絕俗幽居，專行內事，以卻病痛，病痛及己，無以攻療，乃更不如凡人之專湯藥者。〔註74〕

葛洪認爲「養生之盡理」，需要「將服神藥」、「行氣導引」、「房中之術」等，這些都屬於藥物養身與術數延命的修持工夫。所有的藥物與術數，只是一種媒介而已，將人形下的身體滿足，拉到「道」的形上學中來完成。〔註75〕當凡人能與道合一，就可以對應「天地」的「自然秩序」與「鬼神」的「超自然秩序」，從而達到「不病」的身心境界。此時「人、道、神」是一體的，此時的「仙人」，具有道成圓滿的神通力，獲得自我醫療的能量，可以排除各種內在、外在的消耗與損失，可以「劾神役鬼」，引進天地鬼神的恩賜與救護，這就是「自我醫療」的內涵。人的靈性，經由「術數醫療」可以通向天地，獲得「自然」的靈性護持；人的靈性，也可經由「宗教醫療」、「巫術醫療」可以通向鬼神，獲得「超自然」的靈性護持。術數、巫術與宗教，是三種不同層面的領域，也是人神交通的三種精神管道。「術數醫療」與「宗教醫療」，是將個人有限的肉體，擴充到無限的靈性世界中，開啓生命交感的「創生能量」，此修持工夫，圓滿了生理與心理的存在功能，使人能遠離疾病與災難。

〔註74〕《抱朴子‧內篇‧雜應》，卷15，頁271～272。
〔註75〕鄭志明：《以人體爲媒介的道教》（嘉義：宗教文化研究中心），2000 年，頁24。

　　如此精神性的生命觀，是經過世代傳承、長期累積而成的集體觀念與實踐活動，肯定人性是可以會通於宇宙的超越性與永恆性。「得道成仙」雖源自於古老的神仙神話傳說，後來卻成為道教獨特的信仰目標，同時也是葛洪《抱朴子‧內篇》生命醫療觀的核心思想，神仙就是肯定生命是可以超越死亡而永恆不朽的。凡人經由修道的各種歷程，即內煉以「術數延命」，或經由外服「藥物養身」諸如：金丹大藥、仙藥，直接進行「靈性的治療」，便可以進入超越界的神仙世界，那是代表「終極生命」的世界。在此神仙世界中，所展現的是以生命為中心的宇宙觀，及以價值為中心的人生觀，它統合了人的精神性存在與價值。

（四）葛洪獨特的藥物養身醫療觀

　　藥物養身醫療的觀念，來自於「人與萬物的採補體系」，與民眾的生活經驗息息相關，屬於「服食」養生術，來自古人長期以來有關生命存有的經驗與對應技術。藥物的療效，源於「醫療實踐」的總結，憑藉古人的「經驗實證」和建立在符合古人「思維方式」的理論上來發展的，例如：聯想法中的相似律，利用「援物比類」的思維方式，來解釋藥效。藥物養身的操作技術，來自於「陰陽採補」的觀念，古人認為人體本身隨時要維持在陰陽和諧的狀態中，需要不斷地進行「天人之間」的「氣化」交感作用，以及吸取大自然的精華養料，來「補虛養命」與「治病護身」。

　　道教醫療認為在「人與萬物的採補體系」〔註76〕中，人體與天地萬物是同質同構與互滲一體，天地的陰陽、五行等氣，同時內化於人體之中，形成了氣血的實質存在。為了避免疾病或治病療疾，就必須調治身體陰陽、五行等生理之氣，使其充盈、協調與平衡，制約人的生理與心理的整體和諧。所謂「人與萬物的採補體系」，是指人的身體保健或是疾病治療，能夠經由對外物的採補來完成，也就是利用可以治療疾病的外在物資，這些外在物資都可以統稱為「藥」，道教醫療對「藥」的界定比較寬廣，認為萬物都可以入藥。在遠古時期先民即已開始尋找可以對治疾病的藥物，早期用藥方式是帶有濃厚的巫術色彩，在經驗的累積下，逐漸地認識自然萬物的醫療功效。

〔註76〕人與萬物的採補體系，認為人體與天地萬物是同質同構與互滲一體，延續了傳統以「氣」為核心的宇宙論，來自古老的天人感應思想，認為人體與天地是氣化相通的，同樣地食物與藥物也是氣化流行下的產物，彼此之間是氣感相應的。請參閱曾振宇、范學輝：《天人衡中——春秋繁露與中國文化》（河南開封：河南大學出版社，1998），頁47。

　　道教的產生和巫文化關係密切，道教追求的目標是：神仙與不死。〔註77〕
為了這一目標，於是有吐納導引、房中採補、辟穀食氣以及煉丹服餌等靈活
多樣的却病養命形式。道教服餌藥物最大的特點，就是為了神仙與不死，故
《抱朴子・內篇》說：「知上藥之延年，故服其藥以求仙。」〔註78〕葛洪稱人
生理想的生活質量為「人道」，其內容包括：

> 人道當食甘旨，服輕煖，通陰陽，處官秩，耳目聰明，骨節堅強，
> 顏色悅懌，老而不衰，延年久視，出處任意，寒溫風濕不能傷，鬼神
> 眾精不能犯，五兵百毒不能中，憂喜毀譽不為累，乃為貴耳。〔註79〕

人生理想的生活應當是吃甘旨食物，穿輕暖衣服，知曉陰陽的原則，在官位
上安處。在形體養護上，使之耳聰目明，筋骨堅強，面色和悅，年紀大而不
衰老，命壽延長長生不老，出處進退任由他的意志，寒溫風濕不能傷害他的
身體，也不為鬼神精怪所害，五兵百毒不能侵襲他等。所以在《抱朴子・內
篇・仙藥》中，有很多符合上述內涵的道教用藥。

　　葛洪是肯定「藥物養身」的功效，修道之人，若是能配合醫術，可以避
免身體（形）的損傷與精神（神）的耗費，又助於得道成仙。道教特別重視
服氣，認為氣者「陰陽之太和，萬物之靈爽也」，藥者「五行之華英，天地之
精液也」。葛洪獨特的藥物養身醫療觀，顯示古人具有主動創造的生活智慧，
從經驗中建構出藥物醫療的理論與操作功夫，在服食上藥（成仙藥物），屬於
醫心「神」的修煉上，已超出生物本能的層次，進入到心靈開發的自性覺醒，
領悟到藥物養身與醫療的特殊功能。〔註80〕

　　養生醫療只是凡人延年益壽的工夫，迎合了人類最基本的生存願望〔註
81〕，最多只是成仙的預備修養。在《抱朴子・內篇・極言》葛洪說：「然後先
將服草木以救虧缺，後服金丹以定無窮，長生之理，盡於此矣。」〔註82〕葛
洪認為：要成為仙人，主要依靠「服草木」與「服金丹」，「服草木」是指服
食中、下藥，可以養性、除病，是用來「救虧損」的生理醫療，屬於醫身「形」
的養護。此時還停留在凡人的階段，屬於道教醫療的第一個層次，追求身體

〔註77〕葛兆光：《道教與中國文化》（上海：上海人民出版社，1987年），頁109。
〔註78〕《抱朴子・內篇・對俗》，卷3，頁46。
〔註79〕《抱朴子・內篇・對俗》，卷3，頁52～53。
〔註80〕廖育群：《岐黃醫道》（瀋陽：遼寧教育出版社，1991年），頁42。
〔註81〕劉松來：《養生與中國文化》（南昌：江西高校出版社，1994年），頁208。
〔註82〕《抱朴子・內篇・極言》，卷13，頁246。

的長壽延年。要成爲仙人，就必須「服金丹」等上藥，才能眞正地達到「定無窮」的長生境界。

「草木」與「金丹」，統稱爲「藥」，但是在醫療作用上，是有層次的區別，《抱朴子‧內篇‧仙藥》說：

> 神農四經曰：「上藥令人身安命延，昇爲天神，遨游上下，使役萬靈，體生毛羽，行廚立至。」又曰：「五芝及餌丹砂、玉札、曾青、雄黃、雌黃、云母、太乙禹餘糧，各可單服之，皆令人飛行長生。」又曰：「中藥養性，下藥除病，能令毒蟲不加，猛獸不犯，惡氣不行，眾妖並辟。」〔註83〕

從上述可知，藥可以分成「上藥」、「中藥」與「下藥」，在《抱朴子‧內篇》成仙的藥，稱爲「上藥」或「仙藥」，是修道者主要追求的藥，也是葛洪所重視的藥物。「中藥」與「下藥」，只能達到「養性」與「除病」的功效，並不是仙人所依賴的「仙藥」。道教醫療不排斥「中藥」與「下藥」，也肯定其醫療效果，最起碼能夠「毒蟲不加」、「猛獸不犯」、「惡氣不行」與「眾妖並辟」，能夠對治各種的內疾與外邪。道教醫療的目的，不僅在於身體的疾病救助，更要追求「靈性」的「長生不死」，完成「昇爲天神」、「遨游上下」、「使役萬靈」與「行廚立至」的生命境界。

道教醫療不同於其他的生理醫療，除了「長壽延年」之外，還要「長生不死」，這種醫療體系，完全是建立在「宗教醫療」的「永生需求」上，所以服食「中藥－養性」與「下藥－除病」，只是入門功夫而已，是道教醫療的第一個層次──「長壽延年」，屬於「治身體」的「世俗醫學」，有助身體「延年益壽」，達到「去疾養生」的現實利益，屬於「形體」的「生理養護」，只是階段性的手段，屬於醫家用藥，目的是爲人治病。

道教醫療最終目的，在於「服仙藥」與「服金丹」，是第二個層次──「長生不死」，屬於治靈性的神聖醫學。道教醫療是要從第一個層次提昇到第二個層次，從服「中藥」與「下藥」體悟到「服仙藥」與「服金丹」的妙用。服藥的目的，除了醫療、養生之外，更渴望長生，追求還丹金液爲仙道之極。〔註84〕所以葛洪特別重視金丹術，是此爲修道者的長生法門，這也是道教醫學最主要的內涵。「還丹金液」是高於其他藥物的，是生命從凡人轉變爲仙人的主

〔註83〕《抱朴子‧內篇‧仙藥》，卷11，頁196。
〔註84〕藍秀隆：《抱朴子研究》（台北：文津出版社，1989年），頁25。

要依據。葛洪心中的「上藥」，是指可以養命長生的「仙藥」，包含人工仙藥的還丹金液、五芝以及自然仙藥則有礦物類仙藥與植物類仙藥，這些藥物可以幫助修道之人達到不死成仙的最高境界，屬於道教用藥，目的為求神仙和長生。

　　葛洪獨特的藥物養身醫療觀，展現出道教醫療的「實用性」〔註85〕與「理想性」〔註86〕，認為「人」位於宇宙的核心，必須相通於「自然」與「超自然」的秩序之中，此秩序是建立在「精神性」的形上認同，將人提昇到與「天地鬼神」同在的「神聖領域」，是一種「服天氣」與「通神明」的境界。顯示葛洪主張「形神兼修」的藥物養身醫療觀。如圖三。

圖三　葛洪獨特的藥物養身醫療觀〔註87〕

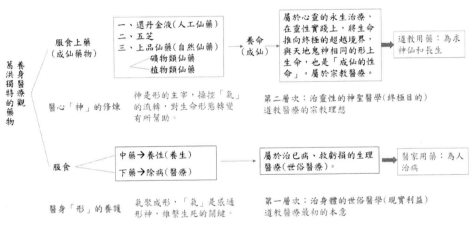

〔註85〕實用性是指服食中、下藥，可以獲得治已病、救虧損的現實利益。
〔註86〕理想性是指服食成仙藥物，屬於心靈上的永生治療，可以獲得成仙的生命，這是道教醫療的理想。
〔註87〕圖三筆者是根據學者鄭志明在〈葛洪《抱朴子》內篇的醫療觀〉《道教生死學》書中的觀點所啓發，經筆者加以梳理與分類，與本論文相結合所繪製而成，並且以此理論來展開說明《抱朴子·內篇》成仙物之養身醫療觀。此屬於服食養生術，來自人與萬物的採捕。建立在天人一體的宇宙圖式上，不僅是關心個體的生理醫療，而是建立在集體靈性的整合醫療上，從心靈的整體精神調適上，追求生命存有的終極境界。請參閱鄭志明：《道教生死學》（台北：文津出版社，2006年），頁118〜140。

　　葛洪獨特的藥物養身醫療觀，來自「致中和的養生宇宙觀」，服食中藥、下藥，是醫身「形」的養護，屬於圖一「天地人鬼神五位一體」宇宙圖式的內圈，指「天地人一體」的宇宙觀，人的存在，可以藉由「氣」來交感天地。「氣」是感通形、神，維繫生死的關鍵，以此維持人與「自然」的和諧，此屬於「服天氣」的術數醫療。人體保持健康的手段，受到食物與藥物的操縱，來自於「哲學與術數」的宇宙觀念，認為人體與天地是氣化相通的，同樣地食物與藥物也是氣化流行下的產物，彼此也是氣感相應的。「氣化宇宙論」〔註88〕是中國哲學的思想體系，也是古人運用最為普及的系統，將人體的生理與病理規律，納入到「自然」的運行秩序之中，以「氣化理論」與「術數觀點」，來落實醫療養生的行為。

　　服食上藥就是「成仙藥物」，包括人工煉製的仙藥「還丹金液」、自然生成仙藥五芝以及上品仙藥，是醫心「神」的修煉，屬於圖一「天地人鬼神五位一體」宇宙圖式的外圈，指「人鬼神一體」的宇宙觀，人的存在，可以藉由「巫術」、「宗教」來交感鬼神。葛洪認為「神」是形的主宰，操控「氣」的流轉，服食成仙藥物，能擴充修道者的精、氣、神能量，對生命形態的轉變，有所幫助。以此維持人與「超自然」的和諧，此屬於「通神明」的宗教醫療。個體藉由具有神聖性質的藥物，來強化個體的均衡需求。此行為是以外在神聖的超越力量（仙藥），來協助個體心靈的均衡追求，主要來自於神人交通的「靈感文化」。此行為的操作，是受到宇宙力場的支配與互滲，來自於「哲學與宗教」的價值體驗，屬於「信仰」的課題，與科學無關。其精神性的價值操作，可以幫助人們在面對困頓時排憂解難，從「心靈的交感」現象中，發揮精神對形體的積極作用，不僅可以治病、健身，還能開啟生命交感的創生作用。追求「天人感應」的生命體驗，在自我的精神修行下，創造生命的無限活力與能量。

〔註88〕氣化宇宙論：是中國哲學的思想體系，認為人體與天地萬物是「同質同構」與「互滲一體」，天地的陰陽、五行等氣，同時內化於人體之中，形成了精微血氣的實質存在，為了避免疾病或是治病療疾，就必須要從調治身體陰陽、五行等生理之氣著手，使「氣」充盈，協調與平衡「形與神」，進而「形神相衛」，制約人的生理與心理的整體和諧。參閱曾振宇、范學輝：《天人衡中——春秋繁露與中國文化》（河南開封：河南大學出版社，1998年），頁47。

第二章 《抱朴子・內篇》金丹仙藥之探析

　　生死是凡人肉體存有的最大限制，有著不少貫穿生死的苦難與疾病，所以不論是「治已病」的「醫療」或是「治未病」的「養生」，若只是停留在功利性質的身體保全上，追求短暫的現實利益，這並不是道教醫療的終極目的。道教的根本內涵是建立在宇宙論與生命觀上，肯定在人的有形生命之上，有著與之對應至高無上的終極實體，在《抱朴子・內篇》中此終極實體稱爲仙人，特別重視此終極實體與人相互交感的神聖經驗，神仙與長生的問題，也是醫學的問題，因爲人們面對來自死亡的威脅，所以對自我生命有較爲深刻的理解，期望能藉由各種與神聖交感的神聖力量（術數）、神性物（金丹），來達到延續生命長度的渴望。

　　《抱朴子・內篇》的生命醫療特別重視信仰的神聖體驗，以及人與終極實體（仙人）相遇或合一的生命修持工夫。可以分成修道與金丹兩部分，金丹部分屬於方術，是屬於「靈性醫學」的部分，也就是「終極醫療」，是把靈性的安頓視爲醫學的一部分，這是很前衛的醫學概念，因爲是包含了身、心、靈的全人醫學。在此已經突破西方傳統醫學的概念，所以道教醫療是不同於其他醫學的生理醫療，這種醫療體系是建立在宗教醫療的「永生需求」上，來自人主動創造的生活智慧，從經驗中建構出藥物醫療的理論與運用體系，這已超越人生物本能的層次，進入心靈開發的自性覺醒，領悟到藥物養生與醫療的特殊療效。因而「藥物養身」只是入門工夫而已，其最終目的在於「服金丹」或「服仙藥」。

　　葛洪認為服食金丹大藥，始可使人達到「定無窮」的「長生境界」。他所謂的「長生」，是指追求生命的變化法則。葛洪認為凡人服食金丹大藥的生命變化，類同於大自然中天地萬物的變化，這是根據宇宙的運行法則而來。也就是說從凡人到仙人之間的歷程，要經過「生命變化」，而此變化是經由「金丹大藥」來促成與實踐。此「生命變化」的法則，是對應宇宙應有的「氣化」現象，顯示出天地萬物之間，原本就存在相互變化的規律。這種「變化」的生命觀，來自古代的「神話思維」，以對天地萬物存在的主觀感受，用「類比」方式，所推衍出的生命存有法則。仙藥的丹方來自神授，烹煉的原則是「燒之越久，變化越妙」，「金液還丹」的成功，更要倚仗著諸神的護佑。

　　葛洪認為金丹要經過多次的冶煉，才能變化而成。丹砂變化成金，是一種自然法則，顯示出萬物之間，有相互滲透與轉換的可能性；因而凡人服食金丹而成仙，就是來自這種自然的類化原則。葛洪在《抱朴子‧內篇》天地萬物類化原則中，建立起金丹大藥的「神聖性」，金丹大藥被視為諸藥之精。金丹大藥如自然界中黃金一般「百煉不滅」，可以幫助人體從「凡人」，轉變為「仙人」。這是一種來自外在形式與內在本質的轉變，並非「外變而內不化」的類似性假冒。故而認為凡人的生命，是可以經由服食「金丹」或是自然而生的「仙藥」，確實獲得轉化。道教的煉金術，不是為了黃金，是從「黃金屬性」中類比出「生命的不朽」。葛洪認為丹砂與黃金的藥效成分，有助於人體的長生久視。〔註1〕道教的金丹，繼承了古代冶金術與煉丹術，將「冶金」與「煉丹」加以「類化」，也把金丹與醫藥合流。所以「金丹」被視為醫術的一種〔註2〕，是道教專有的「長生醫術」。服食金丹這種長生觀念與科學無關，它是建立在「神仙可成」的宗教理論上和建立在「假求外物以自堅固」的需求上，可以「令人不老不死」。這是將人攝取藥物的認知，作機械性的推理延伸〔註3〕；從現代醫學的立場來看，或許荒誕不稽，但是在《抱朴子‧內篇》成仙理論中，有其自成系統的觀念體系。葛洪深信「金丹入身」的特殊醫療作用。

　　葛洪最重視還丹和金液。《抱朴子‧內篇‧金丹》說：

〔註1〕約翰生著、黃素封譯：《中國煉丹術考》（上海：上海文藝出版社，1992年），頁55。

〔註2〕張覺人：《中國古代煉丹術——中醫丹藥研究》（台北：明文書局，1985年），頁41。

〔註3〕金正耀：《道教與科學》（北京：中國社會科學出版社，1991年），頁100。

抱朴子曰：余考覽養性之書，鳩集久視之方，曾所披涉篇卷，
以千計矣，莫不皆以還丹金液爲大要者焉。然則此二事，蓋仙道之
極也。服此而不仙，則古來無仙矣。〔註4〕

葛洪研讀了一千多卷的養生書籍，有關仙道的長生之方，沒有不是以「還丹金液」作爲主要方法的。由此可知還丹和金液這兩件事，都是神仙之道的極致上藥。「還丹」指仙丹，爲「九轉還丹」。「金液」指仙汁，爲「太乙金液」。葛洪《神仙傳》卷三〈劉根〉云：「藥之上者，九轉還丹，太乙金液，服之皆立登天，不積日月矣。」由此可知九轉還丹，太乙金液在葛洪藥物養身醫療觀中，是最高等級的仙藥，服食後，直接成爲「天仙」，其餘的仙藥，成仙需要服食較久的時間，而且才僅是沒有變化能力的「地仙」。是故「還丹金液」的地位高於仙藥，追求還丹金液爲仙道之極。〔註5〕這是從靈性治療上著手，建立在這種靈實互動的精神體驗上，內在的信仰感情是重於任何的外在形式，是直接訴諸人與天地鬼神之間的「靈性交通」與「生命體驗」。靈性醫療是屬於「精神」層次的「文化醫療」，來自傳統社會長期積累的神聖文化與治療經驗。是將「神聖性需求」，加入其信仰的教義體系中，擴大了宗教醫療的文化內涵，強化了生命與神聖之間的涵養工夫，並且由此獲得治病療傷的功效。

道教建立在「不死」的神仙崇拜和「醫療養生」的修煉工夫上，葛洪金丹道「不死」的「醫療養生」觀，反映道教的生死關懷。金丹信仰的興起，神話和仙話傳說，提供了深遠的歷史背景。中醫養生學說提供理論支持，冶金工藝提供物質條件保障。兩漢的天人一體、讖緯學說，是其倚賴的文化氛圍，金丹最核心部分：道教先知的通神感應，所獲得「神啓」，促成了金丹道神聖的信仰。因此金丹信仰的建立，不只依賴理論，更是依賴於「神祕體驗」。這種生命轉變，掌握在我中，是信仰力量下的神聖醫療，肯定生命可以服食成仙，是一種「自然之性」下的生命更新。在唐代之前，道教對金丹是深信不已，篤信金丹服食之術，煉丹理論曾有輝煌廣度與深度的操作實踐。〔註6〕

〔註4〕《抱朴子‧內篇‧金丹》引自葛洪著、王明校釋：《抱朴子內篇校釋》（北京：中華書局，1985年3月），卷4，頁70。是書據清孫星衍「平津館校刊本」爲底本點校，本文後面所引《抱朴子‧內篇》皆據此本，以下引用同書，僅註明卷數及及頁碼。
〔註5〕藍秀隆：《抱朴子研究》（台北：文津出版社，1989年），頁25。
〔註6〕金正耀：《道教與煉丹術論》（北京：宗教文化出版社，2001年），頁67。

第一節　金丹術之史略

　　秦漢以來，方仙道中興起燒煉五金、八石等人工製造不死藥的煉丹術。金丹術，肇端於戰國時代的神仙術，經過帝王的獎勵和世人的推崇，逐漸發展起來。有學者認為：「金丹術直到晉朝的葛洪，方始達到熟成地步。便是後來最繁榮的唐宋時代的金丹術，也多不出他的範圍。」〔註7〕葛洪，字稚川，丹陽句容人，自號「抱朴子」。筆者認為葛洪生於晉武帝太康四年（283），卒於東晉康帝建元元年（343），年六十一。〔註8〕由此可知，他是第三世紀至第四世紀的人。從戰國（約前330）到葛洪（約前283）的六百年間，可以說是金丹術的初期。

一、釋義金丹

　　葛洪的《抱朴子‧內篇》有金丹篇，內容豐富，說了許多的金丹的種類、作法、變化思想等，但是並未釋義金丹。學者陳國符認為：

>　　　　丹及丹砂，即紅色之硫化汞。金丹者，丹砂而可製黃金（藥金）者，如黃帝九鼎神丹等金丹，皆可製黃金（藥金）。金丹作法，需用飛煉。〔註9〕

所謂飛者，即簡單的升華；或數物加熱至高溫，同時所得產物，即行升華也。此種黃金，為黃色物，自漢至魏晉認為與真黃金相同。直至唐初，稱此種黃金為藥金，並且知曉識別藥金與真黃金之法。金丹至唐代通稱「外丹」。唐人撰《通幽訣》說：「氣能存生，內丹也；藥能固形，外丹也」。

二、什麼是金丹術

　　金丹術是甚麼？葛洪在《抱朴子‧內篇‧金丹》有很好的說明：

>　　　　余考覽養性之書，鳩集久視之方，曾所披涉篇卷，以千計矣，莫不皆以還丹金液為大要者焉。然則此二事，蓋仙道之極也。服此而不仙，則古來無仙矣。……既覽金丹之道，則使人不欲復視小小

〔註7〕曹元宇：〈葛洪以前之金丹史略〉，《學藝》，1935年第2號第14卷，頁145～156。

〔註8〕相關考證，請參閱胡玉珍：《抱朴子‧內篇》道教醫學之研究（上）》《中國學術思想研究輯刊二七編：第23冊》，（新北市：花木蘭文化事業有限公司），民107年3月，頁83～86。

〔註9〕陳國符：〈中國外丹黃白術史略〉，《化學通報》，1954年12月號，頁595，600～607。

> 方書。然大藥難卒得辦，當須且將禦小者以自支持耳。然服他藥萬
> 斛，爲能有小益，而終不能使人遂長生也。故老子之訣言云，子不
> 得還丹金液，虛自苦耳。〔註10〕

從上述說明可知，金液是「太乙所服而仙者也」，「入口則其身皆金色」，可見其金丹的神聖醫療，效用之大。

按《抱朴子‧內篇》的文意，葛洪所謂的「金液」、「還丹」，實際上可稱爲「金丹」、「神丹」、「靈丹」或「丹」。其種類名稱非常之多，共同點是服食這類金丹大藥之後，可以達到久視不死與舊身不改的成仙境界。再有某類的丹，可以點化他種金屬，成爲黃金。例如《抱朴子‧內篇‧金丹》說：

> 第一之丹名曰丹華。……服七之日仙。又以玄膏丸此丹，置猛
> 火上，須臾成黃金。又以二百四十銖合水銀百斤火之，亦成黃金。
> 金成者藥成也。金不成，更封藥而火之，日數如前，無不成也。
> 第七之丹名柔丹。與金公（金公就是鉛）合火之，即成黃金。
> 爲神丹既成，不但長生，又可以作黃金。〔註11〕

本論文中所謂的「金丹術」，是根據以上葛洪的意思而定義的。在狹義方面是指調煉却死延年的「丹」和「黃金」的技術。在廣義方面是指神仙、丹藥、金石、草木方面的思想和方術，即燒煉外丹，爲燒煉藥物（以金石藥爲主），成爲外丹，服餌以求長生。是在有限的生命歷程當中，努力地將「凡人」提昇到「仙人」的修道境界中。

三、外丹黃白術史

我國金丹術起始於秦漢時期，這在全世界是最早的。我國金丹術與黃白術，可以溯源至戰國時代燕齊方士的「神仙傳說」與求「神仙仙藥」。當時的神仙家，確信自然界存在著吃了可以長生不死的藥物，這是神仙所服用的「仙藥」，於是尋求「不死之藥」，成爲求仙的目標。《戰國策‧楚策》記載：有人獻不死之藥於荊王，《史記‧封禪書》也說齊威王、齊宣王、燕昭王、秦始皇都曾派人入海尋求不死之藥。戰國時的方仙道，已經注意到美玉、黃金、丹砂、水銀的與眾不同的物理、化學性質，丹砂和水銀已經被使用於墓葬中保存屍體。秦漢之際，墨家學派和方仙道合流，精於煉金術的工匠，加入方士

〔註10〕《抱朴子‧內篇‧金丹》，卷4，頁70。
〔註11〕《抱朴子‧內篇‧金丹》，卷4，頁74～75。

集團，促使方仙道從尋找「天然仙藥」轉變為人工煉製藥金、丹砂，這便是金丹術的發端。故戰國時代先有神仙傳說，與求神仙奇藥的事蹟，至西漢始有金丹術與黃白術的發端。

所謂藥金、藥銀，實際上就是含有不同成分的銅合金，它們被視為是「諸藥之精」，勝過自然的真金與真銀。根據《史記‧孝武本紀》記載，方士李少君對漢武帝說：

> 少君言於上曰：「祠灶則致物，致物而丹沙可化為黃金，黃金成以為飲食器則益壽，益壽而海中蓬萊僊者可見，見之以封禪則不死，黃帝是也。臣嘗游海上，見安期生，食臣棗，大如瓜。安期生僊者，通蓬萊中，合則見人，不合則隱。」於是天子始親祠灶，而遣方士入海求蓬萊安期生之屬，而事化丹沙諸藥齊為黃金矣。〔註12〕

這段記載非常重要，因為一、它是一項實錄。二、它是煉丹術最早的記載。文中說求仙不必到海中蓬萊，只要把丹砂煉成黃金（當為黃色的汞齊）〔註13〕做成飲食器來飲食東西，便能延年益壽，蓬萊仙人就能見到，見後封禪，就可以成仙不死了。這種以丹砂點化藥金，再以藥金製造飲食器而益壽的思想，不僅透露了煉金術確實起源於冶金製造工藝（製造飲食器），又說明方仙道的服餌派方士，已經將這種冶金工藝轉化為實驗室操作的煉金術了。方士們使用丹砂點化藥金，又將藥金和飲食聯繫起來，說明了中國的煉金術和煉丹術相互承襲，煉金的目標，主要不是致富，而是追求「長生不死」。

淮南王劉安曾招致方士著《枕中鴻寶苑秘書》，言神仙黃白之術，屬於煉金術的專著。《抱朴子‧內篇‧黃白》引《桓譚新論》說：

> 桓譚新論曰：史子心見署為丞相史，官架屋，發吏卒及官奴婢以給之，作金不成。丞相自以力不足，又白傅太后。太后不復利於金也，聞金成可以作延年藥，又甘心焉，乃除之為郎，舍之北宮中。〔註14〕

由此可知，西漢末年史子心為傅太后煉製藥金，但不再作飲食器，而是製作「延年藥」服餌之，這說明煉金術正在轉化為煉丹術。〔註15〕西漢末至東漢

〔註12〕司馬遷：《史記‧孝武本紀》（台北：中華書局，1961年），頁258。

〔註13〕當時人以為製成的黃金（藥金），與天然黃金完全為同一物質也。參見陳國符：〈中國外丹黃白術史略〉，《化學通報》，1954年12月號，頁600。

〔註14〕《抱朴子‧內篇‧黃白》，卷16，頁286。

〔註15〕按漢代之黃金，是銅之合金，而非現代的黃金。

初，一批丹經出世，《正統道藏》中的《黃帝九鼎神丹經》、《九轉流珠神仙九丹經》、《太清金液神丹經》、《三十六水法》，據學者考證，其主要部分即那時傳出的丹方，標誌著煉丹術已經積累了豐富的實驗資料。

東漢以來，外丹黃白術在黃老道中承傳，方士們堅信服食神丹乃升仙之要。最初的煉丹家稱丹砂爲還丹，以金液爲至寶，認爲服食還丹、金液後就能返老還童、不朽不壞，對丹藥的毒性還缺乏認識。葛洪《神仙傳》卷五提到漢末殷長生說：

> 不死之道，藥在神丹，行氣導引，俯仰屈伸，服食草木，可得
> 少延。不求未度，以至乎仙。……黃金已成，貨財千億，役使鬼神，
> 玉女侍側，余得度世，神丹之力。〔註16〕

在東漢黃老道金丹派道士看來，煉製神丹是升仙的階梯，其它的方術如導引、氣法、服食草木藥（指中下藥）等，僅有延年益壽的作用（養生）。以黃白術製造僞金銀可使「貨財千億」，是煉丹的準備步驟。

早期道教成立前後，張陵、殷長生、魯女生、封君達、左慈、魏伯陽等，都曾研習外丹黃白術，《列仙傳》和《神仙傳》中，也記述了漢代道士服煉神丹的事蹟。蓋漢代外丹黃白術經書，乃在少數道士間師徒秘傳，金丹藥物價錢昂貴，不易實施，偶然有道士服丹藥致死，人們也以爲是「尸解」升仙了。漢代對後世影響最大的丹經，是魏伯陽著作的《周易參同契》，這是一本劃時代的著作，給予金丹派道士巨大的影響。此丹經借金丹術象論男女合炁之術，運用日月運行的易學規律爲內、外丹術，提供了一個普適的理論框架。

魏晉南北朝時期，金丹術獲得了長足的發展，特別是葛洪所著的《抱朴子‧內篇》問世，將金丹術向社會公開，可說是中國金丹術發展的轉折點。《抱朴子‧內篇‧金丹》說：

> 余考覽養性之書，鳩集久視之方，曾所披涉篇卷，以千計矣，
> 莫不皆以還丹金液爲大要者焉。然則此二事，蓋仙道之極也。服此
> 而不仙，則古來無仙矣。〔註17〕

從上述的說明可知，葛洪非常推崇服食還丹、金液，使金丹術成爲道教仙學的重要修煉方術。道教中飛煉金丹、黃白之風，同時影響到當時信奉儒教的士族社會。魏晉時期何晏等士族，服食五石散（又名寒食散，爲白石英、紫

〔註16〕葛洪：《神仙傳》（上海：古籍出版社，1990年），頁65。
〔註17〕《抱朴子‧內篇‧金丹》，卷4，頁70。

石英、石鐘乳、赤石脂、礜石。後來因爲礜石有猛毒，改爲石硫黃），形成一陣旋風，當時士族都以服食五石散爲尚。南北朝時，連皇帝都熱衷於煉製金丹黃白，想學習金丹術來登仙。隨著金丹術的經書傳向社會，道士爲帝王煉製金丹，對丹藥的毒性，也開始有了認識。此時葛洪、陶弘景、狐剛子，都是著名的煉丹家，有不少金丹術著作傳世。

在道書中，黃白是金銀的隱名。煉丹家試圖以普通的化學方法將賤金屬變爲貴金屬，又發展出人工製造藥金、藥銀的技術，即是煉金術，隱名爲黃白術。本文我們將煉金術和煉丹術簡明爲金丹術，以同歐洲語言的 ALCHEMY 相當，通稱爲「外丹黃白術」。外丹黃白術在道教文化中，是仙學的組成部分。外丹黃白術是現代實驗化學的先驅，是科學史研究上的重要課題，他的理論體系中，除了有許多的科學智慧外，還有哲學思想，宗教醫療思想是值得我們進一步探究的。

四、金丹術在學術史上的重要

金丹術更主要的是一種信念，煉金術是世界各大文明中普遍存在的一種文化現象，煉金術的觀念，可以追溯至各大文明的發端時期。西方世界在西元後 300 年到 1500 年，化學史上稱爲「點金時代」（Alchemical era）。當時多數的術士即所謂「點金家」（Alchemist），大多努力於金銀的製作。他們相信物質是可以改變的，只要得到某一種秘法，可以把水銀、鉛、鐵之類，變成黃金或是白銀。他們相信天地之間有一種萬能法寶——稱爲「點金石」，也叫「智者石」（Philosopher's stone），使用少許這種法寶，投入鎔融的賤金屬中，頓時可變成貴重的金或銀。

歐洲中世紀的煉金術注重的是「金屬嬗變」這一神奇的工藝，將普通的低層次、不完善的賤金屬，變成高級、貴重、完美的「金」，正是體現了上帝的意志。煉金術的最終目標是「點金石」，它是來自上帝的禮物，獲得它就意味著得到了財富、永遠的健康和真正的知識。借助點金石可以完成金屬衍變（用固態的點金石製成「噴粉」，充當催化劑的作用，可以改變金屬的本質，使植物奇迹般的生長），也是長壽水（點金石與酒精的混合溶液，即可使人長生不老）。〔註18〕

〔註18〕Andrea Aromatico 著、李曉樺譯：《煉金術——偉大的奧秘》（1996 年原版），（上海：上海書店出版社，2002 年），頁 69。

「點金石」又能夠做却病延年的藥品，中國的金丹術和西方的點金術，有頗多類似之點，「金丹」便和「點金石」相當。中國的煉丹術，卻是爲了煉就可以入口爲藥的「金丹」，金屬加工，只是金丹鑄治的副產品，同時也是爲了檢驗神丹是否成功的「試丹法」。而專事黃金白銀製造的被稱爲「黃白法」，屬於煉丹偉業的末流，學者陳國符認爲從嚴格意義上來說，並不屬於煉丹的範疇。〔註19〕丹家煉金的目的在於獲取長生不死之藥，而不在於致富。

第二節　煉丹術的神聖起源

煉丹術更主要的是一種信念。西漢丹訣應當是丹訣的早期型態，煉丹的實際歷史當不會溯源到先秦。西漢劉向編撰的《列仙傳》中，還沒有「金丹」之說，也幾乎未見有人服食金丹而成仙〔註20〕，而到了東晉葛洪所著的《神仙傳》中，服食「金丹大藥」成仙者突然大量出現，可以充作輔證。

煉金術士世界各大文明中普遍存在的一種文化現象，然而煉金術的觀念，更可以追溯至各大文明的發端時期。〔註21〕西方學者 Lucarelli 定義煉金術，從四個方面，分別爲：

> 一、確信在生命，尤其是有關生命起源的宇宙啓示中，有一種智慧的或有意識的力量在起作用。二、相信生命的長生不老是可能的。三、宇宙表現唯一從某種不可捉摸和不可抗拒的法則。四、冶金工藝已經達到相當的水平。〔註22〕

從上述的定義，我們可以知道煉金術的概念，前三種含義都是觀念上的「相信」，這是屬於靈性醫療神聖醫學的範疇，是屬於精神層次的文化治療。第四

〔註19〕 初唐《黃帝九鼎神丹經訣》卷二十中有《試藥法》說：「藥當先試造金，金成即用成也。金若不成，丹亦未成，更須飛之，以成金爲候……」陳國符：《中國外丹黃白法考》，（上海：上海古籍出版社，1997年），頁9。《抱朴子・內篇・金丹》中也在多種「九鼎神丹」之後，涉及神丹與造金的關係，多與「試丹法」相關。

〔註20〕 《列仙傳》中所記載的仙人，多通過服食草木或是天然石藥而獲得長生，只有少數幾位對天然藥材進行了簡單的加工（蒸、煮），只提到一人赤斧「水汞煉丹與硝石服」，未詳究竟。

〔註21〕 參見漢斯－魏爾納・舒特（Hans-Werner Sehutt）著、李文潮、蕭培生譯：《尋求哲人石》（上海：科技教育出版社，2006年），頁116。

〔註22〕 請參閱 Andrea Aromatico 著、李曉樺譯：《尋求哲人石》（上海：上海書店出版社，2002年），頁15。

含義則是實際的技術要求。煉丹術可以說是一種文化現象，學者恩格斯曾指出「煉金術和宗教之間，是有很緊密的聯繫的。」中國煉丹術，與中國本身的道教，關係密切。

一、最古的丹訣

根據學者陳國符依據音韻學所做出的考證〔註 23〕，現存最早、相對比較完整並且可以確認爲外丹丹訣的，有《太清金液神氣經》、《太清金液神丹經》和《黃帝九鼎神丹經》（即唐初輯錄的《黃帝九鼎神丹經訣》的第一卷）幾種，均出自西漢或是兩漢之交。之後才有出自東漢後期號稱「萬古丹經王」的《周易參同契》。

（一）丹訣的特徵

丹訣的表達方式，與一般的詩文絕不相同。首先丹訣有一套獨特的話語符號系統，這一系統與中藥的命名相互影響，因爲外丹術，本就屬於「金石大藥」，是一種特殊的長生不老「仙藥」。外丹的很多符號，以後又被移植到內丹修煉的經訣當中。對於不熟悉煉丹專業術語的門外漢來說，根本不知所云。丹訣對煉丹過程的描述，形象上則是「流珠褐耀」、「紫色若華」、「嬉戲光彩」等，自始至終都在使用一種詩意的象徵語言。正因如此，理解丹經訣必須要有「師傳」或者「高人」的「臨文指導」，如果只靠自己的閉門摸索，獲得「正解」的機率微乎其微。《抱朴子‧內篇‧論仙》說：

> 夫作金皆在神仙集中，淮南王抄出，以作鴻寶枕中書，雖有其文，然皆秘其要文，必須口訣，臨文指解，然後可爲耳。其所用藥，復多改其本名，不可按之便用也。劉向父德治淮南王獄中所得此書，非爲師授也。向本不解道術，偶偏見此書，便謂其意盡在紙上，是以作金不成耳。〔註 24〕

葛洪認爲西漢劉向依照淮南王劉安的「秘笈」大興丹爐，卻以「費甚多、方不驗」失敗，主要原因在於沒有師傳口訣的臨文指導，以及許多藥，都有其特別的涵義。

爲何丹訣極少使用日常語言呢？有學者認爲：有三分是故弄玄虛，利用

〔註 23〕陳國符：〈道藏經中外丹黃白法經訣出世朝代考〉，收入趙匡華主編：《中國古代化學史研究》，（北京：北京大學出版社，1985 年），頁 79。
〔註 24〕《抱朴子‧內篇‧論仙》卷 2，頁 21～22。

人們「貴難得之貨」的心理，再有三分是出於「維護知識產權」的需要，這樣既維護了眞理代有眞傳，又可以保證門派的興旺。剩下幾分，則是爲了保證「學仙階級」的高貴血統。〔註25〕

（二）丹訣的來源

丹訣的來源，一般歸納來說，不外有四種。第一種是古已有知，例如：漢代的《太清金液神丹經》，文後注解說「此《太清金液神丹經》文，本上古書，不可解，陰君〔註26〕作漢字顯出之，合有五百四字」。第二種是來自當代，是時人顯出的天書。例如：唐初所輯的《皇帝九鼎神丹經訣》卷三引狐剛子說一丹法，「非俗所有，自非稟其仙籙者，終不能見。」他是「本故訣隱文，已開後聖」。狐剛子在授葛玄丹訣的時候，說他「命屬仙星」，所以才能夠獲得傳授。第三種是「神人所授」，例如：葛洪所有的《太清丹經》、《九鼎丹經》及《金液丹經》是「左元放於天柱山中思精」，「而神人授之」。第四種是今天意義上的「創作」，爲道人所著。比如《神仙傳》中說「伯陽作《周易參同契》」，但是這些創作者，絕非凡夫俗子。〔註27〕

根據學者陳國符的考證，他認爲：「著名的金丹術著作《太清金液神丹經》（葛洪稱爲《太清丹經》）和《黃帝九鼎神丹經》（葛洪稱爲《九鼎丹經》），均在西漢末東漢出世」〔註28〕。這說明了在新莽時期，我國的金丹術已發展成熟了。中國的金丹術，原是古代方仙道的主要方術，一代代的傳人用了五、六百年的時間所研究發展起來的。葛洪將還丹金液視爲仙道之極，靠服金液還丹成仙，故稱爲「金丹派神仙道教」，它來自對秦漢間方仙道的金丹術的繼承。

從上述可知，絕大多數丹道經典，都有一個神祕的起源，其本質是「天書」，來源於世俗世界之外的另一神聖世界，只因爲上天憐憫好道的凡人，這些天書，才得以「出世」。因此古雅、充滿象徵和隱喻的特徵，正是「天書」慣常的表述方式。這些丹訣經典，無論是「神人授」，還是「道人作」，無論措辭是古雅還是通俗，其著述者或者宣授者，都以「先知」身分自居，他們傳授的是至高無上的終極眞理。

〔註25〕 參見劉小楓：〈眞理爲何要秘傳：《靈知派經書》與隱微的教誨〉，《跨文化對話》，2001 年第 6 期，頁 54。
〔註26〕 葛洪《神仙傳》說：「馬鳴生以《太清金液神丹經》授陰長生」。葛洪：《神仙傳》（上海：古籍出版社，1990 年），頁 34。
〔註27〕 魏小巍：〈從煉丹術看道教信仰的建構〉，《弘道》，2008 年第 1 期，頁 17～27。
〔註28〕 陳國符：《道藏源流續考》（台北：明文書局，1983 年），頁 289～297。

（三）明師與師承

　　丹訣的授受，特別講究「明師」與「高徒」之間的關係，二者也是一體、密不可分的。仙道的傳經授訣，承續古來巫術、方術的傳統，因此具有濃厚的秘傳性格；特別強調師要是「明師」，只有高明的老師才會傳授至要得眞之道，而弟子也是經過明師特別「簡擇」而來的，這就是道門所強調的「機緣」；因爲道法是至爲隱密的，不可以所傳非人，所以特別重視「道」的授與受。

　　魏晉時期的金丹派神仙道教，以「師徒相傳」爲宗教特徵，經書也多以秘密的方式傳授，所以我們可以藉由追索葛洪所授道經的傳承，來了解葛洪的師承。魏晉時期除了北方的天師道，江南吳地也產生了自己的宗教勢力，最具代表性的就是葛氏道〔註29〕，或者稱爲金丹派神仙道教。江南金丹派神仙道教傳承，是從神人→左元放→葛玄→鄭隱→葛洪。在他這一派的傳承中，左慈、從祖葛玄、師父鄭隱都重在傳經、修道、沒有把主要精力放在著述上。只有葛洪文才流暢，從少年起就立志於撰寫子書，在《抱朴子‧內篇》中反覆闡述，多方面論證，在道教神仙理論上成一家之言，是三國至晉代神仙道教的集大成的著作。

　　葛洪的金丹術，全是由左慈經鄭隱傳授給他的，而且左慈與鄭隱曾經在廬江銅山中試作過，都是成功的。他們所傳授的是煉製金丹大藥的經書和口訣，這樣的金丹道在之前的江東地區是未曾聞見的，即使到了葛洪時，其他的道士對金丹仍是未曾聞見。葛洪的神仙道教，除了傳承金丹術經典之外，還傳授了重要符書《三皇內文》、《五嶽眞形圖》和講變化之術的道經《墨子枕中五行記》。《抱朴子‧內篇‧金丹》說：

> 余問諸道士以神丹金液之事，及三皇內文召天神地祇之法，了無一人知之者，其誇誕自譽及欺人，云己久壽。及言曾與仙人共游者將太半矣，足以與盡微者甚鮮矣。或有頗聞金丹，而不謂今世復有得之者，皆言唯上古已度仙人，乃當曉之。或有得方外說，不得其眞經。或得雜碎丹方，便謂丹法盡於此也。〔註30〕

我問道士還丹、金液的事情，以及《三皇內文》所提到的召天地神祇的方法，卻沒有道士是眞正了解的，足以證明道士其對窮盡仙道精微的了解是非常少

〔註29〕　「葛氏道」一詞，是學者福井康順在《葛氏道的研究》中最早使用，請參閱小林正美著、李慶譯：《六朝道教史研究》（四川：人民出版社，2001年），頁36。

〔註30〕　《抱朴子‧內篇‧金丹》卷4，頁70～71。

的。有的道士雖聽過金丹，但不認爲在這個時代可以煉成，都說只有遠古時期已經成仙的仙人，才可能知曉金丹煉製的道理。也有一些道士，得到一些零亂雜碎的丹方，就說丹方的奧妙盡在其中了。

在左慈之前《九鼎丹經》和《太清丹經》就曾經流傳到張陵、陰長生的手中，他們又傳給了自己的徒弟，直到曹操把原本流散在社會上的神仙道士都集中在許都，給他們製造了拜師傳經的條件，神仙道教金丹派才由此而興。左慈所傳的不只有《九鼎丹經》、《太清丹經》等煉丹術著作，還有《金銀液經》和《黃白中經》等煉金術著作。

> 昔左元放〔註31〕於天柱山中精思，而神人授之金丹仙經，會漢
> 末亂，不遑合作，而避地來渡江東，志欲投名山以修斯道。余從祖
> 仙公，又從元放受之。凡受《太清丹經》三卷及《九鼎丹經》一卷、
> 《金液丹經》〔註32〕一卷。〔註33〕

以前左慈在天柱山上精心的思慮，而神人傳授給他金丹仙經，因爲在混亂的東漢末年，找不到地方煉製金丹，我以逃避戰亂到江東來，意欲投身名山之中，來修煉此金丹之法。我的從祖葛玄，又從左慈處學得金丹仙經，共計有《太清丹經》三卷、《九鼎丹經》一卷以及《金液丹經》一卷。從上述可知，葛洪學道，可以上溯到左慈，而葛玄乃其樞紐。《抱朴子・內篇・金丹》說：

> 余師鄭君〔註34〕者，則余從祖仙公〔註35〕之弟子也，又於從祖
> 受之，而家貧無用買藥。余親事之，灑掃積久，乃於馬跡山中立壇
> 盟受之，並諸口訣訣之不書者。江東先無此書，書出於左元放，元
> 放以授余從祖，從祖以授鄭君，鄭君以授余，故他道士了無知者也。
> 然余受之已二十餘年矣，資無擔石，無以爲之，但有長嘆耳。〔註36〕

〔註31〕 左元放，即左慈。《神仙傳》卷五記載：左慈，字元放，三國時廬江人也，明五經，兼通星氣，見漢祚將衰，天下亂起，乃學道，精思於天柱山中，得《九丹金液經》。天柱山在浙江省境內，道教以爲第五十七福地。

〔註32〕 《太清丹經》、《九鼎丹經》、《金液丹經》均是道教經典。《神仙傳》卷二〈馬鳴生〉說：「馬鳴生以《太清神丹經》授之陰長生。」今《道藏》中有《上清金液神丹經》三卷，《黃帝九鼎神丹經訣》二十卷，即此類書。

〔註33〕 《抱朴子・內篇・金丹》卷4，頁71。

〔註34〕 鄭君，指鄭思遠，字子華，又名隱，本爲儒士，明五經，又善於律曆候緯，晚師事葛玄，後又授玄從孫葛洪道術之業，是有名的煉丹方士。

〔註35〕 仙公，指葛玄，自孝先，爲葛洪的從祖。在三國時代的吳國學習仙道，號曰葛仙公。

〔註36〕 《抱朴子・內篇・金丹》卷4，頁71。

我的老師鄭隱，原來是我從祖父葛玄的弟子。他從葛玄那裏得到傳承，但因爲家境貧窮，沒錢購買這些藥材。我曾經親事於鄭君，長久從事灑掃等事，後來便在馬迹山中立壇盟誓，從鄭君處得到金丹仙經，以及書中沒有記載的各種口訣。江東一代原本沒有這些書，這些書出自左慈，左慈傳授給我的從祖父葛玄，葛仙公又傳給我的老師鄭君，鄭君再傳授給我，所以其他的道士一無所知。然而，我得到金丹之法已經有二十餘年之久了，因爲家貧沒有些微的資財，無法購買煉製仙藥的材料，只能嘆息而已。葛洪在馬迹山中立壇盟受的《太清丹經》、《九鼎丹經》、《金液經》等丹經，都是「並諸口訣，訣之不書」的。

（四）口傳心授

口訣較諸道經，更爲禁秘，從葛氏道的立場來說，最爲矜秘的口訣多與金丹相關，多是明師對簡擇之後的高徒採用「口傳心授」的方式，來傳授道法。《抱朴子‧內篇》有許多盟約的儀式，尤以金丹爲其典型，《抱朴子‧內篇‧金丹》說《黃帝九鼎神丹經》是：

> 黃帝以傳玄子，戒之曰，此道至重，必以授賢，苟非其人，雖
> 積玉如山，勿以此道告之也。受之者以金人金魚投於東流水中以爲
> 約，歃血爲盟，無神仙之骨，亦不可得見此道也。〔註37〕

這是錄自丹經中的文字，極爲可信，從以上所述可知，黃帝把《黃帝九鼎神丹經》傳給了玄子元君，並告誡他說，這種仙道（煉丹之術）最爲重要，必須授予賢者。

從上述的引文，我們可以一窺當時的歃血盟約儀式。在儀式中「受之者以金人金魚投於東流水中以爲約」，使用金人、金魚是屬於與煉金有關的象徵性巫術；將金人、金魚投於東流水中，則代表了以水爲誓，若是違約當如東流之水。歃血，古時盟式時，把牲畜的血塗在嘴上，表示信守的誠意。歃血爲盟則代表了以血爲神秘的盟約方式。同時沒有神仙骨相之人，是無法看見、接觸到此丹經的。

這種師承式的醫學教育，非常嚴格，並且不隨便傳給人，例如：黃帝欲私傳禁方，請雷公齋戒三天，然後「俱入齋室，割臂歃血，黃帝親祝曰……歃血傳方，有敢背此言者，反受其殃。」〔註38〕由此可知學前儀式相當愼重。

〔註37〕 《抱朴子‧內篇‧金丹》卷4，頁74。
〔註38〕 （唐）李冰注：《靈樞經》，卷8（台北：中華書局，1987），頁1。

因爲醫師職業，人命關天，學習者的智慧和德行都十分重要，故不能等閒視之。醫藥方本身也不輕易流傳出去，因此通稱「禁方」或「秘方」。

二、信仰基礎──「神啓」和「神授」

道教觀念中的神仙世界，開始的時候多在山中，後來則多在天界。不論在哪裡，一種神聖空間和神聖時間的設立，賦予凡人的生活，前所未有的意義和無限光明的未來。煉丹術的信仰基礎，人們過去以爲是像「不死之國」、「不死民」以及「羽民」等，來自《山海經》之類的神話和悠久的神仙傳說，開啓了古人成仙的夢想。加上遠古流傳下來的服食養身方，或許還包括屍體的防腐技術，所共同構成。

相信「奇遇」和「奇緣」，不僅僅是漢魏六朝時人信之甚篤，千年以來，一直如此。學界推測，煉丹術信念的最初確立，是由於道教最初的一批前驅和創立者，得到了「神啓」和「神授」的緣故。最早的一批道書，大都在漢魏間出世。始於漢末左慈，傳於葛洪的《九鼎丹經》〔註39〕等丹道經典，來自神人傳授。其次上清派的主要經典《黃庭經》、《上清大洞眞經》和《眞誥》，更明確來自天界上仙的降授。也就是說道教各門各派的經書符籙，其實大多所來有自──「天界、神人、降授」。獲得降授的經歷，頗有相似之處，張道陵是「精思西山，太上親降」，左慈是「於天柱山中精思，而神人授之金丹仙經」，大概的過程是「精思─致感─獲授」。獲授的具體形式，可能是通過「作夢」〔註40〕，或是像後人推測的「扶乩」，也可能如《眞誥》中所說的「夜半形見」。歸納來說，煉丹成仙信仰建立的依據，來自一種與神人、與神聖世界溝通的神秘體驗。

金丹信仰之所以突然興起，神話和仙話傳說，爲其提供了深遠的歷史背景，中醫養生學說爲其提供了理論支持，冶金工藝爲其提供了物質條件保障，兩漢的天人感應、讖緯學說則是其倚賴的文化氛圍，在萬事俱備之後，最核心的部分，是由於道教先知的通神感應，所獲得「神啓」，終於促成了金丹神聖信仰的確立。煉丹術在漢代發展興盛起來的，在晉葛洪那裡，達到了理論的巔峰，之後上清派興起，外丹之道雖沒有馬上沒落，但已退居次要地位。

〔註39〕依據《神仙傳》記載，張道陵也得《黃帝九鼎丹經》，從道書記載來看，彼此不相干，各有傳承。

〔註40〕夢在各大宗教的宗教體驗中，都佔有重要的地位。通過夢的形式，傳授神的旨意，爲人提供預示，是人神交流的主要形式之一。

唐代是外丹實踐的鼎盛時期，有一少半君主，因服食金丹而喪命，但並不影響煉丹術士的前仆後繼，這是因爲金丹信仰的建立，不只依賴於理論，更是依賴於「神秘體驗」。

三、丹道信仰的確立——「誠」與「試」的靈感考驗

世界上幾大宗教的創立者，根據經典記錄，普遍都有神聖體驗。煉丹術的情形，最初的拓荒者是通過面壁精思、精誠致感，獲得了神人垂青，但世風日下，後世好道者，既缺少前輩的精誠，也就沒有前輩的幸運了。學道的結果很美好，可是過程是艱辛的，如果沒有一種堅定的信念支撐，在修道的路上，是很難堅持的，這種信念就是「誠」。

（一）誠心

長生成仙是《抱朴子・內篇》的中心思想，神仙又必須由學而致，所以如何成仙就成爲葛洪論述的主題了。他在《抱朴子・內篇》中把對神仙的信仰和誠心立志學道，當作是長生成仙的前題。葛洪在《抱朴子・內篇》規勸世人努力修仙，他認爲神仙都是學來的，連天上地位最高的老子之師元君，都是「本學道服丹之所致」。此外，他將人分成上士、中士、下士三等，這三等人聞道的反應不同，道心的堅定程度也不同，得道的次第不同，故連服食金丹所實現的效果，也都不一樣。

葛洪認爲「志誠信仙」，是修長生之道的首要條件。他在《抱朴子・內篇》中說：

> 凡學道當階淺以涉深，由易以及難，志誠堅果，無所不濟，疑則無功，非一事也。〔註41〕

> 夫求長生，修至道，訣在於志，不在於富貴也。〔註42〕

他認爲對神仙之事抱持懷疑態度的人，以及不誠心立志學仙修道的人，是不可能修煉成爲神仙的，所以首先就把不信仙道的人，排除在神仙的大門之外。接著進一步認爲能誠心立志學道的信徒，都是稟值仙宿的人。他在《抱朴子・內篇・辨問》中說：

> 按仙經以爲諸得仙者，皆其受命偶值神仙之氣，自然所稟。故胞胎之中，已含信道之性，及其有識，則心好其事，必遭明師而得

〔註41〕《抱朴子・內篇・微旨》，卷6，頁123。
〔註42〕《抱朴子・內篇・論仙》，卷2，頁17。

其法，不然，則不信不求，求亦不得也。〔註43〕

從以上所述我們可以知道葛洪引述《仙經》的話，來加強自己的立論。能夠修煉成為仙人者，首先要是稟值仙宿的人，因為他有仙命，所以自然含有信道之性，等到時機成熟時，自然就會醉心於修仙之事，若能遇到明師的指點，得其要法的修煉，成為仙人是指日可待的。

葛洪把宿命論與先驗的人性論相互聯繫起來，又把宿命論和神秘的胎氣說結合在一起，認為一個人要先有神仙之命，才會有相信仙道之心。他在《抱朴子‧內篇‧塞難》中說：

> 命之脩短，實由所值，受氣結胎，各有星宿。天道無為，任物自然，無親無疏，無彼無此也。命屬生星，則其人必好仙道。好仙道者，求之亦必得也。命屬死星，則其人亦不信仙道。不信仙道，則亦不自修其事也。所樂善否，判於所稟，移易予奪，非天所能。〔註44〕

他認為志誠信仙和稟值仙氣實際上是同一回事，都是修長生之道的前提。所以只有信仙道者，才能求仙而後得仙。葛洪把宗教信仰突出到首要的位置，要求修道者必須樹立牢固的「志誠信仙」的宗教觀念，一方面又承襲漢代的「星命論」觀念，讓修道者把能否成仙的責任歸結到自己的命運之上。

（二）試驗

煉丹術從客觀上講是一門技術，但丹道的妙義，往往「非俗所有」，不是「稟其仙籙者，見不到聽不著」。明師簡擇弟子，需要加以試煉。所以為師的需要有一番「試驗」的過程，才能找到才德兼具的傳人，葛洪在《抱朴子‧內篇‧辨問》中說：

> 夫道家寶秘仙術，弟子之中，尤尚簡擇，至精彌久，然後告之以要訣。〔註45〕

由此可知道家對於仙道方術採取十分寶貴保密的態度，所以在自己弟子中，都要經過「簡擇」，還需要「至精彌久」的考驗，然後才可以傳授他仙道的要訣。葛洪認為簡擇弟子時，需要多加試煉，因此在《抱朴子‧內篇‧極言》中說明自己學習過程與試煉的種類：

> 彼莫不負笈隨師，積其功勤，蒙霜冒險，櫛風沐雨，而躬親灑

〔註43〕《抱朴子‧內篇‧辨問》，卷12，頁226。
〔註44〕《抱朴子‧內篇‧塞難》，卷7，頁136。
〔註45〕《抱朴子‧內篇‧辨問》，卷12，頁226。

掃，契闊勞藝，始見之以信行，終被試以危困，性篤行貞，心無怨貳，乃得升堂以入於室。或有怠厭而中止，或有怨恚而造退，或有誘於榮利，而還修流俗之事，或有敗於邪說，而失其淡泊之志，或朝爲而夕欲其成，或坐修而立望其效。若夫睹財色而心不戰，聞俗言而志不沮者，萬夫之中，有一人爲多矣。〔註46〕

此段前半段說明自己拜師於鄭思遠的門下，執弟子之禮甚爲恭謹。從負笈隨師開始，平日就要積其功勤、蒙霜冒險、櫛風沐雨、躬親灑掃、契闊勞藝，從這些過程中才能看出弟子對於修仙之道的信心，接著必須「試以危困」，明師確認弟子能夠性篤行貞，心無怨貳，才能升堂於室，接受傳授。在試煉的過程中，若有下列六種情形：怠厭而中止、怨恚而造退、誘於榮利而還修流俗之事、敗於邪說而失其淡泊之志、朝爲而夕欲其成、坐修而立望其效者，則會無法通過試煉。

丹道的試驗考試，相對簡單。葛洪《神仙傳》中記述魏伯陽眞人，考驗其弟子虞生的事例，就很典型。

> 後與弟子三人入山作神丹，丹成，弟子心不盡，乃試之曰：「此丹今雖成，當先試之。今試飴犬，犬即飛者，可服之，若犬死者，則不可服也。」伯陽入山，特將一白犬自隨。又有毒丹，轉數未足，合和未至，服之暫死。故伯陽便以毒丹與白犬，食之即死。伯陽乃問弟子曰：「作丹惟恐不成，丹即成，而犬食之即死，恐未合神明之意，服之恐復如犬，爲之奈何？」弟子曰：「先生當服之否？」伯陽曰：「吾背違世俗，委家入山，不得仙道，亦不復歸，死之與生，吾當服之耳。」伯陽乃服丹，丹入口即死。弟子顧相謂曰：「作丹欲長生，而服之即死，當奈何？」獨有一弟子曰：「吾師非凡人也，服丹而死，將無有意耶？」亦乃服丹，即復死。余二弟子乃相謂曰：「所以作丹者，欲求長生，今服即死，爲用此爲？若不服此，自可數十年在世間活也。」遂不服，乃共出山，欲爲伯陽及死弟子求市棺木。二人去後，伯陽即起，將所服丹內死弟子及白犬口中，皆起。弟子姓虞。皆仙去。因逢人入山伐木，乃作書與鄉裏，寄謝二弟子。弟子方乃懊恨。〔註47〕

〔註46〕《抱朴子・內篇・極言》，卷13，頁239。
〔註47〕葛洪：《神仙傳》（上海：古籍出版社，1990年），頁23。

這段故事，從結構上看非常簡單，屬於「有所求－被考驗－經受考驗－所求必得」的「考驗型」，伯陽眞人的故事，乃是一段具有宗教色彩的「仙話」，這故事可以歸類於「靈修考驗型」。

宗教考驗與一般的考驗有一點不同，在於宗教考驗總是帶有一種「置之死地而後生」的色彩，藉此顯現出宗教的神聖性。在上述《神仙傳‧魏伯陽》故事中，師父魏伯陽是「神聖的化身」，弟子虞生是世俗凡人的代表，服食有毒的丹藥是來自「神聖」的考驗，「誠意、奉獻、信心」是考驗的內涵，被試者的表現是「誓死追隨」，通過考驗的回報是「升仙而去」。這一方面是對「信」的考驗，另一方面則是對「信」的報償。此仙話中的眞僞並不重要，重要的是這些仙話傳說，之所以流傳開來，本身所要傳達的精神意蘊：惟「精誠」而已。

各大宗教中，都有要求「虔誠」、「淨信」的教義，此與日常倫理中的忠信涵義不同。宗教中的「誠」與「信」有一個超驗的、神聖的來源。《太平經‧大功益年書出歲月戒》中說：「天地中和上下，各自有信」。〔註 48〕宗教家馬丁路德也說：「信仰不是出於你肯相信，而是聖靈使你必定相信。」〔註 49〕「心誠則靈」，我們可以從人的自我暗示、自我調節等心理學角度，來說明「靈」和「應驗」的機制；若是不靈，則必然是因爲你「心不誠」。〔註 50〕在上述《神仙傳‧魏伯陽》故事中，師父伯陽眞人是「道」的化身，將世俗的「我」與神聖聯結在一起的，就只有「誠」和「信」這一紐帶。作爲神聖化身的「師」，激發起弟子（我）對神聖（包括神秘世界、神秘之力）的感悟。宗教生活中的弟子擇師而事，與世俗社會中的賢臣擇君而事，最大的不同在於「師」本身不僅是個象徵「神聖」的符號，弟子更需要時刻從師父身上感受到神聖的精神，這種精神必定超越日常的經驗，通往一個高於此世的世界。

正是這種「誠」構築了信仰的根基，而神仙所設的種種對向道堅定程度的考驗，對道心澄明程度的考驗，也就是在試「誠」這一事。煉丹術在道教正式成立之後，被順理成章地納入到道教的義理體系中來。煉丹術及與之相

〔註 48〕 參見龔鵬程：〈由知善到信文的理論結構〉《漢代思潮》，（上海：商務印書館，2005 年），頁 278～289。

〔註 49〕 《路德論羅馬教廷》轉引自（美）斯特倫著、金澤、何其敏譯：《人與神──宗教生活的理解》，（上海：人民出版社，1991 年），頁 58。

〔註 50〕 「應驗」是屬於宗教信仰中的神聖範圍，是無法求證，也不要求求證的，但如果要求驗證的話，多以超出一般認知範圍的特異事件作爲論證依據。例如張道陵傳道時，用符水治病，既是對誠心的報償，也同時是引人入信的手段。

關的神仙信仰，與其他幾大宗教一樣，都是建構在「神秘體驗」這一思路上。「試煉」在仙道的師授過程中，由於其本身具有師徒的倫理關係，又加上一層宗教的秘傳性，因此特別發人深省。魏晉時期道教特別重視尊師之禮，反映出道經的禁秘、口訣的秘奧，爲道教確立了尊師重道的傳統。同時「試煉」是極富於趣味的題材，時常成爲後世仙道小說的重心，發展爲點化、度脫以及試煉的情節。

第三節　丹藥的煉製、服法與禁忌、醮祭

　　煉丹之難，難在煉製的環節繁多，每個環節均需要精細熟練的操作，多人合作的項目，還要處理好分工之事宜。南宋吳悞的《丹房須知》，總結了煉丹的二十一個環節：一、擇友，二、擇地，三、丹室，四、禁穢，五、丹井，六、取土，七、造炭，八、添水，九、合香，十、壇式，十一、採鉛，十二、抽汞，十三、鼎爐，十四、藥泥，十五、煗養，十六、中胎，十七、用火，十八、沐浴，十九、火候，二十、開爐，二十一、服食。在以上環節中，需要具備多項技能。例如：擇友需要有識人之技，擇地需要有風水之技，丹室、丹井、取土、壇式需要有築造之技，禁穢、合香需要有環衛之技，鼎爐、壇式（掛鏡、懸劍）需要有鑄造之技，其他的採鉛、抽汞、服食等幾項，大致可以歸納爲合藥服食之技。

　　由此觀之，不論是煉丹的準備，或是輔助步驟，還是煉丹本身，都是屬於技能型的工作，需要長期的磨練，煉丹的技能才能達到「爐火純青」。

一、擇侶

　　外丹煉製，是一項艱難複雜、曠日廢時的工作，一個人往往無法勝任，所以選擇志同道合的伴侶一同煉丹，是合丹必備的條件之一。許多外丹經都要求煉製丹藥，需要擇友而行。南北朝丹經《太極眞人九轉還丹經要訣》說：「合丹可同心慕道、醇和忠信、不淫濫、守志行者，三人可也。若難其人，兩人可也。」〔註51〕經由此處說明可知，煉丹一般需要二至三個志趣相投、一心慕道、性情純樸的人合作。《抱朴子·內篇·金丹》也說：「合丹當於名山之中，無人之地，結伴不過三人」〔註52〕此處說明合煉神丹應在名山之中，

〔註51〕《正統道藏》第19冊，（台北：藝文印書館，1977年），頁11。
〔註52〕《抱朴子·內篇·金丹》，卷4，頁74。

名山爲合煉神藥之所，是葛洪煉丹術的中心思想之一，煉丹人結伴不能超過三人。

南宋吳悮的《丹房須知》，專門開闢「擇友」條目，並且把它列爲煉丹的注意事項第一條，由此可見合適的道友，之於成就金丹的重要性。《丹房須知‧擇友》說：

> 《參同錄》曰：修煉之士，須上知天文，下知地理，達陰陽，窮卦象，並節氣休旺，日時升降，火候進退，鼎爐法則。然後會龍虎法象之門，識鉛汞至眞之道，兼須內明道德，外施惠慈，心與丹合，自達眞境。是知還丹之衛，非一朝一夕可會也。凡煉丹，須是清虛之士三人，共倡同心結願，惟望丹成。將欲下手，先須齋戒，醮謝穹蒼。一人管鼎器，添換水火。一人輪陰陽，更變造化卦象，進退水火，隨其節候。三人所管，各不得分毫有差。葉眞人云：午夜守衛，三人共虔禱祝，雖然各分所管，逐急須臾更替，夜間遞相眠歇。蓋有晝夜不停，日月時刻長，恐修丹之人久遠困乏，有誤修制。〔註53〕

從上述說明可知，吳悮認爲修煉之士：外要知曉天文地理，通陰陽卦象，曉時節變更，識煉製之道。內要修道德，外行慈惠。因此可知，只有品行高尚的技術專家，才能參與煉丹，這是很高的標準。其次也說明了三個人分工合作的細節，其中一人負責看鼎添水，一人負責火候進退，另一人則沒有詳細的說明。歸納來說，要煉成丹藥，是一件技術性很高的事情，故而重視擇友，此既反映了合製丹藥的艱辛，也表明了煉丹道士的審慎態度。

二、選地

選地是選擇合適的煉丹場所，《丹房須知》把「擇地」排在第二個。外丹經書一致認爲，煉丹場所應當在「清淨隱秘」的地方。爲了達到這個願望，煉丹家提倡到「名山」修煉。《黃帝九鼎神丹經訣》的說法是「欲得家靜隱僻無人聲無人處，深山石室之中。」至於有那些名山、那些地方是煉丹的理想場所呢？葛洪經過考察說：

> 按仙經，可以精思合作仙藥者，有華山泰山霍山恆山嵩山少室山長山太白山終南山女幾山地肺山王屋山抱犢山安丘山潛山青城山

〔註53〕《正統道藏》第 19 冊，頁 57。

娥眉山綾山云臺山羅浮山陽駕山黃金山鱉祖山大小天臺山四望山蓋
竹山括蒼山，此皆是正神在其山中，其中或有地仙之人。上皆生芝
草，可以避大兵大難，不但於中以合藥也。若有道者登之，則此山
神必助之爲福，藥必成。若不得登此諸山者，海中大島嶼，亦可合
藥。若會稽之東翁洲亶洲紵嶼，及徐州之莘莒洲泰光洲鬱洲，皆其
次也。今中國名山不可得至，江東名山之可得住者，有霍山，在晉
安；長山太白，在東陽；四望山大小天臺山蓋竹山括蒼山，並在會
稽。〔註54〕

原因是這些名山都有「正神在其山中，其中或有地仙之人」。若不得登此諸山
者，海中大島嶼，亦可合藥。由於魏晉戰爭頻繁，有時中國名山不可得至，
葛洪在上述引文中，二次提及「長山、太白山、四望山、大小天臺山、蓋竹
山、括蒼山」，並且認爲這些地方比較容易到達。

　　在古代，落後的交通情況以及有限的人力條件之下，進入深山煉丹，並
不是一件輕而易舉的事情，若是不懂的入山之道，時常會遇禍害。所以能夠
涉水登山，也只是少數煉丹家才能實現的事，大多數的煉丹道士，只能退而
求其次，在塵世中尋找一處相對靜謐的處所。如同《黃帝九鼎神丹經訣》卷
一《黃帝九鼎神丹經》所說：「若於人中作之，避於高牆後壁，令中外不見亦
可也」〔註55〕。《丹房須知‧擇地》也說：

　　《參同錄》云：將欲修煉，先須擇地，惟選福德之地，年月
吉利潔靜之地，方可修煉。若是古墓寺院之基，廢井壞竈，戰爭之
地，及女子生產穢汙之所，皆不可作，陰眞君曰：不得地，不可爲
也。〔註56〕

歸納來說，道士煉丹擇地的基本原則是求清靜、避煩擾，避人干擾、鬧中取
靜是比較現實的做法。因爲到名山大川，從事煉丹，既要有雄厚的資財，也
要有排除艱險的堅定意志，能夠符合上述兩項要求者，畢竟是少數。

三、造屋

　　煉丹地點選好之後，煉丹家往往就要造丹屋，丹屋又稱爲「神灶屋」、「丹
房」，是煉製外丹、黃白藥必需的設施。煉丹活動早在道教創立之前就開始了，

〔註54〕　《抱朴子‧內篇‧金丹》，卷4，頁85。
〔註55〕　《正統道藏》第18冊，頁795。
〔註56〕　《正統道藏》第19冊，頁57。

等到道教創立之後，推崇煉丹的道士，吸取前人煉丹方式的成果，所以早期道經中關於丹房的建造，就已經有相當的規模了。例如《黃帝九鼎神丹經訣》卷七《明守一辟邪及釜鼎丹屋》說：

> 先擇得深山臨水懸巖靜處，人畜絕逕。施帶符印，清心潔齋，除去地上舊土三尺，更納好土，築之令平。又更起基，高三尺半，勿於故丘墟之間也。屋長三丈，廣一丈六尺，潔修護，以好草覆之，泥壁內外，皆令堅密。室正東、正南開門二戶，戶廣四尺，暮閉之。視火光及主人止。室中以其鼂安屋中心央，密障蔽施，籬落令峻也。舍若不峻不辟，天大雨，籬落亦然。

> 此皆舊法，今意不然。若臉絕懸崖，流水勝地，既是深山，不可多得人功，恐只除其朽壞，實以好土，當釜下埋符訖，堅築令實，即後充得。又丹經云：欲合神丹，當於深山大澤。若窮里廣野無人之處，若人中作，必須作高墻厚壁，令中外不相見聞。其間亦可結倡，不過二人至三人耳。先齋七日，沐浴五香，致加精潔，勿經穢汙喪葬之家往來耳。〔註57〕

從上述引文可知，漢末時道士建造丹房的原料，大多以土、草、木為主，丹房的面積不大，大約現代的五十三多平方米。學者陳國符推測此丹房為北方丹房的建制，因為北方中年多西北風，所以丹屋開正東、正南二門。〔註58〕丹屋的演進，至南北朝時，又有些不同，例如《太極真人九轉還丹經要訣》說：

> 當在名山無人迹之處，臨東流水上，作神灶屋，屋長四丈，廣二丈，起基四尺，又當先掘基下土三五尺深，如無故稻井冢瘞埋之所，然可築基蓋屋。開南戶、東戶、西戶三戶門也。〔註59〕

從上述引文可知，南北朝時的丹屋構造規格和東漢時期不同。南北朝時的丹房面積比較大，大約現代的一百平方米。並且掘基較深，起基較高，這樣做的目的是「防潮」，開東、南、西三門，可能是考慮風向的問題。根據上述二點，學者黃永鋒認為：「《太極真人九轉還丹經要訣》所記載的丹房，屬於南方的建置。」〔註60〕

〔註57〕《正統道藏》第 18 冊，頁 813。
〔註58〕陳國符：《中國外丹黃白法考》（上海：古籍出版社，1997 年），頁 31。
〔註59〕《正統道藏》第 19 冊，頁 10。
〔註60〕黃永鋒：《道教服食研究技術》（北京：東方出版社，2008 年），頁 116。

四、備料

道教煉丹所用原料，包括礦物類、動植物類藥物，其中以礦物類藥物爲主。今人學者相關的研究有：陳國符的《中國外丹黃白法考》、李約瑟的《中國科學技術史》第五卷、盧嘉錫的《中國科學技術史‧化學卷》、劉發梁的《礦物藥與丹藥》、薛愚的《中國藥學史料》、金正耀的《道教與煉丹術論》、容志毅的《中國煉丹術考略》等書籍，爲後世研究者提供了堅實的基礎。

道教煉丹，特別重視金石藥，這是因爲道經《黃帝九鼎神丹經訣》卷十三《明丹砂功力能入長生之道用》說：「草木之藥，可以攻療疾病，不可以長生也。金石之藥，可以必獲延年，而亦兼能除百邪也。」〔註61〕《抱朴子‧內篇‧金丹》說：「凡草木燒之即燼，而丹砂燒之成水銀，積變又還成丹砂，其去凡草木亦遠矣。故能令人長生，神仙獨見此理矣。」〔註62〕葛洪之所以貴金石而賤草木，最主要的原因就是草木一經焚燒立即化爲灰燼，而丹砂經過燒煉後，就變成水銀，這種化學變化就是「丹砂燒之成水銀」，繼續再行燒煉，就會積聚變化而還原爲原本的丹砂，這種化學變化就是「積變又還成丹砂」，所以丹砂能使人長生，乃是來自一種機械推理，認爲吃什麼就變什麼或以形補形。

因此外丹家自然比較青睞礦物藥的特性，所以在煉丹活動中，動植物藥，一般指士當作輔助作用。

五、煉製

擇地造屋、掘井建壇、立鼎安爐、備製藥物等事情準備妥當之後，煉丹道士就開始煉製丹藥了。丹鼎是煉丹所使用的鼎爐，它是昇華過程的重要工具。一般來說，道教丹藥的煉製有二類：一類是火法，一類是水法。所謂火法，是指無水加熱或升華法，大致包括：飛、抽、升、伏、煅、灸、煉、熔、燒、養、頂火、燠、炮、煬、熅、燸、泣等。所謂水法，是指溶液化學反應法。大致包括：點、化、淋、澆、煮、煨、愽、熬等。道士在煉丹時，或用火法，或用水法，或者兩者兼用，不一而足，不過火法反應，在煉丹中，似乎用的比較多。

外丹煉製時，除了火法、水法的化學反應之外，還有一些其他技術的操

〔註61〕《正統道藏》第 18 冊，頁 834。
〔註62〕《抱朴子‧內篇‧金丹》，卷 4，頁 72。

作方法。例如「固濟」法，是用六一泥等將反應器嚴密封閉起來，使藥物不會從縫隙走失或不泄氣。「研」法，是磨碎藥物，使之易於發生化學反應或用此法使藥物直接化合。「蕩」法，用藥汁蕩滌容器。「控乾」法，加熱後用布擦乾藥物表面的水分。「淘」法，是攪洗藥物，去除雜質。「瀝」法，是使液體滴乾。「溲」法，是浸泡藥物。「浥」法，是濕潤藥物。「濡」法，是浸洗藥物。「漬」法，是用冷水從容器外部降溫或過濾再結晶。「封」法，是將藥物密封在容器中或埋入地下，使之慢慢發生化學反應。

（一）火法

表2-1　道教煉丹火法

火法名目	釋　義	備　註
飛	一指升華，一指乾餾。	飛法在煉丹中，運用頗多。飛一般是火法反應，另有水飛一法，指用水淘洗藥物。
抽	指蒸餾。	例如「抽砂出汞」「抽鉛添汞」。
升	指升華，加熱藥物使之直接升華。	與飛法類似。
伏	加熱藥物，使藥物性質穩定下來。	伏也用於稱謂液態物的加熱反應。
煅	把藥物加熱到低於熔點的溫度，使其所含結晶水等物質揮發。	煅法用火猛烈。
炙	燒灼藥物。	
煉	加熱乾燥藥物。	
熔	加熱藥物到一定溫度，使之熔化成液態。	
燒	加熱使藥物發生化學反應。	
養	長時間低溫加熱。	
頂火	用炭火自鼎頂煅燒。	在鼎頂養火，稱「貼頂養」。
燠	溫養。	
炮	把生藥放在熱鍋裡炒，使之焦黃爆裂。	中藥製作最常用方法之一。
煬	用旺火熔化金屬藥物。	
熅	微火加熱。	
燸	溫火加熱。	
泣	用火烤藥物，水成泡排出。	

（二）水法

表 2-2　道教煉丹水法

水法名目	釋　義	備　註
點	用少量的試劑，使大量的藥物性質改變。	
化	在固體藥物中，加入溶液，使之溶解。	有時也指加熱固體藥物，使之熔化。
淋	用溶劑溶解出部分固體藥物。	
澆	將溶液倒在固體藥物上，使之發生反應。	澆有時與「淋」合稱「澆淋」，有時又指將溶液倒出反應器，使之冷卻結晶。
煮	加熱溶液。	
煨	用微火慢慢地煮。	
煿	用武火煮乾藥汁。	
熬	久煮溶液，去除水分、雜質，提取有效成分。	

從上述表格的說明可知，古代道士在煉丹時，經由長時間的操作實踐中，總結出的一大套操作方法，其中一些內容，與近代的化學實驗方法類似，一些方面，則帶有神秘的色彩。

葛洪在《抱朴子養生論》說：「煉還丹以補腦，化金液以留神，斯乃上眞之妙道，蓋非食穀啖血者，越分而修之。萬人之中，得者殊少，深可誡焉。」〔註63〕由此可知煉金丹、化金液的確是相當困難的製藥工作，沒有高超的伏煉技能，是不會成功的。從道教煉丹史上，有很多的事證。有時道士煉製了幾年，結果發現丹藥不能用；也有密封不好，使得藥物全發揮了，還有不愼發生丹爐爆裂的；至於因爲煉製技能高低，而導致藥效不一的情況，就更常見了。

六、丹藥的服法

煉丹有很多類型，從原料配方、丹爐設置、所用燃料、火候掌握、煉丹周期都互有不同。從原料配方的角度，鉛汞型配方，即主要原料爲水銀＋鉛，或朱砂＋鉛，一直是主流。服食方式是大量用另外一種比較溫和的藥物，同

〔註63〕《正統道藏》第 18 冊，頁 493。

丹藥粉末混合，丸成黍米大小，每日服用幾粒。

　　服用丹藥，是道士認為可以通往仙途的必要步驟。外丹煉製出爐後，一般有：丸狀、塊狀、粉末狀、泥狀、溶液狀，最後服用時，以丸劑和散劑居多。這些藥物又時常使用蜜、棗、淳漆等團成麻子、棗、彈丸、綠豆或梧桐子大小，以便服食。例如「採女丹法」，「以兔血和丹與蜜蒸之，百日，服之如梧桐子者大一丸，日三，至百日，有神女二人來侍之，可役使。」〔註64〕用兔子的血液拌和丹與蜜一起蒸煮，到了一百天，服用像梧桐子大的一顆藥丸，一天服用三次，到了一百天，就會有神女二人來服侍，可以役使她們做任何事情。

　　葛洪的金丹大藥有一個特別的服法，是丹藥需和「五帝符」一起服用。例如《抱朴子‧內篇‧金丹》說：

　　　　抱朴子曰：其次有五靈丹經一卷，有五法也。用丹砂、雄黃、
　　　　雌黃、石硫黃、曾青、礬石、慈石、戎鹽、太乙餘糧，亦用六一泥，
　　　　及神室祭醮合之，三十六日成。又用五帝符，以五色書之，亦令人
　　　　不死，但不及太清及九鼎丹藥耳。〔註65〕

從上述可知，服食五靈丹藥時，要用五帝符，以五種顏色的書寫成，古代煉丹家將五行學說運用到煉丹上面來，將五靈、五帝、五色相關連起來。特殊療效是長生不死，只是效果不如太清神丹和九鼎神丹罷了。

　　服丹的劑量，根據實際需要而定，一般將服食者的年齡、身體狀況、疾患情況等因素考慮在內。例如《太清石壁記》卷下《服諸丹法》說：「取棗肉裹如大豆，日服一丸，不得覺觸，加二丸。每一劑百丸。唯八十下二十上年，宜服。兩歲長病兒，三歲以下小女兒，恐力弱不得服之。」〔註66〕此處說明二十至八十歲的成人，適宜服丹。兩三歲的小童，因為力弱而不適宜服丹。充分考慮到服藥者的體質問題，展現了中醫辨證施治的優良傳統。根據不同的病情，服食不同的藥量，既體現出道教醫學對丹藥藥性的把握，也表明出道醫對疾病的一定認識。

　　服丹劑量是一個比較複雜的問題，影響用量的，還有丹藥的貴重程度，有的丹藥極難製得，用量就相應較小，比較容易煉製的藥，用量就寬裕些。

〔註64〕《抱朴子‧內篇‧金丹》，卷4，頁81。
〔註65〕《抱朴子‧內篇‧金丹》，卷4，頁78。
〔註66〕《正統道藏》第18冊，頁771。

服食丹藥之後，一般爲了保證藥效，在生活、飲食等方面，有一些相應的禁忌。這些禁忌，往往根據丹藥的藥性而定。唐代的沈知言在《通玄秘術》中，列舉了服食一些丹藥的禁忌，例如：

> 服華蓋丹，一生忌大蒜；服黃英丹，忌羊血毒魚等物，紫金丹、黃英丹、太陽紫粉丹，妊娠婦女勿服；服太陽紫粉丹，忌鯉魚；勝金丹，忌羊血；綺金丹，忌鐵粉牡丹；延生保命丹，初服旬日，忌房事、羊血、鯉魚、大蒜、豉汁等物；辟暑丹，未有妻室者勿服。〔註67〕

上述《通玄秘術》中所列舉的服食一些丹藥的禁忌，比較簡單；若是想要進一步了解，唐齊推編撰的《靈飛散傳信錄》中，就有詳細對服食雲母的禁忌說明。例如：

> 服藥後，禁食鯉魚，能斷一切魚爲上，恐刀砧所相染害不輕。又禁食血，是生肉、生乾脯之類，血羹是熟血，卻非所忌禁。生蔥、蒜，生韭、釀醋、桃、李、木瓜、酸物並等不宜食。又忌流水，若江行及溪澗無井處，但煎熟食之亦得。大麥損雲母力，亦宜慎之。服此藥能斷薰血，兼靜修心氣，得效尤速。〔註68〕

由此可知，煉丹經書中，有關服食丹藥的禁忌內容，非常豐富，不勝枚舉。

七、煉丹的禁忌與醮祭

煉丹、煉金之術雖是中古世的化學操作，其中由於複雜的化學變化是非人力所能控制的，在此情況下需要借助宗教、法術等的幫忙，用來滿足煉丹士心理的需要。葛洪之前的煉丹士就以神聖的、慎重的態度展開試煉，傳承到他的手中更進一步與其他方術配合，博採眾要，形成一套繁複且具有神秘色彩的冶煉過程。煉丹的禁忌，主要有二種：第一種，不可以輕易傳給不相信仙道的人。第二種，煉製丹藥必須在名山之中，方有善神的幫助，而不爲邪氣精怪所破壞。

（一）禁忌

在煉丹過程中，若是觸犯到任何一個細小的禁忌，都可能致使仙藥不成。因爲「天神鑒人甚近，人不知耳」〔註69〕。仙藥的丹方，來自神授，烹煉的

〔註67〕《正統道藏》第19冊，頁358～361。
〔註68〕《正統道藏》第19冊，頁365。
〔註69〕《抱朴子‧內篇‧金丹》，卷4，頁83。

原則是「燒之愈久，變化愈妙」，故而金丹的成就，更是要倚仗諸神的護佑。
相關的禁忌，《抱朴子‧內篇‧金丹》說：

> 抱朴子曰：按《黃帝九鼎神丹經》曰：黃帝服之，遂以昇仙。
> 又云，雖呼吸道引，及服草木之藥，可得延年，不免於死也；服神
> 丹令人壽無窮已，與天地相畢，乘云駕龍，上下太清。黃帝以傳玄
> 子，戒之曰，此道至重，必以授賢，苟非其人，雖積玉如山，勿以
> 此道告之也。受之者以金人金魚投於東流水中以爲約，歃血爲盟，
> 無神仙之骨，亦不可得見此道也。〔註70〕

這是錄自丹經中的文字，極爲可信，從以上所述可知，黃帝把《黃帝九鼎神
丹經》傳給了玄子元君，並告誡他說，這種仙道（煉丹之術）最爲重要，必
須授予賢者。

從上述的引文，我們可以一窺當時的歃血盟約儀式。在儀式中「受之者
以金人金魚投於東流水中以爲約」，使用金人、金魚是屬於與煉金有關的象徵
性巫術；將金人、金魚投於東流水中，則代表了以水爲誓，若是違約當如東
流之水。歃血，古時盟式時，把牲畜的血塗在嘴上，表示信守的誠意。歃血
爲盟則代表了以血爲神秘的盟約方式。同時沒有神仙骨相之人，是無法看見、
接觸到此丹經的。道教將古人訂盟與巫師傳法的儀式加以吸收而予以道教
化，所以以血爲盟，具有濃厚的巫術性，其本身所有的象徵律，顯示它有生
命傳續，並且有若是違背戒律，將會受到可怕譴責的禁忌作用。

1. 傳丹經不傳給不相信仙道的人

煉金丹在煉丹士的觀念中是一項神聖的作業，故講究其儀式性。從事煉
丹除了需要用錢外，還要「又宜入名山，絕人事」。爲何要如此愼重其事呢？
這是出於巫術性的思考原則，將煉丹視爲神秘、潔淨的儀式行動。煉丹的禁
忌主要有二種：一爲不可以輕傳給不相信仙道的人，二爲煉製丹藥必須要在
名山之中，方有善神的幫助，能不爲邪氣精怪所破壞。煉丹首先要遠離俗人，
進入名山的原因在於修道煉丹常會有異於常人常事之處，容易讓普遍人覺得
怪誕，因而招徠一些不必要的麻煩，所以要「不與俗人往來，又不令不信道
者知之」〔註71〕，因爲俗人不了解這些神聖之事，如果批評詆毀了神藥，那
麼金丹大藥就無法煉成了。「仙道遲成，多所禁忌」，禁忌爲煉丹作業消極方

〔註70〕《抱朴子‧內篇‧金丹》，卷4，頁74。
〔註71〕《抱朴子‧內篇‧金丹》，卷4，頁84。

面須知之事。《抱朴子‧內篇‧金丹》說：

> 第一禁，勿令俗人之不信道者，謗訕評毀之，必不成也。鄭君
> 言所以爾者，合此大藥皆當祭，祭則太乙元君老君玄女皆來鑒省。
> 作藥者若不絕跡幽僻之地，令俗閒愚人得經過聞見之，則諸神便責
> 作藥者之不遵承經戒，致令惡人有謗毀之言，則不復佑助人，而邪
> 氣得進，藥不成也。〔註72〕

此處說明修煉金丹的第一禁忌是不能讓不信仙道的人毀謗、譏笑金丹，忤逆
諸神，這樣金丹必定是煉不成功的。「傳非其人，戒在天罰」，是有所依據的。
考證於《四極明科經》，可以知道這是屬於舊科中的起誓之辭；它源自於巫術
的咒誓，道教化之後成爲約束師徒之間的宗教禁制力，並且以此來維護宗教
的道法能正確地薪火相傳，形成中國秘方禁術傳授的傳統。

2. 煉製丹藥必須要在名山之中

外丹經書一致認爲，煉丹場所應當在「清淨隱秘」的地方。爲了達到這
個願望，煉丹家提倡到「名山」修煉。左慈告訴鄭思遠說：

> 言諸小小山，皆不可於其中作金液神丹也。凡小山皆無正神爲
> 主，多是木石之精，千歲老物，血食之鬼，此輩皆邪炁，不念爲人
> 作福，但能作禍，善試道士，道士須當以術辟身，及將從弟子，然
> 或能壞人藥也。〔註73〕

小山嶺都不可以製作金液神丹，因爲小山沒有正神守護作主，作主的都是木
石之精，千歲老物，血食之鬼這些精怪，他們稟受邪氣只會製造災難。並且
很容易試探道士，道士必須要懂得辟邪惡、度不祥的方術來避身，但是容易
使丹藥壞掉。葛洪舉了例子「今之醫家，每合好藥好膏，皆不欲令雞犬小兒
婦人見之」，以及「染採者惡惡目者見之，皆失美色」，又提到：

> 合丹當於名山之中，無人之地，結伴不過三人，先齋百日，沐
> 浴五香，致加精潔，勿近穢污，及與俗人往來，又不令不信道者知
> 之，謗毀神藥，藥不成矣。〔註74〕

此處說明合煉神丹應在名山之中，名山爲合煉神藥之所，是葛洪煉丹術的中
心思想之一，煉丹人結伴不能超過三人，煉丹之前要先齋戒沐浴，祭祀一百

〔註72〕《抱朴子‧內篇‧金丹》，卷4，頁84。
〔註73〕《抱朴子‧內篇‧金丹》，卷4，頁85。
〔註74〕《抱朴子‧內篇‧金丹》，卷4，頁74。

天，用青木爲五香〔註75〕，沐浴更衣，盡力地讓身體潔淨，不可靠近污穢的
東西，以及與庸俗之人來往。不可讓不信仙道之人知道，若是批評詆毀了神
丹，仙藥就會無法煉成。

　　在煉丹家的信仰中，煉丹是神聖而潔淨的作業，自然需要配合一些儀式
性行爲，例如齋戒是一種潔淨的過度儀式，從俗轉入聖的階段，可以淨化身
心，肅穆從事。〔註76〕不讓不淨者有所接觸，以免傳達惡氣，由此觀之可知
神仙大藥的合作技術是非常困難的，因此禁忌特別多，這是消極的避犯禍害。
宗教行法時所應履行的「齋潔禁忌之勤苦」，可以說是身心的試煉；類此禁忌，
實在是因爲早期的煉丹技術有非人力所能控制的因素，需要借助宗教儀式的
動作來增加信心，這與原始社會的咒術性思考原則相近，就是借用巫術的超
自然力，來輔助煉丹技術的操作。

（二）醮祭

　　每種神丹，都有其特殊的祭祀方式，要在適合的時間，祭祀適當的神靈。
禱祭的祭拜行爲，在煉丹之前及事後都要舉行，具有護持與答謝之意，與盟
誓同樣是與神靈存有契約的微妙關係。合煉金丹都應該祭祀，祭祀時太乙神、
元君、老子、九天玄女都會來監督。假若煉丹之人沒有到「絕跡幽僻之地」，
而讓俗閒愚人得經過聞見煉丹的情形，此時諸神便會「責作藥者之不遵承經
戒」，不再佑助煉丹者，邪氣入侵丹藥就煉不成了。《抱朴子・內篇・金丹》
說：「傳丹經不得其人，身必不吉。若有篤信者，可將合藥成以分之，莫輕以
其方傳之也。」〔註77〕如果把丹經傳授給不合適之人，自身必有不吉利的事
情發生。若是有遇到篤信仙道的人，可以將合煉而成的仙藥分給他們，但是
不要輕易地傳授丹方。

　　葛洪說：「合時又當祭，祭自有〈圖法〉一卷也」。所以合煉仙丹的時候，
必定要祭祀，祭祀的方法，可參考〈圖法〉一卷的說明。由此可知伴隨丹訣
一起的還有祭祀法圖訣、丹爐示意圖之類，但均已不傳，我們今天能看到的
至多是隋唐人的解說，目前出土最早的丹爐也是唐代的。〔註78〕

〔註75〕道家以青木爲五香，《太上隱書洞眞玄經》云：「五香沐浴者，青木香也，青
　　　　木花葉五節，五五相結。」請參見陳飛龍：《抱朴子內篇今註今譯》（台北市：
　　　　台灣商務印書館，2000年），頁135。
〔註76〕李豐楙：《不死的探求——抱朴子》（海南省：三環出版社，1992年），頁303。
〔註77〕《抱朴子・內篇・金丹》，卷4，頁76。
〔註78〕李零：《中國方術考》（北京：中國人民出版社，1993年），頁288。

在金丹道派的傳統說法中，「合此大藥皆當祭，祭則太乙元君、老君、玄女皆來鑒省」，在《抱朴子・內篇・黃白》也說：

> 凡作黃白，皆立太乙、玄女、老子坐醮祭，如作九丹法，常燒五香，香不絕。又金成，先以三斤投深水中，一斤投市中，然後方得恣其意用之耳。〔註79〕

所祭拜的主神元君，就是老子的老師，也是傳太清神丹法之人。「元君者，大神仙之人也，能調和陰陽，役使鬼神風雨，驂駕九龍十二白虎，天下眾仙皆隸焉」，玄女也是黃帝神話中役使神力消除風伯雨師大風雨的女魁，煉丹時醮請這些大神仙，大概是因為他們的法力高強，在深山燒煉中，這是煉丹士頗為亟需的法力。《抱朴子・內篇・金丹》也說：

> 金液經云，投金人八兩於東流水中，飲血為誓，乃告口訣，不如本法，盜其方而作之，終不成也。凡人有至信者，可以藥與之，不可輕傳其書，必兩受其殃，天神鑒人甚近，人不知耳。〔註80〕

《金液經》說明在合神藥之前，必須先投八兩重的金人在向東流逝的河水裏，並且歃血為盟，才可以告知製作金液的口訣，若是沒有依循此法，盜取丹方私自燒煉，是絕對不會成功的。凡人若是相信神丹的，可以將丹藥分給他，但是不可以輕易傳授經書，否則天神必會使雙方同受災殃。

神丹煉成之後，也有酬祭與分人的規矩。《抱朴子・內篇・金丹》說：「金成，取百斤先設大祭。祭自有別法一卷，不與九鼎祭同也。祭當別稱金各檢署之。」黃金煉成，取出一百斤先設大祭。祭祀自有〈別法〉一卷，不與燒煉九鼎神丹之法相同。祭祀的時候，應當另外稱好黃金斤兩，各自繫上標籤署名。又說：

> 禮天二十斤，日月五斤，北斗八斤，太乙八斤，井五斤，竈五斤，河伯十二斤，社五斤，門戶閭鬼神清君各五斤，凡八十八斤。餘一十二斤，以好韋囊盛之，良日於都市中市盛之時，嘿聲放棄之於多人處，徑去無復顧。凡用百斤外，乃得自恣用之耳。不先以金祀神，必被殃咎。〔註81〕

此處詳細說明祭天的禮節要二十斤，祭日月的禮節要五斤，祭北斗星的禮節

〔註79〕《抱朴子・內篇・黃白》，卷16，頁292。

〔註80〕《抱朴子・內篇・金丹》，卷4，頁83。

〔註81〕《抱朴子・內篇・金丹》，卷4，頁76～77。

要八斤，祭太乙星的禮節要八斤，祭井公的禮節要五斤，祭灶神的禮節要五斤，祭河伯的禮節要十二斤，祭社神的禮節要五斤，祭門、戶、閣鬼神及清君的禮節要五斤，共計八十八斤，剩餘的十二斤，要用皮帶裝起來，選擇吉日在市集正盛的時候，默默放在人多的地方，讓有仙道之緣的人能獲此黃金。在上述祭禮用的一百斤以外的黃金，煉金者就可以留在自己身邊，可供自己任意使用。但是〈金丹〉篇有特別提醒煉金者，「不先以金祀神，必被殃咎」，若是不先用黃金祭祀鬼神，必定會遭遇到災難。在〈黃白〉篇也有提到類似的說法：「又金成，先以三斤投深水中，一斤投市中，然後方得恣其意用之耳。」這些酬謝諸神以及分惠他人的醮祭，事實上是具有宗教的意義的。

金丹道派認為：能得到傳授丹經者，已不是凡夫俗子，接受之後還要歃血為盟，誓不輕傳。合丹的地點要選在「名山之中，無人之地」，結伴不超過三人，事先齋戒百日，薰香沐浴，遠離污穢，不能和市井俗人往來，也不能讓不信道的人知道。此外每種神丹有其特殊的祭祀方式，要在適當的時間，祭祀適當的神靈。若是在煉丹過程中，觸犯了任何一個細小的禁忌，都可能致使神丹不成，因為「天神鑒人甚近，人不知耳」。由此可知神丹仙藥的丹方，來自神授，烹煉原則是「燒之越久，變化越妙」，金丹成就更要倚仗諸神的護佑。

第四節　金丹的變化理論

「藥物養身」的功能可以分為二個層次：一是身體的長壽延年，二是生命的長生不死，道教醫療就是要從第一個層次提昇到第二個層次，也就是從「服草木之藥」體悟到「服神丹」的妙用。服藥的目的除了延年之外，更渴望長生，追求還丹金液為仙道之極，〔註82〕特別重視金丹術，是神仙道教的主要內涵。中國金丹術最根本的出發點，是想以人工煉製一種服食後可以「成仙」的「長生不死」之藥。仙藥的丹方，來自神授，烹煉原則是「燒之越久，變化越妙」。「神丹」是高於「草木之藥」的，它是屬於生命的「靈性治療」，可將凡人的生命直接轉變成「升為天仙」、「遨遊上下」與「使役萬靈」的生命終極境界。

一、物類變化觀──金丹哲學的理論核心

物類變化的觀念，貫穿於金丹的全部理論與實踐活動過程，因此有學者

〔註82〕藍秀隆：《抱朴子研究》（台北：文津出版社，1989年），頁25。

認爲：金丹的奧秘，可歸結爲「變化」二字。關於煉丹術變化觀念的思想淵源，學者李申認爲：

> 應該追溯到《周易》，《周易參同契》作爲最早一部丹經，不僅包含道家思想，同時運用《周易》的變化思想講煉丹，把煉丹不僅描述爲一個變化過程，並且認爲《周易》所講的乾坤設位、日月回轉、天地媾精，陽播陰化也是變化的方式和動力。〔註83〕

這說明了煉丹術的變化觀念是受到《周易》所產生的影響。日本學者村上嘉實也認爲：「中國自古以來就有論述萬物變化的哲學，《易》的思想即洞察宇宙人生的變化，從變化中求不變之理。」〔註84〕大自然有四季的交替，動物、植物的生態以及人生，皆有榮枯盛衰。吸取這種自然界變化之理，人的手可以創造出許多東西。金丹術的理論，受到了宇宙自然變化之理的啓示，所謂人工造出的金銀，就是變換物質的元素。

關於物類變化觀與金丹術的關係，葛洪講得最多。葛洪所謂的「長生」，實際上是在於追求生命的變化法則，也就是終極生命的境界，他認爲人體服用金丹後的生命變化，是類同於大自然中天地萬物的變化，是根據宇宙的運行法則而來，例如他在《抱朴子‧內篇‧黃白》說：

> 夫變化之術，何所不爲。蓋人身本見，而有隱之之法。鬼神本隱，而有見之之方。能爲之者往往多焉。水火在天，而取之以諸燧。鉛性白也，而赤之以爲丹。丹性赤也，而白之而爲鉛。雲雨霜雪，皆天地之氣也，而以藥作之，與眞無異也。至於飛走之屬，蠕動之類，稟形造化，既有定矣。及其倏忽而易舊體，改更而爲異物者，千端萬品，不可勝論。人之爲物，貴性最靈，而男女易形，爲鶴爲石，爲虎爲猿，爲沙爲黿，又不少焉。至於高山爲淵，深谷爲陵，此亦大物之變化。變化者，乃天地之自然，何爲嫌金銀之不可以異物作乎？〔註85〕

煉丹家燒煉外丹黃白（金丹），在於他們相信自然界處在不斷變化之中，物類受氣不定，物類嬗變乃自然規律。葛洪認爲「變化者，乃天地之自然」，來說

〔註83〕李申：〈變化觀與煉丹術〉《中國古代哲學和自然科學》（北京：中國社會科學出版社，1989年），頁45。

〔註84〕村上嘉實：〈煉金術的理論〉記載於（日）福井康順等監修《道教》第1卷（上海：上海古籍出版社，1990年），頁23。

〔註85〕《抱朴子‧內篇‧黃白》，卷16，頁284。

明凡人與仙人之間是要經過一場生命靈性的變化，這種變化是經由金丹來促成的。從上述說明，可以知道煉丹家的思想具有一定的物質基礎，在思想方法上，採用了一種類比的方式，企圖在模擬自然基礎上，來達到超自然的目的。

　　學者劉仲宇認為：「葛洪所說的『變化者，乃天地之自然』，這是一個正確的概括，認為變化有術，是可以人為掌握的，也是一個重要的科學思想。」〔註86〕葛洪用「物類變化思想」來解釋「金丹的合成」，並為促成這種變化而進行反覆試驗、不懈摸索，儘管多數是失敗的紀錄，但是推動了古代化學的發展。金丹是要經過多次的修煉才能變化而成，這種「變化之術」雖然神奇，是對應宇宙原有的氣化現象，顯示天地萬物之間原本就存在相互變化的規律。這種變化的生命觀，主要是延續著古代的神話思維，來自於對天地萬物存在的主觀感受，是以「類比方式」去推衍出生命的存有法則。學者鄧啓耀認為：

　　　　這種神話的類比思維，雖然與現代科學的認知是有出入的，但卻是人類最早自成邏輯的思維模式，建立出想像性的推理法則，意識到事物之間有些共通的相似屬性。〔註87〕

就好比人有「隱身之法」，鬼神有「現形之方」，純粹是類比而來的信仰，是無法用科學的方法來檢驗的。從萬物「稟形造化」到「更改而為異物」，推理出人也具有「男女易形」的變化能力，要特別說明這些都不是科學的範疇，是延續著原始社會神話思維而來的信仰模式。

　　學者胡孚琛則認為，物類變化觀念，是道教哲學中很有生氣的思想，同時又是道教科學中，流行著的一種信念。他說：

　　　　煉丹家相信，整個自然界都處在不斷變化之中，而物類由於受氣不定，還可以互變。這種物類嬗變的思想，一方面含有樸素自然辯證法的思想因素，為道教科學中的外丹黃白術等古代化學的實驗，奠定了理論基礎；另一方面又含有古人追求超自然力的幻想，否定了客觀事物之間質的限度，成為道教神仙法術的思想依據。〔註88〕

由此可知物類變化觀念，本身具有兩重性，在道教哲學中，它歸根結柢是為神仙方術做論證的。

〔註86〕劉仲宇：《《太平經》與《周易參同契》》〈葛玄、葛洪與《抱朴子‧內篇》〉載於《道教通論》。

〔註87〕鄧啓耀：《中國神話的思維結構》（重慶：重慶出版社，1992年），頁160。

〔註88〕胡孚琛：《魏晉神仙道教》（北京：人民出版社，1989年），頁197。

二、「假求於外物以自堅固」的思想

「變化者，乃天地之自然」，這是主觀的價值認知，認爲人與天地萬物都要順應著自然的變化，所以丹砂變化成金，也是一種自然的法則，這顯示出萬物之間是有著互相滲透與轉化的可能性，人經由服食金丹或靈芝等仙藥而成仙，就是來自這種自然的類化原則。人工既然可以製造出和自然界中天然物一樣的東西，煉丹家爲何選中「丹砂」和「黃金」作代表呢？這是因爲古人觀察到丹砂在燒煉的過程中，能變回自己的本來面目，黃金則可以長久不變，因此而認爲：服用丹砂可以「返老還童」，吞食金液可以「長生不死」。例如他在《抱朴子‧內篇‧黃白》說：

> 又化作之金，乃是諸藥之精，勝於自然者也。仙經云，丹精生金。此是以丹作金之說也。故山中有丹砂，其下多有金。且夫作金成則爲眞物，中表如一，百煉不減。故其方曰，可以爲釘。明其堅勁也。此則得夫自然之道也。故其能之，何謂詐乎？詐者謂以曾青塗鐵，鐵赤色如銅；以雞子白化銀，銀黃如金，而皆外變而內不化也。夫芝菌者，自然而生，而仙經有以五石五木種芝，芝生，取而服之，亦與自然芝無異，俱令人長生，此亦作金之類也。〔註89〕

這種「假求於外物以自堅固」的思想，由來已久。秦漢乃至先秦古墓中使用丹砂、金玉之類隨葬屍體，就是這種思想的反應。這是屬於聯想法中的「相似律」，葛洪使用「援物比類」的思維方式，來解釋金丹神聖醫療的藥效。認爲服食金丹，可以使人吸收「不朽」的靈氣，使人得到「返還」的變化性質，因爲靈性淨化而合道成仙。

葛洪說「以曾青塗鐵，鐵赤色如銅……而皆外變而內不化也。」這一說法，有二方面的意義：一方面他比前人觀察得更爲仔細，描述得更爲清楚，《淮南萬畢術》有「曾清得鐵則化爲銅」的記載。另一方面，由於他採用了塗抹的辦法，沒有採用浸漬的辦法，從而使所用的鐵，得不到足夠的銅離子來完成它的作用，因此得出錯誤的結論，以爲是外變而內不化。

丹砂化煉出來的黃金，乃是各種藥物的精華，勝過自然生成的黃金，所以《仙經》上說：「丹砂的精華生成了黃金」，因此山中有丹砂，那丹砂下面大多有黃金。葛洪認爲：「小丹之下者，猶自遠勝草木之上者也。凡草木燒之即燼，而丹砂燒之成水銀，積變又還成丹砂，其去凡草木亦遠矣。故能令人

〔註89〕《抱朴子‧內篇‧黃白》，卷16，頁286～287。

長生，神仙獨見此理矣。」〔註90〕他之所以貴金石而賤草木，最主要的原因就是草木一經焚燒立即化為灰燼，而丹砂經過燒煉後，就變成水銀，這種化學變化就是「丹砂燒之成水銀」，繼續再行燒煉，就會積聚變化而還原為原本的丹砂，這種化學變化就是「積變又還成丹砂」，所以丹砂能使人長生，乃是來自一種機械推理，認為吃什麼就變什麼或以形補形。另外他還說「草木之藥，埋之即腐，煮之即爛，燒之即焦，不能自生，何能生人乎？」煉丹家認為服食金玉，可以使人體吸收金玉那種「不朽」的靈氣；服食還丹，是想得到那種「返還」的性質。因此在天地萬物的類化原理中，金丹的「神聖性」就被建立起來，視為「諸藥之精」，比其他自然的藥材更有著長生的功效。草木之藥是會腐朽的，金丹有如自然界的金子一般「百煉不滅」，可以治療人體的靈性、精神，幫助人從直接從凡人昇華為仙人。

　　丹藥服食，之所以具有度世、長生的奇效，乃是基於煉丹的巫術性思考原則，此原則近於類推法；但更近於巫術的屬性傳達原理，學者弗雷澤（James Frazer）在其著作《金枝》中所論的巫術：

>　　交感巫術中的「模擬巫術」與「接觸巫術」，此二者都根據交感原則而運作。模擬巫術基於「類似律」或「象徵律」，能夠同類相生或同類相治；接觸巫術則是基於「接觸律」或「傳染律」，可以傳達兩種不同物之間的屬性，威伯司特（Webster）在「巫術」中，稱為「屬性傳達原理」。〔註91〕

由於煉丹初期尚多籠罩在神秘的氣氛中，其複雜而劇烈的化學變化，鮮艷而奇特的丹藥成品，的確容易與巫術相混，因而有巫術性的思維方式。葛洪就是根據同類相輔的模擬巫術，作為金丹服食的基本原則。這不只是外在形式的轉變，同時也是內在本質的更易，生命經由金丹的靈性治療，確實獲得轉化，不是「外變而內不化」的類似性假冒，與自然而生的仙藥效果是一致的，金丹和仙藥都有助於生命的長生變化。道教的煉金術不是為了黃金，而是從黃金的屬性中類比出生命的不朽，認為丹砂與黃金的藥效成分，有助於人體的長生久視。〔註92〕

　　道教的金丹繼承了中國古代的冶金術與煉丹術，將冶金與煉丹加以類

〔註90〕《抱朴子‧內篇‧金丹》，卷4，頁72。

〔註91〕弗雷澤著、汪培基譯：《金枝：巫術與宗教之研究》（台北：久大桂冠圖書公司，1991年），頁76。

〔註92〕約翰生著、黃素封譯：《中國煉丹術考》（上海：上海文藝出版社，1992年），頁55。

化，也把金丹與醫藥同流，金丹被視爲醫術的一種，〔註93〕成爲神仙道教最重要的長生醫術，例如《抱朴子‧內篇‧黃白》說：

> 又曰：「朱砂爲金，服之昇仙者，上士也；茹芝導引，咽氣長生者，中士也；餐食草木，千歲以還者，下士也。」又曰：「金銀可自作，自然之性也，長生可學得者也。玉牒記云：天下悠悠，皆可長生也，患於猶豫，故不成耳。凝水銀爲金，可中釘也。」銅柱經曰：「丹沙可爲金，河車可作銀，立則可成，成則爲眞，子得其道，可以仙身。」黃山子曰：「天地有金，我能作之，二黃一赤，立成不疑。」龜甲文曰：「我命在我不在天，還丹成金億萬年。」古人豈欺我哉？但患知此道者多貧，而藥或至賤而生遠方，非亂世所得也。〔註94〕

「金銀可自作」，是基於自然變化的理論，學者認爲葛洪這種以「人工合成」自然物質的變化觀，爲金丹術（外丹黃白術）的化學實驗，提供了理論依據，他否定了客觀事物物質的界線，爲了追求超自然力的道教仙術敞開了門戶。金丹術恰好是這種自然的化學實驗和超自然的神仙方術的奇妙混合。〔註95〕這不同於科學的實驗，不是眞假的問題，而是一種信仰，相信「丹砂可爲金」，更相信「我能作之」，不只是主張人可以冶金，並且強調人可以煉成金丹，對於凡人成仙的生命轉變是有所助益的，更是一種成仙的方便法門。這種生命的轉變與淨化是可以掌握在修道者「我」自己的手中，即「我命在我不在天，還丹成金億萬年」，這是一種信仰力量下的靈性醫療，肯定生命可以經由服餌成仙，也是一種「自然之性」下的生命更新。在唐代以前，道教對於金丹是深信不已的，篤信金丹服食之術，煉丹理論曾有廣度與深度的操作實踐。〔註96〕

在道教醫學中一直相信天地之間是有「上品的神藥」，葛洪的神仙道教對於人服食金丹的長生作用是非常肯定的，例如《抱朴子‧內篇‧金丹》說：

> 夫五穀猶能活人，人得之則生，絕之則死，又況於上品之神藥，其益人豈不萬倍於五穀耶？夫金丹之爲物，燒之愈久，變化愈妙。黃金入火，百煉不消，埋之，畢天不朽。服此二物，煉人身體，故能令人不老不死。此蓋假求於外物以自堅固，有如脂之養火而不可

〔註93〕 張覺人：《中國古代煉丹術──中醫丹藥研究》（台北：明文書局，1985 年），頁 41。

〔註94〕 《抱朴子‧內篇‧黃白》，卷 16，頁 287。

〔註95〕 胡孚琛：〈中國外丹黃白術仙學述要〉，《道家文化研究》第七輯，1955 年，頁 40～58。

〔註96〕 金正耀：《道教與煉丹術論》（北京：宗教文化出版社，2001 年），頁 67。

> 滅，銅青塗腳，入水不腐，此是借銅之勁以扞其肉也。金丹入身中，
> 沾洽榮衛，非但銅青之外傅矣。〔註97〕

五穀能使人活命，人有了飯食，就獲得生存，斷絕食物就會餓死。至於上品神藥〔註98〕對人的益處，難道不比五穀好上幾萬倍嗎？丹藥這東西，燒得越久，變化就越神奇奧妙。黃金入於水中，經過百般錘鍊，不會消失。將它掩埋，能與天一樣長久不壞。服用丹藥、黃金這二種物質，煉入人的身體，就能使人不老不死。這是借外物而使自己的身體堅固不壞的道理，如同脂油，可培養火焰，供火焰燃燒而不熄滅，以青銅來塗腳，腿腳入於水中就不會腐壞。這是借用外在銅的強勁性能，作爲捍衛人體肌肉的工具。金丹一旦進入人的身體，與血氣相融滋潤，就不僅僅像銅青一樣，只能有外在的功效了。

黃金經火不消失，入土不敗壞；還丹在昇華過程中，形色俱變，這些都是客觀的存在。因此煉丹家企圖用服食金、丹的方法，把黃金的抗腐性和還丹的升華性轉移到人體中去，這就是葛洪所謂的「假求於外物以自堅固」，爲古來相傳的道理，他說「煉入身體」、「銅青塗腳」都是以冶金術爲比喻，代表丹鼎服食派的想法。「銅青塗腳，入水不腐」，銅青是鹼性碳酸銅，有殺滅細菌的作用，所以塗足入水，可以不腐。

三、從中醫學角度

醫術是道教傳播的有利工具，同時也是道士養生修行的必要條件，所以道教的發展是不能沒有醫藥術的。從傳統中醫的角度來看，很多天然礦石本可入藥。例如現存最早的藥典東漢《神農本草經》，《神農本草經》將「丹砂」列爲上品之藥的第一位，說「丹砂，味甘，微寒，主身體五藏百病，養精神，安魂魄，益氣，明目，殺精魅邪惡鬼，久服，通神明不老，能化爲汞，生山谷。」〔註99〕但是天然礦石，一來是因爲多含雜質，純正佳品不容易得到；二來更主要的是各種天然金石寒熱不均、五行不調，比如水銀，是「味辛寒」，丹砂則是「味甘微寒」，所以醫療效果還不夠好。

〔註97〕《抱朴子‧內篇‧金丹》，卷4，頁71～72。

〔註98〕上品之神藥，指還丹、金液之類。葛洪認爲這些東西是神所授意的，因此是上品神藥。它來自於「上古眞人愍念將來之可教者，爲作方法，委曲欲使其脫死亡之禍耳，可謂至言矣。」上古得道眞人，憂念未來之世的可教之人，爲他們製作了丹方和燒煉的方法，使有緣之人可以擺脫死亡的災禍。

〔註99〕（魏）吳普等述、（清）孫星衍、孫馮翼同輯：《神農本草經》卷一（台北：中華書局，1994年3月），頁3。

　　古人認爲：通過精選的原料配方，經過正確的方法反覆烹煉之後，可以變得精純不雜、寒溫均勻、陰陽平和，枯榮的草木，都尚且能益壽，不朽的金石，何愁不能使人返老還童、起死回生、長生久視，甚至是有羽化登仙的神聖醫療功效呢？這種類推邏輯，是建立在中國醫學特有的物質分類方式基礎之上的。東晉時期的葛洪爲神仙道教建立了完整的神仙理論，他使得道教的基本教義從早期「去亂世、致太平」的救世學說，發展成爲專注於修煉「長生久視」和「度世延年」，這在道教理論發展史上意義重大。這一轉變的完成，使得長生不死、羽化登仙成爲道教的基本信仰和修煉追求的最終目標。

　　古代服食家以服食外物來追求與天地齊一。在葛洪看來，人的四周壽且久者，莫過於天地，其次爲金石，又其次爲鍾靈天地之氣的某些動植物，年壽越久之物服之越能延年。葛洪認爲用鉛汞等物燒製「金丹」、「黃白」，不但原料是天地精華，生成物也超過自然之物，更在眾藥之上。所以服食金丹的長生觀念與科學無關，是建立在神仙可成的宗教理論上以及建立在「假求於外物以自堅固」的需求上，可以「令人不老不死」，這是把人攝取藥物的認知，作機械性的推理與延伸，或許從現代西方主流醫學的立場來看，是荒謬無稽的，但是在葛洪「寓道於術」的成仙理論中，有其自成系統的觀念體系，深信「金丹入身」的特殊靈性醫療作用。

　　中國金丹術最根本的出發點，是想以人工煉製一種服食後可以「成仙」的「長生不死」之藥。數千年來，中國煉丹家爲了同死亡爭鬥，進行了多少代人的追求和探索。金丹最後雖然失敗了，但是前人這種解脫生死的努力，並不是徒勞的。當現代科學和哲學使我們可以從更高的角度審視金丹術時，我們應該特別注意古人思想的軌跡，及其中閃爍著智慧光芒。學者認爲：

　　　　道教外丹還煉活動的背後，有一種重要的科學精神，那就是，
　　人類可以通過向外部世界攫取某種形態的能量，使自己擁有不可思
　　議的能力，它可以使人類實現肉體不朽、長生在世。〔註100〕

從以上所述可知，金丹道派神仙道教的葛洪，所強調的「我命在我不在天，還丹成金億萬年」，無疑是這種科學精神的集中表達。

　　在葛洪的藥物養身醫療觀中，服食金丹，屬於醫心「神」的修煉，他深信金丹對人生命型態的轉變，是有所幫助的，因爲氣化交感作用，凡人經過

〔註100〕姜生、湯偉峽：《中國道教科學技術史：漢魏兩晉卷》（北京：科學出版社，2002 年），頁36。

內修外煉與道合一，就能對應天地的自然秩序，達到生命型態與道相通的境界，即「不死」的成仙境界，是成仙的「方便法門」。此部分偏向哲學宗教，屬於精神開發與創造的領域，代表著人類精神的追求。追求圓融的終極生命，葛洪提倡的「我命在我不在天，還丹成金億萬年」強調人格的自我完成與自我實現，展現了人主體的能動作用。

第五節　煉丹的各種方術

現存最早、相對比較完整且可以確認爲外丹丹訣的，學者陳國符根據音韻學做出的考證，有《太清金液神氣經》、《太清金液神丹經》和《黃帝九鼎神丹經》，考證約出現於西漢或兩漢之際。〔註101〕之後才是出自東漢後期，號稱「萬古丹經王」的《周易參同契》。另外幾種煉丹著作，如《三十六水法》可能是更早的煉丹著作，或者摻僞較多，難以辨識；或者所剩無幾，難窺全貌。

古代外丹術以服食「金丹」、「黃白」爲至要大道，服食「金丹」、「黃白」與古人對人體和生命的特殊理解有關。這種理解來源很古老，煉丹（包括煉金）要靠複雜的化學技術，在古代這算是「高科技」。學者認爲中國的煉丹術可能是發軔於戰國和秦代燕齊方士求的「不死之藥」，其內容到底是什麼？若是從《鹽鐵論‧散不足》說「仙人食金飲珠，然後壽與天地相保」去推敲，這些藥大概與「金丹」、「黃白」有一定關係。

古人重視丹砂，《神農本草經》說：「主身體五臟百病，養精神，安魂魄，益氣明目，殺精魅邪惡鬼，久服通神明。」〔註102〕丹砂具有養神益氣和驅邪等特殊療效，還有一個原因是丹砂對治療癰瘡有效，例如《周禮‧天官‧瘍醫》說「凡療瘍，以五毒攻之」，所謂「五毒」，其中就有丹砂。古人認爲癰瘡屬於人體腐敗、衰老、死亡是同類現象，推而廣之，也把丹砂當「活人防腐劑」，以爲即使服食無效，最後死亡，也能起預先防腐的作用。學者李零認爲：

> 在古人心目中，丹砂、金玉都是既可用於活人服食，也可用於
> 死屍防腐的「通用」藥物。〔註103〕

他們服食這類藥物，心態方面上者是求不老成仙，次者是求却病延年，下者

〔註101〕陳國符：〈《道藏經》中外丹黃白法經訣出世朝代考〉《中國古代化學史研究》（北京：北京大學出版社，1985年），頁67。
〔註102〕吳普等述、孫星衍孫馮翼輯：《神農本草經》（一）（台北：中華書局，1994年），頁3。
〔註103〕李零：《中國方術考》（北京：東方出版社，2001年），頁318。

是求死後不朽，整個是一個連續的過程。

所謂的丹藥，大致可以分為二種：一為「丹藥」，丹藥中的九鼎神丹、太清神丹兩種，都是經過九轉的金丹，也稱為「九轉還丹」，功效也最大。還有一種九光丹，它與九轉丹法雖略有不同，但是藥效大致相近。除此之外，葛洪還列述了《泯山丹法》、《務成子丹法》、《羨門子丹法》等數十種其他丹，只是在醫療功效上，並不如九鼎神丹和太清神丹。

一、九丹法的煉製

葛洪在靈性治療上認為金丹與金液是成仙最重要的服食之物，《抱朴子·內篇·微旨》說：「九丹金液，最是仙主。」《抱朴子·內篇·金丹》說：「長生之道，不在祭祀事鬼神也，不在道引與屈伸也，昇仙之要，在神丹也。」由此可知昇天成仙的要旨，在於神丹的服用。但是要製作神丹，實在是一件非常困難的事情，如果你能製作神丹，就可以長生不死了。所謂的「還丹金液」，還丹又稱神丹、仙丹，採用火法，金液則採用水法。火法主要的是帶有冶金性質的無水加熱法，葛洪的九丹法、太清神丹、九光丹以及其他丹，多屬於火法。他在長期的金丹實驗和濟世行醫的活動中，十分重視「五金八石」等礦物性藥物，和以此為主要原料煉製的丹藥，對這些礦物性藥效做了專門的研究。

《抱朴子·內篇·金丹》說：「九丹者，長生之要，非凡人所當見聞也」〔註104〕此處的「九丹」，指的是表1中的丹華、神符、神丹、還丹、餌丹、鍊丹、柔丹、伏丹、寒丹等九種仙丹。所謂的九丹，是長生不死的要旨，並非尋常之人所能聽聞的。《抱朴子·內篇·金丹》說：

> 凡此九丹，但得一丹便仙，不在悉作之，作之在人所好者耳。
>
> 凡服九丹，欲昇天則去，欲且止人間亦任意，皆能出入無間，不可
>
> 得之害矣。〔註105〕

凡是這九種丹藥，只要得到其中的一種便能成仙。這九種丹藥，不必都要全部製作，只要隨個人喜好，製作一種就可以了。凡是服用這九種丹藥的人，想要飛行到天上，或是暫留人間，都可以隨他的意願來決定，而且能在人間天上出入無間，任何事物都無法傷害他。由此觀之，這九種丹，服用之後，可以使人直接成為天仙或地仙。筆者將《抱朴子·內篇·金丹》中九丹煉法有關的資料整理成表2-3。

〔註104〕《抱朴子·內篇·金丹》，卷4，頁74。

〔註105〕《抱朴子·內篇·金丹》，卷4，頁76。

表2-3　九丹煉法

丹名	化合物（礦物類）、及其黃金	火法	服法	一般療效	特殊療效	備註
第一之丹－丹華	1. 當先作玄黃，用雄黃水、礜石水、戎鹽、鹵鹽、礬石、牡蠣、赤石、脂滑石、胡粉各數十斤，以爲「六一泥」。 2. 又以玄膏丸此丹，置猛火上，須臾成黃金。 3. 又以二百四十銖合水銀百斤火之，亦成黃金。	火之三十六日成	服之七日。		成仙 地仙	1. 金成者藥成也。 2. 金不成，更封藥而火之，日數如前，無不成也。
第二之丹－神丹，亦曰神符			1. 服之百日。 2. 服之三刀圭。	三屍九蟲皆即消壞，百病皆愈也。	1. 百日仙也。 2. 行度水火，以此丹塗足下，步行水上。（天仙）	
第三之丹－神丹			1. 服之一刀圭。 2. 服百日。		1. 百日仙也。 2. 以與六畜〔註106〕吞之，亦終不死。 3. 能辟五兵〔註107〕。 4. 仙人玉女，山川鬼神，皆來侍之，見如人形。（天仙）	
第四之丹－還丹	以一刀圭合水銀一斤，火之立成黃金。		1. 服一刀圭。		1. 百日仙也 2. 朱鳥鳳凰，翔覆其上，玉女至傍。 3. 以此丹塗錢物用之，即日皆還。 4. 以此丹書凡人目上，百鬼走避。（天仙）	

〔註106〕六畜：六種牲畜，即指馬、牛、羊、豬、狗、雞等，同時泛指所有的牲畜。
〔註107〕辟五兵：避免五種兵器，五兵指五種兵器，即戈、殳、戟、酋矛、夷矛。

			服之三十日。		1. 仙也 2. 鬼神來侍，玉女至前。（天仙）	
第五之丹－餌丹						
第六之丹－鍊丹	又以汞合火之，亦成黃金。		服之十日。		仙也 地仙	
第七之丹－柔丹	與金公合火之，即成黃金。		1. 服一刀圭。 2. 以缺盆汁和服之。	九十老翁，亦能有子。	1. 百日仙也 地仙	
第八之丹－伏丹			服之即日。		1. 仙也。 2. 以此丹如棗核許持之，百鬼避之。 3. 以丹書門戶上，萬邪眾精不敢前，又辟盜賊虎狼也。 （天仙）	
第九之丹－寒丹			服一刀圭。		1. 百日仙也。 2. 仙童仙女來侍。 3. 飛行輕舉，不用羽翼。（天仙）	

這裡所列舉的九丹，只有第一丹記載製煉方法，其餘大同小異，但皆玄虛萬狀，不易索解。九丹就是指序號1～9的九種仙丹，第一種丹名叫丹華，要先製作「玄黃」，指的是水銀和鉛精的合液，鉛與汞是煉丹最主要的原料。丹家煉丹所用的藥物，水銀之外，硫黃爲不可缺少的東西。接著要製作「六一泥」，即用七種物質搗合而成的泥。七種配方各有不同，例如：戎鹽、鹵鹽、礬石、牡蠣、赤石脂、滑石、胡粉等所合者，即爲其一。其他丹經所記「六一泥」，有不同的配方。其中的礬石水又叫礬石液，指硫黃。《重修政和政類本草》卷四說：「石硫黃能化金、銀、銅、鐵，奇物，而成爲礬石液。」硫黃能與金屬化合，是當時已知的化學現象。戎鹽即岩鹽，成分是氯化鈉。胡粉指鉛粉。其中「以爲六一泥，火之三十六日成」，將不同的礦物共熱，產生複雜的變化，其化合物就成爲當時丹家心目中的「黃金」，其實是一種汞劑。

　　上述表格中丹華、還丹合水銀，鍊丹以汞合火之，柔丹與金公合火之，可製成黃金。第一之丹－丹華，可以煉製成黃金，方法有二，分別為「以玄膏丸此丹，置猛火上，須臾成黃金。」用玄膏將此丹華作成丸，放在烈火上燃燒後，不久就會煉成黃金。或是「以二百四十銖合水銀百斤火之，亦成黃金。」使用二百四十銖丹藥、一百斤水銀火燒合煉，也會變成黃金。並且黃金煉成之後，丹藥也就合好了。若是黃金未能煉成，要重新再封住藥，繼續再行燒煉，天數如前，沒有不成功的。第四之丹－還丹，「以一刀圭合水銀一斤火之」，用一刀圭的還丹與一斤水銀合煉，立刻會變成黃金。第六之丹－鍊丹，「又以汞合火之，亦成黃金」鍊丹和水銀一起合燒，也會變成黃金。第七之丹－柔丹，「與金公合火之」，「金公」指鉛，漢桓譚《新論》說：「鈆則金之公，而銀者金之昆弟也。」把柔丹和鉛一起燒煉，立即變成黃金。中國古代的煉丹術是藥物學和冶金術的混合物，它所用的原料，像丹砂、雄黃、白帆、曾青、慈石等，本來都是兼有提神、美容和治外傷效果的「毒藥」，但是古人不滿足於這些自然狀態的藥物，想把它們配伍成方，從中提煉所謂「金液還丹」一類的化學製劑。古代煉丹一向重視鉛的使用，有些藥金、藥銀也是屬於銅合金，煉丹是以「抽砂煉汞」，用汞來製造金汞齊和藥金、藥銀為主要內容。

　　變化的觀念，影響到中國煉丹理論中的時空觀。學者孟乃昌指出：「煉丹家的時空觀十分獨特，他們認為時間是不均勻流逝的，在丹房中物質變化的過程，是對時間的縮短，才能使服用此產物（金丹大藥）之人，壽命延長。」〔註108〕縮短與延長的統一，就在於煉丹家認為時間的不均勻性。煉丹家的空間觀念也很奇特，認為仙人所適應的「度」，比常人有更廣的範圍。例如：「入火不焦」、「入水不濡」，所謂「縮地之術」、「行水潛水之術」、「隱形變化術」等方術，是對空間不均勻性的想像的產物。這些神異的能力，顯然都是來自於物類變化的觀念，屬於道教醫療中的靈性醫療。人的終極目標是成為仙人，是一種圓融的終極生命，永恆不朽的心靈；是直接訴諸於人與天地鬼神之間的「靈性交通」與「生命體驗」。

　　序號 2 的神符，服之百日即成為「天仙」，特殊療效具有「行度水火，以此丹塗足下，步行水上」的超靈性表現。服用三刀圭的神丹，一般療效有「三

〔註108〕孟乃昌：〈中國煉丹家之理論觀點〉收錄於羅熾主編：《眾妙之門——道教文化之謎探微》（湖南：教育出版社，1991 年），頁 26。

屍九蟲消壞」、「百病皆癒」。序號 3 的神丹，服之百日即可成為「天仙」，普通療效是「見如人形」，可以看見他們如同凡人一樣的形貌，特殊療效有「辟五兵」、「仙人玉女，山川鬼神，皆來侍之」。「天仙」是最圓滿的生命型態，也是葛洪金丹道的理想性願望。此時人是以「仙」的方式，進入到鬼神世界，人就有劾神役鬼的能力，能夠使仙人玉女、山川鬼神來侍候。此「劾神役鬼」的能力，建立在「仙」的本質上，也就是人成為仙人之後，才能引進天地鬼神的恩賜與救護。第七之丹－柔丹，它的服用方式「以缺盆汁和服之」，一般療效是「九十老翁，亦能有子。」「缺盆」即覆盆子，《說文》作「茥」，《爾雅・釋草》：「茥，蒛盆。」中醫以其果實入藥，具有補肝腎、固精功效，所以九十老翁也能得子。

　　序號 4 的還丹，指的是紅色硫化汞。紅色硫化汞，有天然的與人造的二種，天然的稱為丹砂或辰砂（因湖南辰州所產得名），人造的稱為「銀朱」或「靈砂」，二者實質相同。有學者認為：「人造紅色硫化汞的成就，是煉丹術對化學所作出的最大貢獻，是人類第一次用自己的勞動，得到了實質上與天然產物無二的成果。」〔註109〕這樣做出來的硫化汞，是煉丹術的第一步；因為它的顏色是黑色不是紅色的，要得到紅色的硫化汞，還需進行一道昇華的手續。紅色硫化汞就是後期丹家所稱的「靈砂」，葛洪說：「取九轉之丹，納神鼎中……即化為還丹。取而服之，一刀圭即白日昇天。」〔註110〕可見葛洪所謂還丹者，乃還成之丹的意思，所還成之丹乃丹砂（HgS）之丹，而不是像有人設想為黃丹（Pb3O4）之丹或三仙丹（HgO）之丹也。

　　由上述表格可知，這九種丹藥中的神符、神丹、還丹、餌丹、伏丹以及寒丹，服食之後的終極生命形態為上品天仙，佔 2／3。九種丹藥中的丹華、鍊丹、柔丹，服食之後的終極生命形態為中品地仙，佔 1／3。服食時間最短的是伏丹，服之「即日成仙」。最長的需要「百日」，有神符、神丹、還丹和寒丹。從傳統中醫的角度來看，很多天然礦石本可入藥，比如現存最早的藥典《神農本草經》中說丹砂的療效是「久服通神明不老」。但天然礦石一來因為多含雜質，純正佳品不容易得到，二來更主要的是各種天然的金石寒熱不均、五行不調，例如：水銀是「味辛寒」，丹砂則是「味甘微寒」，所以效果還不夠好。必須通過精選

〔註109〕張子高：〈煉丹術的發生與發展〉收錄於詹石窗主編：《百年道學精華集成》第五輯道醫養生，（成都：巴蜀書社，2014年），頁8。
〔註110〕《抱朴子・內篇・金丹》，卷4，頁77。

的原料配方，經正確方法反覆烹煉之後，這些金石藥變得精純不雜、寒溫均勻、陰陽平和，枯榮的草木藥都能有益壽的世俗醫療，埋之不腐、燒之不朽的金石藥，何愁沒有返老還童、起死回生、長生久視，甚至是羽化登仙的神聖靈性醫療呢？這種類推邏輯是建立在中國傳統醫學特有的物質分類方式基礎之上的，由此來自我醫療，以追求生命超越的自我永生。

以上九種丹藥共同的特殊療效，就是服之成仙。這九種丹藥，不必都要全部製作，只要隨個人喜好，製作一種就可以了。「凡服九丹，欲昇天則去，欲且止人間亦任意，皆能出入無間，不可得之害矣。」從此處說明可以知道服食九丹後的終極生命形態為上品天仙，它是屬於生命的「靈性治療」，故可將凡人的生命直接轉變成「飛行輕舉，不用羽翼」、「行度水火、辟五兵」、「以此丹塗錢物用之，即日皆還」、「以此丹書凡人目上，百鬼走避」與鬼神來侍，玉女至前等「使役萬靈」的生命終極境界。

二、太清神丹和九轉神丹

從前面所述可知丹訣的來源，不外四種，一是古已有之，二是來自當代，是時人顯出的天書。三是神人所授，四是道人創作。漢代的《太清金液神丹經》屬於古已有之，因為其文後注解說「此《太清金液神丹經》文，本上古書，不可解，殷君作漢字顯出之，合有五百四字」。太清神丹的製作方法是出於元君，元君就是《洞仙傳》中的玄子，老子的老師。《抱朴子‧內篇‧金丹》說：

> 元君者，大神仙之人也，能調和陰陽，役使鬼神風雨，驂駕九龍十二白虎，天下眾仙皆隸焉，猶自言亦本學道服丹之所致也，非自然也。
>
> 其經曰：上士得道，昇為天官；中士得道，棲集崑崙；下士得道，長生世間。〔註111〕

元君是一位得道的大神仙人，能夠調和陰陽，喚使鬼神風雨，乘坐由九龍或十二白虎所駕的車乘，統管各方神仙，他還自言本來也是學道服丹而成仙的，並不是天生的。《丹經》說：上士得道成仙，可以昇為天官。中士得道成仙，可以居住在崑崙山上。下士得道成仙，可以長生於世間。

他的《太清觀天經》有九篇，分為上、中、下三部分：其上部三篇，不可教授於他人；其中部三篇，世間不足以流傳，當沉埋於三泉之下；其下部

〔註111〕《抱朴子‧內篇‧金丹》，卷4，頁76。

三篇，正是《丹經》共有上、中、下三卷。《抱朴子‧內篇‧金丹》說：「近代漢末新野陰君，合此太清丹得仙。其人本儒生，有才思，善著詩及《丹經贊》並《序》，述初學道隨師本末，列己所知識之得仙者四十餘人，甚分明也。……。作此太清丹，小為難合於九鼎，然是白日昇天之上法也。」〔註112〕東漢末年的陰長生，就是合煉太清神丹而得以成仙的。陰君頗有文才，擅長於作詩以及《丹經》的贊和序，還述說了自己拜師學道的過程和始末，列舉了自己所認識的仙人共四十多位。另外作此太清神丹，比合煉九鼎神丹稍微困難，但是這是「白日昇天之上法」，服用可以直接成為天仙。筆者將《抱朴子‧內篇‧金丹》中有關太清神丹與還丹的資料整理成表 2-4。

表 2-4　太清神丹與還丹的製作方法

序號	丹名	成仙日數	製作之法	服法	特殊療效
1	太清丹		合之當先作華池、赤鹽、艮雪、玄白、飛符三五神水，乃可起火進行製作。		白日昇天之上法
	一轉之丹	三年	把三五神水封塗之於土釜中，糠火，先文後武。		得仙
	二轉之丹	二年			得仙
	三轉之丹	一年			得仙
	四轉之丹	半年			得仙
	五轉之丹	百日			得仙
	六轉之丹	四十日			得仙
	七轉之丹	三十日			得仙
	八轉之丹	十日			得仙
	九轉之丹	三日			得仙
2	太清還丹		取九轉之丹，內神鼎中，夏至之後，爆之鼎熱，內朱兒一斤於蓋下。伏伺之，候日精照之。須臾翕然俱起，煌煌輝輝，神光五色，即化為還丹。	服一刀圭	白日昇天

〔註112〕《抱朴子‧內篇‧金丹》，卷4，頁77。

道教服丹，由一轉煉製九轉，合煉太清丹時，應當先作華池、赤鹽、艮雪、玄白、飛符這樣的三皇五帝神水，才可以起火，進行製作的工作。九轉神丹的製法是「封塗之於土釜中，糠火，先文後武。」〔註113〕是把丹藥密封塗在土鍋中，用糠火燃燒，先溫火之後，再加以烈火。說明了煉丹家對服食丹藥的製作，十分用心，展現「精益求精」的追求技術。顯示道士爲了追求長生之理想，對於製作做丹藥的費時費力，在所不辭。上文所說的「轉」，乃指處理而言，所謂幾轉，即經過幾次的處理或燒煉，並非變化（chemical change）或轉變（transmutation）。有學者認爲：「因爲當時所混置一處的各種物質，不一定處理一次即可促起一次的化學變化，或是它們本身會發生甚麼轉變。不過有一點可以注意，就是其中或有光化學作用」。〔註114〕

序號 1 的「太清丹」從一轉之丹到九轉之丹，成仙遲速各有日數，例如一轉之丹成仙需要三年，而九轉之丹成仙只需要三日，所以「九轉者」是言其變化數次極多，煉丹士相信金丹的燒煉，愈能多燒多轉，愈有奇效。《雲笈七籤》卷六十七《金丹部》有段話論九轉丹遲速效驗說：「其轉數少，其藥力未足，故服之用日多，乃得仙遲也。其轉數多，則藥力成，故服之用日少，而得仙速也。」〔註115〕這就是所謂的「九轉還丹」，必須經過九次還原，九次變化，變化一次叫「一轉」。由一轉煉製九轉，說明了煉丹家「精益求精」的追求技術。

序號 2 的「太清還丹」製法是拿九轉之丹放在神鼎中，夏至後在熱鼎中用猛火燃燒，再在鼎蓋之下放入一斤「朱兒」，恭敬的等候太陽光芒照射，一會兒「朱兒」就會呼啦一下一同起來，輝煌奪目發出五色的神光，即化爲「還丹」。以上所述有關神丹煉成的景象，正是化學變化的現象，由於硫磺等物具有猛毒，需要一再加火伏之，轉數多自可降低其毒性，此丹功效只提及成仙，未詳述其「神通」表現，較爲簡要。

丹藥有治療疾病的作用，但不可否認的，它們也有毒副作用。道士服丹中，有一個很重要的事項，就是去毒。「去毒」是重人貴生思想的體現，也反映了服食技術的發展進步。

〔註113〕《抱朴子‧內篇‧金丹》，卷4，頁77。
〔註114〕參閱黃素封：《中國煉丹術考證》收錄於詹石窗主編：《百年道學精華集成——道醫養生》第五輯（成都：巴蜀書社，2014年），頁74～75。
〔註115〕張君房：《雲笈七籤》（北京：華夏出版社，1995年），頁408。

三、五石散和九光丹

九光丹是九種色彩的神丹,《抱朴子・內篇・金丹》說:九光丹的煉法,當以各種藥石參合燒煉,並以轉變五石。所謂的五石,是指丹砂(硫化汞)、雄黃、白礬、曾青、慈石(磁鐵),這五種作爲構成的成分。

有關五石散的內容,《論衡・率性》上已說東漢道人能「消爍五石,五色之玉」。《世說新語・言語》說:「何平叔云:服五石散,非唯治病,亦覺神明開朗」。注說:「秦丞相寒食散之方,雖出漢代而用之者寡,靡有傳焉。爲何晏首獲神效,由是大行於世,服者相尋也。」由此可知三國時,服五石散或很普遍。根據葛洪的《抱朴子・內篇》〈金丹〉、〈登涉〉,可知五石是指:丹砂(硫化汞)、雄黃(二硫化二砷)、白礬(硫酸鉀及硫酸鋁)、曾青(硫酸銅)和慈石(磁即磁鐵 Fe_3O_4),唯其混合比例不得而知。

《史記・扁鵲倉公列傳》有:「齊王侍醫遂病,自煉五石服之」的記載,這裡的五石是指:陽起石(Tremobite)、鐘乳石(Stalactite)、靈磁石(即慈石)、空青石(爲銅坑之礦石)及金剛石。宋朝名醫錢乙處方中,有治療五癇的五色丸,是用水銀、硃砂、雄黃、鉛和珍珠共研而成。

九光丹雖與九轉丹法略有不同,但大致相近,其法俱在《太清經中卷》,即《太清丹經》上、中、下三卷之中卷。筆者將《抱朴子・內篇・金丹》中有關五石散和九光丹的資料整理成表2-5。

表2-5　五石散和九光丹

序號	丹名	製　法	服　法	特殊療效
1	九光丹	當以諸藥合火之,以轉五石。五石者,丹砂、雄黃、白礬、曾青〔註116〕、慈石也。一石輒五轉而各成五色,五石而二十五色,色各一兩,而異器盛之。		
2	青丹		1. 取青丹一刀圭和水,以浴死人,又以一刀圭發其口內之。	欲起死人,未滿三日者,死人立生也。

〔註116〕曾青又有空青、白青、石膽、膽礬等名稱,其實都是天然的硫酸銅,它是從輝銅礦(Cu_2S)或黃銅礦($CuFeS_2$)與潮濕空氣接觸所形成的。它的溶液,古時用作眼藥,謂「主明目」,即使在現代有時也還用得著。

| 3 | 黑丹 | | 取黑丹和水，以塗左手。 | 欲致行廚，其所求，如口所道，皆自至，可致天下萬物也。 |
| 4 | 黃丹 | | 服黃丹一刀圭。 | 1. 欲隱形及先知未然方來之事。
2. 住年不老，長生不老
3. 及坐見千里之外，吉凶皆知，如在目前也。（人生宿命，盛衰壽夭，富貴貧賤，皆知之也） |

九光丹是九種色彩的神丹，它的作法，是以各種藥石參合燒煉，並以轉變五石。放入一種礦石，就可以做五轉，而生成五種顏色。放入五種礦石，可生成二十五色，每一色各取一兩，用不同器皿成裝起來。以上諸藥經火之後，紅色丹砂變成白色水銀和二氧化硫，紅色雄黃變為無色的三氧化二砷，曾青則失去水而變色，再變為白色硫酸銅，火力再高終可黑色氧化銅。慈石則能變氧化高鐵──凡此皆起顏色的變化。

　　序號 3 的「黑丹」特殊療效是「欲致行廚」，要想達到「行廚作飯」，只需要拿黑丹調和水，塗抹在左手上，心理想著，只要口中說出，你想要的飯菜自然會出現在面前，用這樣的方式，可以招致天下的萬事萬物。序號 4 的「黃丹」，化學組成是四氧化三鉛。葛洪在《抱朴子‧內篇‧仙藥》說：「黃丹及胡粉是化鉛所作。」黃丹和胡粉都早見於《神農本草經》裏，一名鉛丹，一名粉錫。南朝陶弘景分別作了注解，稱前者「即今熬鉛所作黃丹」，稱後者「即今化鉛所作胡粉」。要知道黃丹與胡粉都不是天然產物，只有用人工方法才會製造出來。既然《神農本草經》裏已有記載，可見在該書著成之前，黃丹與胡粉必已風行一時了，因此丹家才引用來說明物質和其性質變化的可能。葛洪在《抱朴子‧內篇‧黃白》說：「鉛性白也，而赤之以為丹；丹性赤也，而白之以為鉛。」〔註117〕前一白字，應指鉛能化作白色胡粉這一化學性質說；後一白字，應作漂白之白（即去色）的意義來解。如果把黃丹投入火中，它將跟胡粉一樣，「色壞還為鉛」也，這便是煉丹家對於鉛的化學變化的知識。

　　九光丹的特殊療效非常多樣並且豐富，除了「長生不老」外，還有：「死人立生」、「行廚作飯」、「隱形及先知未然方來之事」、「坐見千里之外，吉凶

〔註117〕《抱朴子‧內篇‧黃白》，卷 16，頁 284。

皆知，如在目前」等，這些特殊療效來自仙人「道成圓滿」的神通力，可以劫神役鬼，引進天地鬼神的恩賜與救護。這是屬於宗教醫療中的靈性治療，展現役使萬靈的超能力。這是源於原始社會人的生命觀建立在靈性的精神實踐上，重視在人的精神與神靈相互交通的超越境界，人有通神的需求，重視與神性或人性相通的精神性靈魂，是直接從靈性的相互感通來實現自我生存的保障。

四、其他丹

葛洪還列述了《泯山丹法》、《務成子丹法》、《羨門子丹法》等數十種其他丹，只是在醫療功效上，並不如九鼎神丹和太清神丹，但是還是遠遠的超過醫家上上等的草木藥物，因為「小丹之下者，猶自遠勝草木之上者也。」而且「試之小效，但使得二三百歲」，服食丹藥，即使小的效益，也可以使人活到二三百歲。

煉丹有很多類型，從原料配方、丹爐設置、所用燃料、火候掌握、煉丹周期都互有不同。從原料配方的角度，鉛汞型配方，即主要原料為水銀加鉛，或朱砂加鉛，一直是主流；以後又有水銀加硫黃、水銀加錫、單獨一味水銀等多個品種。〔註118〕筆者將《抱朴子‧內篇‧金丹》其他丹法整理成表 2-6。

表 2-6　其他丹法

序號	丹　名	製　法	丹成之日	服　法	特殊療效
1	五靈丹	有五靈丹經一卷，有五法也。用丹砂、雄黃、雌黃、石硫黃、曾青、礬石、慈石、戎鹽、太乙餘糧，亦用六一泥，及神室祭醮合之。	三十六日	用五帝符，以五色書之服食。	1. 令人不死。 2. 但不及太清及九鼎丹藥。
2	岷山丹法（道士張蓋蹋精思於岷山石室中，得此方也）	1. 其法鼓冶黃銅，以作方諸，以承取月中水，以水銀覆之，致日精火其中。 2. 取此丹置雄黃銅燧中，覆以汞曝之。	二十日	1. 長服。 2. 以井華水服如小豆，百日。	1. 不死。 2. 盲者皆能視之，百病自愈，髮白還黑，齒落更生。

〔註118〕魏小巍：〈從煉丹術看道教信仰的建構〉收錄於詹石窗主編：《百年道學精華集成》第五輯道醫養生，（成都：巴蜀書社，2014 年），頁 50。

3	務成子丹法	用巴沙汞置八寸銅盤中以土爐盛炭，倚三隅墊以枝盤，以硫黃水灌之，常令如泥。	服之百日。	不死。
4	羨門子丹法	以酒和丹一斤，用酒三升和，曝之四十日（去火毒）。	1. 服之一日。 2. 服之三年。	1. 三蟲百病立下。 2. 仙道乃成，必有玉女二人來侍之，可役使致行廚。 3. 此丹可以厭百鬼，及四方死人殃註害人宅，及起土功妨人者，懸以向之，則無患矣。
5	立成丹 （礦物類、植物類）水法	1. 取雌黃雄黃燒下其中銅，鑄以為器，覆之三歲淳苦酒上，百日，此器皆生赤乳，長數分，或有五色琅玕〔註119〕。 2. 此丹和以朱草，刻之汁流如血，以玉及八石〔註120〕金銀投其中，立便可丸如泥，久則成水，以金投之，名為金漿，以玉投之，名為玉醴。	1. 取理（下料加工）而服之。 2. 和菟絲〔註121〕，菟絲是初生之根，其形似菟，掘取剋。其血〔註122〕，以和此丹。 3. 和以朱草，一服之。 4. 服金漿、玉醴。	1. 令人長生。 2. 立變化，任意所作也。 3. 能乘虛而行雲。 4. 皆長生。

〔註119〕琅玕：珠樹的意思。《淮南子‧地形篇》說：增城九重，有珠樹在其西。珠樹即琅玕也。

〔註120〕八石：只煉丹時常用的八種藥石，諸如硃砂、雲母、空青、硫黃、戎鹽、硝石、雌黃、雄黃等。

〔註121〕菟絲：又稱菟絲子，一年生纏繞寄生草本。以菟絲入藥，可以補益肝腎。

〔註122〕剋其血：血是汁的意思，並不是真的血，只是這種汁的顏色是紅色的，其色如血。請參閱陳飛龍：《抱朴子內篇今註今譯》（台北市：台灣商務印書館，2000年），頁153。

6	取伏丹法（礦物類、動物類）	天下諸水，有名丹者，有南陽之丹水之屬也，其中皆有丹魚〔註123〕，當先夏至十日夜伺之，丹魚必浮於水側，赤光上照，赫然如火也，網而取之可得之，得之雖多，勿盡取也。		割其血，塗足下。	可步行水上，長居淵中矣。
7	赤松子丹法〔註124〕（礦物類、植物類）水法	取千歲蔂汁〔註125〕及礬桃汁淹丹，著不津器中，練蜜蓋其口，埋之入地三尺。（去火、金毒）	百日	絞檸木赤實，取汁和而服之。	令人面目鬢髮皆赤，長生也。
8	石先生丹法（礦物類、動物類）	取烏轂之未生毛羽者，以眞丹和牛肉以吞之，至長，其毛羽皆赤，乃煞之。	陰乾百日	並毛羽搗服一刀圭，服百日。	得壽五百歲。
9	康風子丹法（礦物類、動植物類）	用羊烏鶴卵雀血，合少室天雄汁〔註126〕，和丹內鵠卵中漆之，內云母水中。	百日化爲赤水	1. 服一合。2. 服一升。	1. 益壽百歲。2. 千歲也。
10	崔文子丹法（礦物類、動物類）	納丹鷩腹中蒸之。		1. 服之。2. 長服。	1. 延年。2. 不死。
11	劉元丹法	以丹砂內玄水液中，百日紫色，握之不污手，又和以云母水，內管中漆之，投井中。	百日化爲赤水	1. 服一合。2. 久服。	1. 得百歲。2. 長生也。
12	樂子長丹法	以曾青鉛丹合汞及丹砂，著銅筩中，乾瓦白滑石封之，於白砂中蒸之。	八十日	服如小豆。	三年仙矣。

〔註123〕丹魚：《水經注》卷二十〈丹水〉云：「水出丹魚，先夏至十日，夜伺之，魚浮水測，赤光上照如火，網而取之，割其血以塗足，可以步行水上，長居淵中。」

〔註124〕《赤松子丹法》：劉向《列仙傳》卷上說：「赤松子者，神農時雨師也。……往往至崑崙山上，常止西王母石室中，隨風雨上下。」

〔註125〕蔂汁：蔂藤的汁。「蔂」同「虆」，一種藤。

〔註126〕少室，指嵩山之西峰。天雄，藥名，又叫附子。請參閱陳飛龍：《抱朴子內篇今註今譯》（台北市：台灣商務印書館，2000年），頁157。

13	李文丹法（礦物類、植物類）	以白素裹丹，以竹汁煮之，名紅泉，乃浮湯上蒸之，合以玄水。		服之一合。	一年仙矣。
14	尹子丹法〔註127〕	以云母水和丹密封，致金華池中（去火毒）。	一年出	服一刀圭，盡一斤。	得五百歲。
15	太乙招魂魄丹法	所用五石，及封之以六一泥，皆似九丹也。		折齒內一丸，與硫黃丸，俱以水送之，令入喉即活。	1. 起卒死三日以還者。 2. 見使者持節召之。
16	採女丹法（礦物類、動物類）	以兔血和丹與蜜蒸之。	百日	服之如梧桐子者大一丸，日三至百日。	有神女二人來侍之，可役使。
17	稷丘子丹法（礦物類、植物類）	以清酒麻油百華醴龍膏和，封以六一泥，以糠火熅之。	十日	服如小豆一丸，盡劑。	得壽五百歲。
18	墨子丹法	用汞及五石液於銅器中，火熬之，以鐵匕撓之。	十日，還為丹	1. 服之一刀圭。 2. 長服。	1. 萬病去身。 2. 不死。
19	張子和丹法（礦物類、植物類）	用鉛汞曾青水合封之，蒸之於赤黍米中。	八十日成	以棗膏和丸之，服如大豆，百日。	壽五百歲。
20	綺裏丹法可燒煉黃金	先飛取五石玉塵，合以丹砂汞，內大銅器中煮之。	百日變五色	服之。	不死。
21	玉柱丹法	以華池和丹，以曾青硫黃末覆之薦之，內箭中沙中，蒸之。	五十日	服之百日。	1. 玉女六甲六丁〔註128〕神女來侍之，可役使。 2. 知天下之事也。
22	肘後丹法可燒煉黃金	以金華和丹乾瓦封之〔註129〕，蒸八十日，取如小豆，置盤中，向日和之，其光上與日連。	八十日	服如小豆。	長生矣。

〔註127〕《尹子丹法》：尹子，及尹文，相傳為戰國時代的人。今傳《尹文子》一書，係魏晉間人所僞託，其說與黃老之學相近。

〔註128〕六甲六丁：是道教的神名。六甲，指甲子、甲戌、甲申、甲午、甲辰、甲寅，是男神。六丁，指丁卯、丁巳、丁未、丁酉、丁亥、丁丑，是女神。

〔註129〕以金華和丹乾瓦封之：意謂用金華池水調和丹藥，再由乾瓦封住。

23	李公丹法	用眞丹及五石之水各一升，和令如泥，釜中火之。	三十六日	和以石硫黃液，服之十年。	與天地相畢。
24	劉生丹法（礦物類、植物類）	用白菊花汁、地楮汁、樗汁和丹蒸之。	三十日	研合服之，一年。	1. 得五百歲。 2. 老翁服更少不可識，少年服亦不老。
25	王君丹法（礦物類、動物類）	巴沙及汞內雞子中，漆合之，令雞伏之三枚。		以王相日服之。	1. 住年不老。 2. 小兒不可服，不復長矣。 3. 與新生雞犬服之，皆不復大，鳥獸亦皆如此驗。
26	陳生丹法（礦物類、動物類）	用白蜜和丹，內銅器中封之，潘之井中。	一年	1. 服之經年。 2. 盡一斤。	1. 不飢。 2. 壽百歲。
27	韓終丹法〔註130〕（礦物類、動物類）	漆蜜和丹煎之。		服之。	延年久視，立日中無影。
28	小神丹方（礦物類、動物類）	用眞丹三斤，白蜜六斤攪合，日暴煎之，令可丸。		1. 旦服如麻子許十丸，未一年。 2. 長服之。	1. 髮白者黑，齒落者生，身體潤澤。 2. 老翁成少年，長生不死矣。
29	小丹法（礦物類、植物類）	丹一斤，搗篩，下淳苦酒三升，漆二升，凡三物合，令相得，微火上煎令可丸。		1. 服如麻子三丸，日再服，三十日。 2. 服之百日。 3. 千日。	1. 腹中百病愈，三屍去。 2. 肌骨強堅。 3. 司命削去死籍，與天地相畢，日月相望，改形易容，變化無常，日中無影，乃別有光也。

〔註130〕韓終：亦稱韓眾，仙人。

序號 1 的「五靈丹」，有《五靈丹經》一卷，使用丹砂、雄黃、石硫黃、曾青、慈石、戎鹽、太乙餘糧等搗為六一泥，並在神室舉行打醮的祭祀，三十六天就可以完成五種仙丹的煉製，這丹與上述五石散和九光丹彷彿。服食五靈丹藥時，要用五帝符，以五種顏色的書寫成，古代煉丹家將五行學說運用到煉丹上面來，將五靈、五帝、五色相關連起來。特殊療效是長生不死，只是效果不如太清神丹和九鼎神丹罷了。

序號 2 的「岷山丹法」，是道士張蓋蹋在岷山石室中精思所獲致的「仙方」。它的煉製方式是鼓火冶煉黃銅，作成方諸這種器具，用來盛取月下的露水，再用水銀覆蓋，讓日光照射，長期服用就可以長生不死。把此丹藥裝入雄黃的銅燧中，覆蓋上水銀，讓太陽曝曬，經過二十天的蒸發，便能煉製成新的丹藥。使用井華水服用像小豆粒劑量的丹藥，一百天後的一般療效有「百病自癒」，特殊療效有「盲者皆能視之」、「髮白還黑」、「齒落更生」。有學者認為岷山丹法大概是氧化高汞，可供內服為驅黴藥，唯量為 0.005；若取此丹置雄黃銅燧中，覆以水銀，曝二十日，再行處理，就不知「治」成何物了。可能性最大的是汞銅齊，不過不能每日服下豆粒大小的丸子而已。〔註 131〕

序號 3 的《務成子丹法》，用巴沙汞（為抽砂煉出的汞）放在八吋大小的銅盤中，用土爐盛炭火，靠爐三邊角落的陷坑支撐著銅盤，燒煉時，經常澆上硫黃水，經常使盤中中藥物像泥糊一般，丹藥煉成了，服食一百天，特殊療效是長生不死。從現今的化學知識來看，此變化無從推究，或可成為硫化高汞，但不可服食。序號 4 的《羨門子〔註 132〕丹法》，用酒和丹一斤，再用酒三升拌和，曝曬在太陽下四十天，服用一日，一般療效是體內的三蟲百病就會立刻消除。服用三年，特殊療效是「仙道乃成，必有玉女二人來侍之，可役使致行廚，此丹可以厭百鬼，及四方死人殃註害人宅，及起土功妨人者，懸以向之，則無患矣。」從現今的化學知識來看，此變化無從推究，有學者依據「必有玉女二人來侍之」一語，認為或可斷為催淫藥之一例。比較特別的是羨門子丹可以壓制各種鬼魅，以及四方死人殃鬼造成的害人住宅，還有破土動工導致妨礙人，只要對著他們懸起丹藥，就不會有任何禍患了。筆者認為這種靈性的醫療觀念，是超出科學的實證範疇，它是直接從生命的精神層次，來避開或化解人類各種生存災難與疾病的侵襲。是建立在集體靈性的

〔註 131〕黃素封：〈中國煉丹術考證〉收錄於詹石窗主編：《百年道學精華集成》第五輯道醫養生，（成都：巴蜀書社，2014 年），頁 75 。

〔註 132〕羨門子，疑為羨門高，為古代的仙人，秦始皇曾求之。

整合醫療上，從心靈的整體精神調適上，追求生命永恆存有的終極境界。

序號 5 的《立成丹》法也有九篇，類似九鼎神丹，但在功效上比九鼎神丹差一點。製作方法是取雌黃和雄黃等燒煉其中的銅料，再將銅鑄成器皿，覆蓋在儲存三年的醇酒上面，過了一百天，銅器皿上生出赤色乳突狀之物，有幾分長，有的呈現五彩的珠樹，取下經過料理加工後服用，特殊療效是長生不死。從現今的化學知識來看，此變化無從推究。此種丹藥可以和以菟絲（搭配植物藥），菟絲初生的根，形狀像兔子，挖掘起來，再擠出血紅色的汁，與丹藥調和起來，人服食之後，特殊療效是「立變化，任意所作也」。此丹又可以與朱草調和，一次服食之後，就能夠飛天行雲。朱草形狀像小棗樹，栽後長到三四尺，枝葉都是紅色的，莖幹如珊瑚的形狀，喜歡生在名山的石巖下面，將朱草刻破後汁流如血，再拿玉與八石、金銀投在其中，立刻就能作泥丸，久而久之，又變為水。如果把金投入其中，溶化成新的汁水，就稱作是金漿，如果把玉投入其中，溶化成新的汁水，就稱作玉體。人服食了金漿玉體，就能長生不死。

序號 6 的「伏丹」，將丹與其他物一同服食，形成不可思議的奇效。天下存在的各種水，有名為丹的，就像南陽的丹水一樣，「其中皆有丹魚，當先夏至十日夜伺之，丹魚必浮於水側，赤光上照，赫然如火也，網而取之可得之」，割其血，塗足下，特殊療效為「可步行水上，長居淵中」。基於巫術性思考原因，神丹具有奇效，因而類推「赤光上照，赫然如火」的丹魚，也應當有特殊的療效。序號 7「赤松子丹法」，是拿取千年的古藤汁，以及礜桃汁浸淹的丹藥，裝在不會浸透的容器中，「練蜜蓋其口，埋之入地三尺」用煉蜜緊封住容器的蓋口，把它埋在地下三尺深處，此煉製方法稱為「封」，是將藥物密封在容器中或埋入地下，使之慢慢發生化學反應。過了一百天，將汁水倒出，與檸檬赤實絞出的汁水調和，服用之後，就可以使人的臉部、眼睛和鬢髮變成紅色，而長生不老。「昔中黃仙人〔註133〕有赤須子〔註134〕者」過去中黃國的仙人赤須子，就是服此丹藥成仙的。以及 24「劉生丹法」是將丹與植物汁液混合服食。

序號 8「石先生丹法」是「取烏鷇〔註135〕之未生毛羽者，以真丹和牛肉以吞之，至長，其毛羽皆赤，乃煞之」，捉取還未生出羽毛的烏鴉雛鳥，以真

〔註133〕中黃仙人：指中黃國的仙人。漢張衡〈西京賦〉：「乃始中黃之士。」唐李周翰《注》：「中黃，國名，其俗多勇力。」
〔註134〕赤須子：古仙名。《列仙傳‧卷下》：「赤須子，豐人。好食松實、天門冬、石脂，齒落更生，髮墮再出，服霞絕後，遂去吳山下十餘年，莫知所之。」
〔註135〕烏鷇：尚需母鳥哺食的小鳥，稱之為「鷇」。

丹拌牛肉餵他吞下，雛鳥長大後，毛羽都呈了紅色，然後把鳥殺了，陰乾一百天，連帶羽毛一起搗碎成藥，每次服用一刀圭，經過一百天後，就能延年益壽，活到五百歲。

序號9「康風子丹法」是「用羊烏鶴卵雀血，合少室天雄汁，和丹內鵠卵中漆之，內云母水中，百日化爲赤水」，用羊烏、鶴卵、以及鳥雀的血，混合少室天雄汁，調和丹藥，放入天鶴卵中塗漆封口，裡面又沖進雲母水，過了一百天之後，就化爲赤水，人一旦服用「一合」之後，往往就能益壽一百歲，服用「一升」，可以長壽千歲。序幕10「崔文子丹法」是「納丹鶩腹中蒸之」，將丹藥放入野鴨的肚子裏，蒸煮以後服用，能使人延年益壽，長期服用，可以不死。這三種「石先生丹法」、「康風子丹法」、「崔文子丹法」是不直接服丹，而將丹先餵食動物再服食的方法，其中的童雞、卵及鶩，乃因其具有生命力之物，在巫術性的思考中，本就可以傳達其神奇的生命力。

序號29「小丹法」的特殊療效中有關三蟲、三尸，當時醫學已有華陀所配的藥散爲「草木方」，葛洪則相信「金丹方」，運用丹藥的服食來驅除人身中的寄生蟲，這在當時已是相當進步的醫療觀念，他在此基礎上進一步神化金丹，強調服丹可以去三尸，由司命削去死籍，進而成仙，這反映了「金丹道派」的說法。也可以看出葛洪藥物養身醫療的觀點，服食草木藥的目的是除病、養性，來治已病、救虧損，而服金丹大藥的目的則是養命成仙，追求的是仙人圓融的終極生命，展現靈性醫學自我醫療的神奇效用。

從上述29種丹法的煉製過程與服用方式，有純粹使用礦物類原料的，有序號1.2.3.4.11.12.14.15.18.20.21.22.23，佔13／29。使用礦物類原料加上植物類原料的，有序號5.7.13.17.19.24.29，佔7／29。使用礦物類原料加上棟物類原料的，有序號6.8.10.16.25.26.27.28，佔8／29。使用礦物類原料加上動、植物類原料的，有序號9，佔1／29。序號12「樂子長丹法」所記載的「沙浴加熱」的方法以及序號20「綺里丹法」所記載「水飛」的分離方法，均成爲近代實驗技術所常用。這些其他丹，從煉製到服用，道教外丹師們，採取了諸如上述各種的辦法來去除丹藥的毒性，期使能發揮金丹神聖醫療的效果，眞是可謂用心備矣。筆者在製作整理此表格之時，尚且感到繁瑣，可是古代的煉丹道士們卻不厭其煩地在長期實踐著她們的宗教理想。在佩服他們排除萬難的探究精神，也正是這種精神，充實了中國古人對於自然界物質的認識，爲中國古代化學知識的積累，做出了貢獻，也促進了中醫藥的發展。

五、金液的製作

煉丹術與煉金術本來是一件事的二個方面，只是名稱上的差別而已，煉丹家煉金的企圖，在於獲取長生不死之藥，而非致富。《史記》稱漢武帝「親祠灶……而事化丹砂、諸藥齊爲黃金」，《抱朴子‧內篇‧金丹》說：「神丹既成，不但長生，又可以作黃金。」又說：「金成者，藥成也。」葛洪以〈金丹〉名篇者，正因爲「以還丹、金液……二是蓋仙道之極也。」這些都說明了煉金與煉丹在其歷史發展過程中，有不可分割的聯繫。

「金液」，在功效上，不及「丹藥」。九轉神丹雖然是仙藥的上法，但是因爲購買藥才比較不方便，所以又提出「金液」的煉製法。金液的煉製，在金錢上需要耗費四十萬錢，則可得到一劑，成功之後，一劑可以供八個人服用。葛洪雖然認爲九鼎神丹是仙藥中的上法，但是在煉製過程中，一來因爲所用到的各種藥材相當的多，如果此時全國平靜道路通暢，則很容易可以購買齊所需的藥材，但是若全國動亂，道路阻隔，此時若要集聚各種的藥材就不容易了。二來因爲合煉九轉神丹時，必須起火燃燒連續數十晝夜的時間，並且要在一旁觀察，不能使火力有所閃失，既辛苦，成功機會也少，不如合製金液來的容易。

有關金液的製作，《抱朴子‧內篇‧金丹》說：

> 古稱金一斤於今爲二斤，率不過直三十許萬，其所用雜藥差易具。又不起火，但以置華池中，日數足便成矣，都合可用四十萬而得一劑，可足八人仙也。〔註136〕

合製金液就是黃金難以獲得罷了，大致要三十多萬錢，其他的各種藥材差一些，也容易辦到，同時不用起火燃燒，只要放在華池中天數足夠了，就會合製成金液，製作過程所須的耗費，大約是用四十萬錢就可以得到一劑，可以足夠供八人服食而成仙。

煉丹家是如何服食黃金的？金塊、金箔不好吞到肚子裏，這是一種常識，古人想方設法把金子消化成液體來服食。《抱朴子‧內篇‧金丹》說：

> 金液，太乙所服而仙者也，不減九丹矣。合之用古稱黃金一斤，並用玄明龍膏、太乙旬首中石、冰石、紫游女、玄水液、金化石、丹砂，封之成水，其經云，金液入口，則其身皆金色。〔註137〕

〔註136〕《抱朴子‧內篇‧金丹》，卷4，頁84。
〔註137〕《抱朴子‧內篇‧金丹》，卷4，頁82～83。

葛洪明白指出，要把金子先消化成液體，即所謂「金液」，然後才好服食。抱朴子說：金液是太乙神服用而成仙的藥物，功效不比九鼎神丹差。筆者將《抱朴子‧內篇‧金丹》有關金液的製法整理成表2-7。

表2-7 金液的製法

序號	名稱	製　　法	藥成之日	服　　法	特殊療效
1	金液	合之用古稱黃金一斤，並用玄明龍膏、太乙旬首中石、冰石、紫游女、玄水液、金化石、丹砂，封之成水	百日	1. 服一兩 2. 服半兩 3. 更服一兩	1. 便仙 2. 長生不死，萬害百毒，不能傷之 3. 若復欲昇天者，乃可齋戒，便飛仙矣
2	金液為威喜巨勝之法	取金液及水銀一味合煮之，三十日，出，以黃土甌盛，以六一泥封，置猛火炊之，皆化為丹	六十時	服如小豆	便地仙
3	餌黃金法	1. 以豕負革肪及酒煉之 2. 以樗皮治之 3. 以荊酒磁石消之 4. 有可引為巾 5. 立令成水服之		1. 服食金液 2. 雄黃雌黃合餌之 3. 可引之張之如皮服食 4. 銀及蚌中大珠，皆可化為水服之	1. 皆地仙法 2. 須長服不可缺，故皆不及金液
4	小餌黃金法	煉金內清酒中，約二百過，出入即沸矣，握之出指間令如泥，若不沸，及握之不出指間，即削之，內清酒中無數也 銀亦可餌之，與金同法		1. 服如彈丸一枚 2. 亦可一丸，分為小丸，服之三十日 3. 服此二物（金銀）	1. 無寒溫，神人玉女侍之 2. 居名山石室中者，一年即輕舉矣 3. 止人間服亦地仙
5	兩儀子餌黃金法	豬負革脂三斤，淳苦酒一升，取黃金五兩，置器中，煎之土爐，以金置脂中，百入百出，苦酒亦爾		1. 食一斤 2. 食半斤 3. 五兩 無多少，便可餌之	1. 壽蔽天地 2. 壽二千歲 3. 壽千二百歲

序號 1 的「金液」服半兩就可以地仙，若要昇爲天仙，就再服半兩即可。序號 3 的「餌黃金法」服食後即爲地仙，序號 4 的「小餌黃金法」是服食金銀二物，能使居住在名山石室的修道者一年即昇天成仙，留在人間的服食者也會成爲地仙。金丹大藥雖能成爲最高的天仙，但是不容易在短時間內置辦妥當，所以其他的黃白術及服食仙藥之法也不可不知，從此處更可以顯示出「金丹道派」的特色，及葛洪生命修煉的內秘世界是豐富的，身體煉養的方法是多樣性的。特別值得注意的是金丹道派的特色，在服用金丹大藥藥劑的分量時，可以靈活運用，自己據此來決定何時止於人間爲地仙，或升騰紫宮爲天仙，葛洪的金丹道派將服丹成仙說與三品仙說相結合，上藥金丹可以爲地仙與天仙的自由去留，是葛洪心中的理想生活方式。序號 5「兩儀子餌黃金法」可以服一斤、半斤、五兩等這種自由服食以節行止是葛洪心中理想的服丹方式。葛洪受地仙觀念的啓發，又將隱逸思想貫注於他所撰寫的三品仙說之中。〔註 138〕他將尋求「個體自由」與「金丹服食」巧妙結合的神奇說法，就是金丹道派的「地仙之說」。

為什麼危險的金丹混合物會對如此多人產生吸引力？有學者認爲其原因有三：一爲最初的興奮，二爲《道經》的造神運動，三爲爲何要託死尸解？這其中是有濃厚的道教信仰色彩，修道者認爲有人因爲丹毒而死，是因爲沒有得到丹道眞諦所致，等自己出現中毒現象時，又深信這是「服金丹應驗候」一類的說法，種種中毒的症狀，道教金丹學說解釋爲「丹動」，是丹藥的神力驅除體內諸病、宿疾以及三尸的證驗，待丹藥畢其功，就必定能成仙。〔註 139〕況且丹藥能滿足人們食與色的兩項慾望，服食金丹會導致饑餓的喪失，會使體重減少，此種「輕身」又與「羽化昇仙」的概念相同，容易讓人誤以爲修煉有所進展，丹要奏效。在色方面，服食金丹會增進慾望，有加強性能力的效果，可以斷定在上古及中古時期中國丹藥的金屬和礦物成分中，部分可能確曾有益於修道之士的身體和精神，以達到長生不老，特別在營養不良和寄生蟲感染流行下。

基於神仙家對於服丹尸解的觀點，由於丹藥構元素其中所含的化學成份，在服食之後對於人類的生理、心理會產生一定的反應。學者李約瑟曾經根據近代的化學知識，對照煉丹家流傳的說法，闡說砷、汞、鉛、銅、錫、

〔註 138〕余遜：〈早期道教之政治信念〉《輔仁學志》，第 12 卷 1～2 期，1943 年。
〔註 139〕李約瑟：《中國之科學與文明》（台北：商務印書館，1985 年），頁 226～231。

鎳、鋅等金屬化合物，對於人體會產生特殊的反應：

> 像砷會產生短暫安寧感，汞、鉛具有刺激唾液分泌的作用，它
> 使生理上產生錯誤的引導，讓人以爲具有特效。根據汞與鉛之相互
> 關係，可以看出在區分外丹與內丹以前，汞齊在早期煉丹士心中的
> 地位。正如陽中必含有陰，黑色的鉛在五行中代表水和北方；白色
> 的汞則代表金及西方。鉛和汞形成的汞齊，使其原有性質產生了不
> 可思議的改變，成爲修煉自身丹田內精氣而獲得長生之模式。長期
> 服食這些過量的金屬進入人體，在體內沉積後，使服食者死後形成
> 一些迥異於常人的特殊現象，例如屍體有不同的味道、不腐不爛，
> 以及各種木乃伊現象，爲道士及當時人士所難以解釋，因而將尸解
> 賦予神秘而宗教化的說法。〔註140〕

這些丹屬於神仙道教以及道教醫療中的神聖醫學部分，可以治療靈性，同時治療永恆的生命，目的是「成仙」。宗教產生於「人」與「天地鬼神」的靈感交通上，追求的是直接服食金丹可與靈體相應的神聖體驗，這種靈感的神聖體驗是道教醫療核心的信仰，顯示人們渴望與超自然靈體能相互感通與合而爲一，從與靈性交感的神聖經驗中來安身立命。

第六節　小結

　　中國的金丹術（外丹黃白術），是以研製「長生不老藥」爲出發點的。煉丹術首先是一種模擬宇宙自然之道的操作體系，它不僅是古老的化學實驗，並且包括人體精神和宇宙物質相互作用的探索，以及追求超自然力的宗教神聖活動。故而「金丹大藥」本身是一種物質化的「道」，葛洪把它認爲是成仙的「方便法門」；它是道家和道教宇宙論、陰陽五行物質觀、天人感應原理等哲學思想的體現。

　　單就煉丹術本身來說，《抱朴子‧內篇》一書提供了可靠的歷史資料，使我們對煉丹術的發展，可以獲得進一步的了解。以《抱朴子‧內篇‧金丹》爲例，它所涉及的藥物有銅青、丹砂、水銀、雄黃、礜石、戎鹽、牡蠣、赤石脂、滑石、胡粉、赤鹽、曾青、慈石、雌黃、石硫磺、太乙餘糧、黃銅、珊瑚、雲母、鉛丹、丹陽銅、淳苦酒等二十二種。魏伯陽的《周易參同契》，

〔註140〕李約瑟：《中國之科學與文明》（台北：商務印書館，1985年），頁98～102。

是世界上最早的一部煉丹術著作。在《周易參同契‧丹鼎歌》中，我們可以從這部書中，了解到當時所用的藥劑，如汞、硫黃、鉛、胡粉、腦砂、銅、金、雲母、丹砂等。《抱朴子‧內篇》顯然較魏伯陽《周易參同契》裏所提到的要多得多，不僅品種數目增加，隱語也比較減少，有時在《抱朴子‧內篇‧仙藥》還加以解釋「大無腸公子，或云大蟹」、「巨勝一名胡麻」等，即是其例。〔註141〕煉丹的方法包括：水銀製備法、砷製備法、銅砷合金製備法、錫鋁煉銀法等。其中水銀製備法，可視為世界上最早的紀錄。煉製單質砷的六種方法，以現代科學證明均可得到單質砷，比國外馬格努斯早 900 年以上，銅砷合金製備以及錫鋁煉銀的方法，也走在世界前面。此外，還有許多藥物如汞化合物、硫黃、輕粉、白降丹等，都是現代中醫常用的外科藥物。

藥物醫療養身法中，最重要的實踐工夫就是「服藥」。此「藥」一般分為單方、複方、包括本草方、動物方、金石方以及綜合方。在這些藥中，道教特別推崇「丹藥」。葛洪在《抱朴子‧內篇‧金丹》中提出詳細說明：「夫金丹之為物，燒之愈久，變化愈妙。黃金入火，百煉不消，埋之，畢天不朽。服此二物，煉人身體，故能令人不老不死。」〔註142〕道醫認為：金石通過煉製，可以變性，愈煉愈神妙；人們服食這些丹藥，丹藥的藥性，就會轉移到人的身上，使人長生不死。服食金丹的長生觀念與科學無關，是建立在神仙可成的宗教理論上以及建立在「假求於外物以自堅固」的需求上，可以「令人不老不死」，這是把人攝取藥物的認知，作機械性的推理與延伸，正是基於這種認識，道醫認為丹藥比一般動植物藥更有效，所以也投入更大的熱情去探究。

也因這樣，煉丹爐中的煉丹過程：實際上是模擬由道生成的自然物質，再向道反演和復歸的過程，是一種逆向的宇宙演化圖式，由此煉成的仙丹，本身就是一種「物化了的道」（方便法門），服丹之後便可以與道合一，得道成仙了。此外，煉丹時還要築壇祭神、懸鏡掛劍，履行嚴格的宗教儀式，這說明煉丹術又有宗教神聖性的特點。

葛洪是金丹道派的神仙道教，因此特別重視實際的操作實踐工夫，故而重視後天的「積學之功」，包括跟隨明師，因為積功累勤，通過明師的試煉，

〔註141〕張子高：〈煉丹術的發生與發展〉，收錄於詹石窗主編：《百年道學精華集成》第五輯道醫養生卷四，（成都：巴蜀書社，2014 年），頁 6。
〔註142〕《抱朴子‧內篇‧金丹》，卷 4，頁 71。

而被賜予合成的金丹大藥；或者是受了明師所指點的秘方，自己自行製作。金丹道派的特色：主張服食金丹，則可以成為上士、天仙。金丹大藥雖能成為最高的天仙，但是不容易在短時間內置辦妥當，所以其他的黃白術及服食仙藥之法也不可不知，從此處更可以顯示出「金丹道派」的特色，及葛洪生命修煉的內秘世界是豐富的，身體煉養的方法是多樣性的。葛洪認為三品仙是可以相互轉化的；這個轉化的標準就是「積善行」、「累功德」。服食金丹大藥和積德行善，便可以順次而上修成天仙了。積德行善、藉由立功、除過的道德修為來修心體道，雖然也可以展現生命無窮的動力，但是所耗費時間甚久，而神丹金液則是通向終極生命的「方便法門」。上等草木藥雖有延年的功效，但是在「靈性治療」方面的效力，不及「神丹金液」。在葛洪的藥物醫療養身觀中，上等草木藥主要作用是支持生命，使之延年，屬於醫身「形」的養護。而神丹金液，就是終極實體「道」的化身，服食神丹金液就可以直接合道成仙，屬於醫心「神」的修煉，是葛洪神仙道教中養生醫療的最高步驟。

　　道教煉丹術是以經驗事實為基礎來建構其自己的理論體系，丹砂（包括汞）和鉛本身化學變化的豐富性，加上由採礦、冶礦實踐中積累的關於丹砂和金、鉛、銀關係的經驗認識，使它們成為中國煉丹術主要關心的物質，可以說煉丹術的所有重要理論，幾乎都是圍繞它們展開的。道教煉丹術實踐的具體內容有方法、器具設備、藥物等，今天我們仍然難以完全明白，原因有二：一是丹書多用隱語記載不明，或文獻闕如。二是有些方法本身具有宗教神秘主義，詭譎怪誕而不可解。這對丹經的流傳和正確理解不利，像葛洪就認為劉向作金不成，是因此沒有得到明師口授秘訣而弄懂丹經丹方。在藥物方面，道教煉丹術帶給醫學的影響是雙重性質的，在追求長生不死強烈願望的推動下，人們在廣泛的範圍內進行煉餌實踐，它擴大了醫學的視野，發現了新的藥物以及藥物的新藥性等等，豐富了道教醫學的內容。煉丹術士積累關於物質變化的具體知識，是不容忽視的，中國煉丹術中有關礦物、冶金的內容十分豐富，值得專門總結。

　　葛洪在《抱朴子‧內篇》所整理的煉丹資料，大多是他的老師左慈、鄭思遠實際操作的經驗，並非是他自己所實踐而得的。因為金丹的燒煉需要眾多資財，葛洪當時貧苦無財，又兼以道路梗塞，許多藥物不可得，直到晚年入羅浮山才展開較具規模的煉丹。他從冶金術、化學的實驗研製藥用的人造黃金或白銀，利用各種金屬和礦物，經化學處理來製作長生之藥。他曾經廣

泛詳細說明煉製的準備情形、理論依據，以及煉製方法與結果，客觀上導致了藥物化學的開端，擴大了礦物藥的應用範圍，推動了藥物化學的發展，可視爲中古世紀珍貴的煉丹史料。

第三章 《抱朴子・內篇》五芝仙藥之探析 [註1]

　　宗教醫療本質上是一種文化的醫療體系，在醫療與生命的終極價值上，重視以人作為主體展開的動態文化，以有限的生涯去領悟無限的人文世界。[註2] 道教醫療的宗旨是「不死成仙」，故道教醫學本質上是宗教醫學；延續古代巫術的宇宙論，不只醫治人體有形的疾病，更要依循天道，追尋讓生命長生不朽。道教醫學的課題是人在有限的生命歷程中，努力地將「凡人」提昇到「仙人」的修道境界中，葛洪的藥物養身醫療觀，分為二個層次，服食中品、下品的草木藥，這是屬於形體的生理養護，身體的疾病救助，屬於第一個層次治身體的世俗醫學，追求身體的長壽延年。服食金丹、上品的仙藥，這是屬於精神的心靈淨化，屬於第二個層次治靈性的神聖醫學，追求生命的長生不死。道教醫學的却病健身，是為服丹成仙打基礎的，是以長生成仙為最後目標。探討《抱朴子・內篇》五芝藥物養身的內容，可以看出葛洪獨特的醫療觀，追求養身全形到變化成仙，養生與醫療只是手段而已，成仙才是終極目的。五芝藥物養身醫療觀，不是只停留在肉體的生理養護上，還包括治療靈性，使靈性淨化，是一種成仙的方便法門，屬於神聖醫學，代表人類精神文化的永恆性與超越性。

〔註 1〕本章論文初稿曾宣讀於「流失在民間的中國醫療史暨廢除中醫案90週年」國際研討會（中央研究院人文社會科學研究中心以及中原大學醫療史與人文社會研究中心主辦，2018年12月6日），會中幸蒙中原大學皮國立副教授與中國醫學大學李健祥副教授悉心提點，裨補缺漏，衷心感念。

〔註 2〕鄭志明：《華人宗教的文化意識・第二卷》（台北：宗教文化研究中心，2003），頁127。

第一節　前言

　　《抱朴子‧內篇‧仙藥》闡明了葛洪的道教醫學理論，是為長生神仙思想服務的。篇中所提到的藥物非常豐富，是中國古代寶貴的醫藥資料之一。筆者想將《抱朴子‧內篇》中的藥物做相關梳理與探討，因此本文最初擬由服食中藥、下藥屬於世俗醫學中的生理醫療——即醫身「形」的養護，治療身體的疾病，來淨化肉體，達到身體的長壽延年第一個層次。服食上藥屬於神聖醫學中的靈性醫療——即醫心「神」的煉養，進行精神性的突破與超越，來淨化靈性，達到生命的長生不死第二個層次。由此二面向來梳理《抱朴子‧內篇》的上藥、中藥與下藥，但是發現《抱朴子‧內篇》上藥的內容特別豐富，包括金石礦物類藥、五芝、具有滋補作用的草木藥以及辟穀藥物。葛洪藥物養身的醫療觀，是從「服草木藥」體悟到「服金丹」、「服仙藥」的妙用，服藥的目的除了延年外，更渴望長生，從第一個層次提昇到第二個層次，是道教醫學的主要內涵。

　　由於上藥的內容太多，筆者目前力有未逮，決定縮小範圍來討論。發現專篇討論《抱朴子‧內篇》上藥「五芝」的專書〔註3〕與論文，筆者沒有看過。雖然有些單篇論文有順帶提到，但都是從世俗醫學來考察其內涵〔註4〕，結論為「芝」是一類稀珍服食藥材，種類繁多，涵蓋大量植物、動物、菌類、礦石，其中極少數為現實生活中的藥材，絕大多數為仙家藥品。目前真正能確定為現代分類學上的靈芝或靈芝科真菌的「芝」極少。五芝的特殊醫療中，有許多靈性的內容，如延年、避兵、步行水上、令人壽三千、四萬歲、白日昇天、地仙不死之類，一般學者從現代醫學的立場來看，認為這是荒誕無稽，屬於巫藥的餘毒。筆者想從神聖醫學來考察其內涵，認為這是來自通天地的神聖性需求，

〔註3〕胡孚琛：《魏晉神仙道教》（北京：人民出版社，1989年），頁275～276。李豐楙：《不死的探求——抱朴子》（海南：新華書店，1992年），頁338～345。此二本書，雖然都有提及仙藥五芝的部分，但都只提及部分，並未全面探討。

〔註4〕陳士瑜：〈中國食用菌栽培歷史初探〉，《微生物學通報》10（1983.3），頁224。王強、劉盛榮：〈論中國古代的菌文化〉，《中國食用菌》3（2015.5），頁89。卯曉嵐：〈「中國靈芝文化」提要〉，《食用菌》4（1999.3），頁69。陳士瑜：〈中國古代「芝草」圖經亡佚書目考〉，《中國科技史料》3（1991.6），頁70～80。蘆笛：《太上靈寶芝草品》研究〉，《中華科技史學會學刊》16（2011.12），頁10～20。蘆笛：〈道教文獻中「芝」之涵義考論〉，《宗教學研究》2（2015.6），頁31～40。陳士瑜：〈石芝‧太歲‧地孩兒——菌覃稗史鈎沉之一〉，《食用菌》3（1990.6），頁42～43。林曉民、李振岐、侯軍撰：《中國大型真菌的多樣性》（北京：中國農業出版社，2004），頁280。

天人交通的靈感文化，是中國傳統宗教最核心的信仰內涵，也是中國文明連續型的意義所在，深信「人」與「天地鬼神」之間有著相交、相通與相感的對應關係。靈性醫療是建立在這種靈實互動的精神體驗上，內在的信仰感情是重於任何的外在形式，是直接訴諸人與天地鬼神之間的「靈性交感」與「生命體驗」。所以靈性醫療是屬於精神層次的文化治療，在葛洪獨特的藥物養身醫療觀中，這是心靈的永生治療，屬於神聖醫學中的靈性醫療。故《抱朴子・內篇・仙藥》中的五芝神話，筆者認爲是道教醫學中的靈性醫療，充分體現了道徒在神話中，以心靈作爲主宰的生命體驗，追究存有的神聖性與不朽性，其目的在於「仙人」的靈性實踐上，完成永恆不朽的生命價值追求。

所以我們不應該將醫療只侷限在身體疾病的世俗治療，應該提昇到對生命整體身、心、靈永生的治療上。因此本文擬由養生、醫療與成仙三位一體的理論架構，來梳理《抱朴子・內篇》的「五芝」，期能呈顯《抱朴子・內篇》服食仙藥五芝的醫療理論與運用體系，體現道教醫學中的靈性治療，展現神聖醫學的價值。

第二節　葛洪獨特的生命醫療理論

葛洪《抱朴子・內篇》生命醫療觀的核心思想，「神仙」就是肯定生命是可以超越死亡而永恆不朽的。他認爲「養身」與「延命」是成仙的主要途徑，必須仰賴「藥物」與「術數」的協助。因爲人具有「明哲」的得道能力，懂得以藥物、術數來進行自我醫療，以追求生命超越的自我永生。各種以藥物、術數來自我醫療的技術，必須配合陰陽五行等氣化理論，才能適應外在時間與空間的變化，從形體的治療，提昇到精神的保全。

一、「天地人鬼神五位一體」的宇宙圖式

道教的生命醫療觀，是承續巫醫同源時期形上的生命關懷，巫醫共構的宇宙圖式指的就是「天地人鬼神五位一體」的宇宙圖式。學者鄭志明提出：

> 此觀念在於人與天地一體，同時人與鬼神一體，人位於宇宙的核心，但必須相通於自然與超自然的秩序之中，此一秩序是建立在精神性的形上認同，將人提昇到與天地鬼神同在的神聖領域，是一種「服天氣」與「通神明」的境界。[註5]

─────────────

〔註 5〕鄭志明：《宗教與民俗醫療》（台北：大元書局，2004），頁 155。

所以「天地人三位一體」的宇宙觀與「人鬼神三位一體」的生命觀，在以「人」為核心之下，發展出交錯的關係，顯示出實存的人可以對應抽象性的天地鬼神等四個位，形成了「天地人鬼神五位一體」的終極觀。〔註6〕所以天地鬼神可以區分為四個位，也能彼此統合一個位（即天），一位是一元的宇宙論，四位則是四元的宇宙論，再加上對應實存的人，形成五元宇宙論。傳統宗教實際上是以「人」為宇宙的核心，重視實存的人能與天地交感合其序，與鬼神交感合吉凶的和諧感通能力。抽象的終極實體，儘管有多種的形態，其與人的相互交通與感應是一致的，自然的天地與超自然的鬼神，都是「道」的造化作用，可以幫助實有的人在精神性的陰陽消長與幽冥感應中，確立自身存有的生命主體。

就其文化內涵來說：巫醫共構的宇宙圖式，是延續了原始社會通天地、事鬼神的需求，而發展出一套完整「天人合一」的人文精神世界。認為天地人、人鬼神是可以彼此相互感通的。這種宇宙圖式的中心，就在於人與天地，人與鬼神的交通上，人是宇宙的主體，人的生命是與宇宙存在著全息對應的關係，相信人與天地鬼神確實有著相互交通的共性。此時的醫術，不只關心肉體的健康，更要順應與運用天地之道，將世俗的生存環境，納到神聖的超越時空之中，開顯或積累了共同認可的生存意義系統。如此精神性的生命觀，是經過世代傳承、長期累積而成的集體觀念與實踐活動，肯定人性是可以匯通於宇宙的超越性與永恆性。

「得道成仙」雖源自於古老的神仙神話傳說，後來卻成為道教獨特的信仰目標，同時也是葛洪《抱朴子‧內篇》生命醫療觀的核心思想，神仙就是肯定生命是可以超越死亡而永恆不朽的。凡人經由修道的各種歷程，即以藥物養身，使之內疾不生，或以術數延命，使之外患不入。他認為「養身」與「延命」是成仙的主要途徑，必須仰賴「藥物」與「術數」的協助。因為人具有「明哲」的得道能力，懂得以藥物、術數來進行自我醫療，以追求生命超越的自我永生。各種以藥物、術數來自我醫療的技術，必須配合陰陽五行等氣化理論，才能適應外在時間與空間的變化，從形體的治療，提昇到精神的保全。意識到人的生命，是形體與精神的結合，唯有在精神上找到了形上的依據，生命才有存在的價值與作用。

〔註6〕鄭志明：《傳統宗教的文化詮釋——天地人鬼神五位一體》（台北：文津出版社，2009年），頁4～5。

二、藥物養身醫療觀

　　藥物養身醫療的觀念，與民眾的生活經驗息息相關，屬於「服食」養生術，來自古人長期以來有關生命存有的經驗與對應技術。藥物的療效，源於「醫療實踐」的總結，憑藉古人的「經驗實證」和建立在符合古人「思維方式」的理論上來發展的，例如：聯想法中的相似律，利用「援物比類」的思維方式，來解釋藥效。藥物養身的操作技術，來自於「陰陽採捕」的觀念，古人認為人體本身隨時要維持在陰陽和諧的狀態中，需要不斷地進行「天人之間」的「氣化」交感作用，以及吸取大自然的精華養料，來「補虛養命」與「治病護身」。「食療藥補」是古人獲得自然養料最直接的方式，同時支配了人體的生理、心理狀況，是民間相當流行的「進補」觀念與技術，在「醫食同源」的認知下，特別重視藥物的攝取，從而達到特殊的醫療效果。這不單是生活經驗下的醫療保健文化，同時訴諸於「人與自然」相應的「陰陽規律」，經由「藥物」來達到身體「卻病延年」的養生目的，進一步能完成生命的「長生不死」。

　　藥物的發明與運用等，也是中國古文明的一大成就，早在甲骨文中已有治病的草藥與湯液的記載〔註7〕，顯示人們對於藥物的認知，是經過長期經驗的累積，來自於人基於保護性措施的生物性本能。葛洪獨特的藥物養身醫療觀，顯示古人具有主動創造的生活智慧，從經驗中建構出藥物醫療的理論與操作功夫，在服食上藥（成仙藥物），屬於醫心「神」的修煉上，已超出生物本能的層次，進入到心靈開發的自性覺醒，領悟到藥物養身與醫療的特殊功能。〔註8〕

　　道教將人的生命形式分成「凡人」與「仙人」，這兩種型態是一體相承與連繫的，在有限的生命歷程中，努力的將「凡人」提昇到「仙人」的修道境界中。道教的生命觀不是著眼於凡人的個體，還重視精神性的心靈，是以心靈作為主宰的生命體驗，追究其存有的神聖性與不朽性，目的在於「仙人」的靈性實踐上，將生命推向終極的超越境界。那是個與天地鬼神相同的形上生命，是「成仙的生命」，也是永恆不朽的心靈與形上宇宙合一的生命本質，為人最圓滿的生命形態，是人修道的主要目的，也是醫療的終極生命關懷。「長

〔註7〕高春媛、陶廣正：《文物考古與中醫學》（福州：福建科學技術出版社，1993年），頁60。

〔註8〕廖育群：《岐黃醫道》（瀋陽：遼寧教育出版社，1991年），頁42。

生成仙」是道教追求的最高目標，也是《抱朴子‧內篇》道教醫療的核心思想。仙人與凡人的生命形態差別在於「通」與「不通」上，能通的就是仙人，不通的就是凡人，從「不通」到「通」是需要經過特殊的修練歷程，包括修道、藥物養身、術數延命。以藥物、術數來自我醫療，追求生命超越的自我永生。故葛洪服藥的目的，除了服食中、下藥，追求身體的長壽延年外，更渴望追求生命的長生不死，所以特別重視服食金丹與仙藥，此視為修道者的成仙方便法門，也是道教醫學神聖醫療的主要內涵。在道教醫學中，一直相信人間是有「上品之神藥」，當金丹在後來發展上遇到瓶頸時，轉而認為人體可以自己鍛鍊金丹即內丹。

　　道教醫療認為在「人與萬物的採補體系」〔註9〕中，認為人體與天地萬物是同質同構與互滲一體，天地的陰陽、五行等氣，同時內化於人體之中，形成了氣血的實質存在。為了避免疾病或治病療疾，就必須調治身體陰陽、五行等生理之氣，使其充盈、協調與平衡，制約人的生理與心理的整體和諧。在藥物的採補與滋潤上，認為人體本身隨時要維持在陰陽和諧的狀態中，要不斷地進行天人之間的氣化交感作用，吸取外在的養料資源，來補虛養命與治病護身。對於凡人生命形態的轉變是有幫助的，至少有助於身體的延年益壽，可以達到去疾養身的現實利益，也是成仙必修的功課之一。從萬物有靈的觀點出發，道教認為萬物都有各自獨特的價值，即《太平經》所說的：「有德有道」。例如草木可治療各式各樣的疾病，故謂之「神草木」；禽獸能治病，故稱之為「天上神藥」、「地精神藥」。人們可以使用大自然中的萬物，來治療疾病。在藥食同源的認知下，特別重視服食藥物，以達到特殊的醫療效果。各種仙藥，除了自身的醫療體驗外，反映著人們渴望靈驗奇蹟的心理，以「超自然」的「神祕經驗」來傳達醫療的訊息，是建立在「神奇」的療效與作用上，這些特殊療效不論是步行水上，沉潛水中，隱現自在，來去隨心，具有濃厚的巫術色彩，屬於巫術的「接觸律」。

　　藥物養身的醫療觀，屬於外煉的實踐工夫，顯示是凡人具有「通」的可能性，經由服食中、下藥－醫身「形」的養護，與服食金丹、仙藥－醫心「神」

〔註9〕人與萬物的採補體系，認為人體與天地萬物是同質同構與互滲一體，延續了傳統以「氣」為核心的宇宙論，來自古老的天人感應思想，認為人體與天地是氣化相通的，同樣地食物與藥物也是氣化流行下的產物，彼此之間是氣感相應的。請參閱曾振宇、范學輝：《天人衡中——春秋繁露與中國文化》（河南開封：河南大學出版社，1998），頁47。

的修煉，藉由服藥維持身體內外的整體和諧，改善生命對應的環境系統，追求人體生命力的自我提升，並且排除各種內在、外在的消耗與損失，獲得自身醫療的蓄積能量，達到久視不死的成仙境界。服食上品藥（仙藥），道教認為對生命形態的轉變有所幫助，可以淨化心靈，擴充修道者肉體的精氣神能量，展現出自我醫療的神奇效用，便能從凡人進入到仙人的生命境界，屬於宗教醫療（心靈淨化）的靈性治療。仙人的生命境界就是：「長生久視」，是從醫身「形」的養護－肉體淨化，達到醫心「神」的修煉－心靈淨化的終極目標，人獲得了與天地鬼神相同的形上生命，也就是自我永生，是凡人的另一種生命形態，也是最圓滿的生命形態。這是宗教理想性的願望，人最高的自我成就，修道者主要目的和道教醫療的終極關懷。所以道教醫療的目的，不在於身體的疾病救助，而是追求靈性的長生不死，完成「升為天仙」、「遨遊上下」與「使役萬靈」的生命終極境界。葛洪所謂的「長生」，實際上是在於追求生命的變化法則，也就是終極生命的境界。

　　《抱朴子‧內篇》的生命醫療特別重視信仰的神聖體驗，以及人與終極實體（仙人）相遇或合一的生命修持工夫。可以分成修道與藥物（金丹、仙藥）兩部分，金丹、仙藥部分屬於方術，是屬於「靈性醫學」的部分，也就是「終極醫療」，是把靈性的安頓視為醫學的一部分，這是很前衛的醫學概念，因為是包含了身、心、靈的全人醫學。在此已經突破西方傳統醫學的概念，所以道教醫療是不同於其他醫學的生理醫療，這種醫療體系是建立在宗教醫療的「永生需求」上，來自古人主動創造的生活智慧，從經驗中建構出藥物醫療的理論與運用體系，這已超越人生物本能的層次，進入心靈開發的自性覺醒，領悟到藥物養生與醫療的特殊療效。因而「藥物養身」只是入門工夫而已，其最終目的在於「服金丹」或「服仙藥」。

第三節　中國古代芝菌文化

　　中國古代對菌類生物的稱呼，主要有「菌」、「芝」、「蕈」等。《說文解字》對菌的解釋是「地蕈也，从艸囷聲，渠韻切。」對芝的解釋是「神艸也，從艸从之，止而切。」對蕈的解釋，《康熙字典》引《唐韻》的說法，蕈乃是「菌生木上」，而《玉篇》的說法是「地菌也」。從以上所述可知，在古代人們已經注意到芝菌類這一生物類別，但受限於生物學發展的水平，多將菌類生物視作草的一種，或者認為菌類生物與草本植物相近。

芝菌類生物與普通的植物相比較，有著較爲獨特的奇異外形，芝菌類生物沒有明確的根莖葉區分，其中野生的芝菌類生物更是數量稀少，多生長在人迹罕至的深山老林，難以採摘，因此常被古人們稱爲仙草，自秦漢時期起，芝草等菌類生物，便被視爲修仙者食用的好食材。伴隨著社會崇「芝」的風氣，與「芝」有關的書籍創作，例如《漢書‧藝文志》的「神仙家」類著錄《黃帝雜子芝菌》十八卷，顏師古注「服餌芝菌之法也」，此書反映了漢朝服食「芝」的風氣。在漢代以前，食用芝菌類生物的現象就已經極其普遍，因此有專書介紹服用之法，可見古人很早就開始嘗試採摘芝菌類，並且進行食用。

一、象徵祥瑞的仙藥

中國古代對於芝菌類生物的了解很早，在漫長的歷史進程中，隨著對芝菌類生物習性的逐漸認識，形成了中國古代獨特的芝菌類文化。在古代芝菌類除了實用與藥用價值外，古人通過對它們奇異的外形特徵，以及稀缺難覓的生活習性，稱其爲仙草，將其視作「祥瑞」，形成了一種獨特的芝菌文化，被賦予濃厚的文化象徵意義。《神農本草經》上的記載稱：「山川雲雨，四時五行，陰陽晝夜之精，以生五色神芝，爲聖王休祥，瑞映圖雲。」〔註10〕古人認爲芝菌類生物，能存活於其他生物難以生長之地，乃是上天對於統治者德被蒼生的感應；同時因爲古代生物知識的匱乏，通過孢子繁殖，沒有根鬚的菌芝，其突然的出現，常被解釋成乃是精氣所化，於是被視爲仙草，認爲服食芝草，可以得到神效，因此形成了中國特有的芝菌文化。

仙藥又稱「不死之藥」，據《山海經》記載，其時有巫彭、巫抵等大巫，「皆操不死之藥」。至戰國時期，不死之藥流入社會，諸侯國君請方士求仙、求不死之藥之風盛行。〔註11〕盧生對始皇帝說：「臣等求芝、奇藥、仙者常弗遇，類物有害之者」〔註12〕由此可知盧生所求的對象中就包括：「芝」。當時方士追求的是「芝奇藥仙」，而且提到「方士欲練以求奇藥」〔註13〕，可見當時這類藥中既包括了「芝」藥，也涉及需要煉製的「仙藥」，也就是後世所說

〔註10〕吳普等述、孫星衍、孫馮翼同輯：《神農本草經》，卷一，（台北：中華書局，1994），頁39。
〔註11〕顧頡剛：《秦漢的方士與儒生》，（上海：上海古籍出版社，2005），頁8～10。
〔註12〕司馬遷：《史記‧秦始皇本紀》，卷6，（北京：中華書局，1963），頁251。
〔註13〕司馬遷：《史記‧秦始皇本紀》，卷6，頁247，257～258。

的丹藥。在漢代，方士的活動非常活躍，也影響到社會上神仙說的流行。「神仙可致」，成為社會服藥之風的思想基礎。

秦漢以來，「芝」與神祕和祥瑞結緣，成為上關乎國家政治興衰，下涉及個人生死與品德的象徵。西漢董仲舒提倡天人感應之說，而祥瑞作為人與天之間感應和互動的重要指示現象，就受到了格外的重視。〔註14〕天人感應理論認為：當君主賢明時，上天就會降生祥瑞；反之則會降生災異。戰國到秦漢之間，方術逐漸興起，經過秦始皇和漢武帝的篤信和倡導，使得金丹、仙人與不死藥等，在社會上流行起來，「芝草」就是其中之一。作為仙藥的「芝草」，在方術的概念中，成為祥瑞的代表、仙家的象徵。由於芝菌類生物，是通過孢子方式，在自然界進行傳播繁殖的生物，給古人一種從天而降的神祕感，因此在古代，人們經常將芝菌類生物的出現，視作一種上天對於人們的啟示。靈芝是秦漢以來最顯耀一時的仙藥，很受器重。當時的「芝」並不是現在人們所知的菌芝類植物，晉朝張華《博物志》說：「名山生神芝不死之草，上芝為車馬，中芝為人形，下芝為六畜形。」〔註15〕從中可見「芝」是一類奇形怪狀之物的總稱，也就是漢武帝時方士刻意尋求的奇芝。這一時期，也是道教文化飛速發展的一個時期，而被譽為「仙草」的芝類生物，在此時期亦進一步為人們所認識。

二、芝的多重角色

生物在不同文化中的多重角色和內涵，是民族生物學的重要研究內容。它們不僅僅是現代科學觀念中的生物體，還因為與人類的物質或精神生活密切相關，或是對某個群體的人，具有某種特別的生理或精神功能，而具有特別的社會和文化意義。從《抱朴子‧內篇》中考察，可以明瞭「芝」豐富的內涵和多樣的角色。首先「芝」是一類服食的仙藥，種類繁多，涵蓋大量植物、動物、菌類、礦石，其中極少數為現實生活中的藥材，絕大多數為仙家藥品。無論如何，真正能確定為現代分類學上的靈芝或靈芝科真菌的「芝」極少。

道教特別重視服氣，甚至認為食物、藥物、符籙中因為含有精氣而靈驗。

〔註14〕金沂：〈兩漢祥瑞災異類公文概說〉，《文教資料》，26（2012.3），頁170～172。
〔註15〕張華：《博物志》，見《四庫全書‧子部小說家類》，卷1（臺北：臺灣 商務印書館，1983），頁8。

在氣生論的思想指導下，宋代《太玄寶典》中的《天地配形章》說：「命以氣
爲主」〔註16〕。《五芝通神明章》中有說明芝的特性與服法：

> 芝者，天地至靈，陰陽沖和之氣而生。芝有五色能補五行眞氣。
> 眞人采五芝爲丹，其效能通神明，化凌空，集神全眞焉。以五色芝，
> 各以木蜜煮七日七夜，出之，擇神日服之，以酒少少飲之，助力。
> 七日外日中見天象，乘虎豹，召雲龍，呼神鬼耳。其新生芝得之，
> 便以酒蜜煮食之，其效亦同焉。〔註17〕

在「宇宙氣化論」的思想指導下，道教經典認爲：五芝是天地至靈，秉持陰
陽沖和之氣而生，五芝能補益凡人的五行眞氣，眞人懂得如何採五芝來服食，
達到合道長生的仙人生命境界，進而能乘虎豹，召雲龍，呼神鬼。

　　這些「芝」名目的大量出現，究其根本，要歸功於神仙家視「芝」爲不
死之藥，以及天人感應學說影響下的祥瑞思想。人間所重視的靈芝科眞菌，
爲道教所尊崇，被視爲「仙藥」的象徵，但其種類畢竟有限，加之道書喜用
隱語，因此「芝」字不斷地被冠諸各色人間或仙界品物，於是有了大規模造
「芝」的活動。道教文獻對「芝」的大量使用，使得「芝」字和美好、神異、
奇效等性質緊密相連。如學者鄭金生所說：「在兩漢到南北朝的方術話語體系
之下，『芝』是一類奇形怪狀之物的總稱，實際上包括多種奇形怪狀的植物、
動物、礦物。」〔註18〕在道教文化中所生造出的「芝」，被加入了許多靈性的
內容，如延年、避兵、步行水上、令人壽三千、四萬歲、白日昇天之類，從
而上升成爲一種符號。

第四節　五芝內涵

　　我國的靈芝文化起源於先秦，興起於秦漢之際帝王對神仙和不死藥的追
求，在天人感應理論的影響之下，靈芝又成了天人交感下祥瑞的象徵；表徵的
是對帝王政治和教化昌明，乃至於個人孝義品德的肯定。五芝是葛洪上品藥中
的第二類仙藥，按現代醫學證明，靈芝草確實有益精氣、強筋骨、健腦安神之
功效，爲治療神經衰弱、慢性支氣管炎和健身益壽的良藥，古人發現這一菌科
生物，乃醫藥學上一大貢獻。《抱朴子‧內篇》對「芝」分類的敘述較成體系，

〔註16〕張繼禹主編：《中華道藏》第 22 冊，（北京：華夏出版社，2004 年）頁 871。
〔註17〕《中華道藏》第 22 冊，頁 878。
〔註18〕鄭金生：《藥林外史》（台北：東大圖書，2005），頁 56。

「五芝」為道教文獻中常見之詞，為服食和修煉所重。除了「五芝」之外，道教醫學文獻也提及「六芝」，後者頻率遠低於前者，且與我國傳統本草學和方劑學有關。〔註19〕《抱朴子‧內篇》建構了各種靈芝仙草的神話，對於「五芝」，詳細記載各種芝類的生產地理、採取方法、形狀、氣味、功用、鍊製秘方、特殊療效以及服食次序之宜等，傳達道教對於草藥仙方的重視。由於道教文化的特徵之一，就是對醫學實踐的重視〔註20〕，葛洪既是道士，也是醫生，既然是仙藥，必定有不凡的特殊療效，此部分屬於宗教醫學的神聖醫療部分。

靈芝和道教文化的淵源，學者已多有注意。〔註21〕從《黃帝雜子芝菌》十八卷可知，漢代已將芝菌作為仙藥服食，不過僅為長生的神仙方士所習用，尚不是本草中的常用藥。魏晉神仙道教重視外丹黃白術，故金石礦物類藥列為上品仙藥之首，五芝退居其次。在葛洪的時代，人們已經確認了：芝有石芝，木芝，草芝，肉芝，菌芝，各有百許種也。芝類可入藥，抱朴子曰：「五芝各可單服之，皆令人飛行長生」，所以是難得的上等仙藥，由此可知五芝在魏晉南北朝道教藥學中，甚受重視。《抱朴子‧內篇‧遐覽》著錄有〈木芝圖〉、〈菌芝圖〉、〈肉芝圖〉、〈石芝圖〉、〈大魄雜芝圖〉各一卷，有圖故易於辨識與採取。而《隋書‧經籍志》有《種神芝》一卷，看來在隋以前修仙的道士，或有人工引種靈芝草的。但因時代久遠，目前已經湮失不傳了，只能從《抱朴子‧內篇‧仙藥》中看到我國古代芝菌的史料。葛洪的五芝，皆世間稀有神奇之物，不僅僅只是芝草。從書中記載來看，除了「茯苓」、「威喜芝」等少數幾種外，其餘的芝菌似乎皆是荒誕不經，難以確指。這是因為「芝」在漢代以至魏晉，乃是方士們追求的奇異之物，故種類過於廣泛，學者鄭金生認為葛洪《抱朴子‧內篇》的五芝，實際上包括了多種形態奇異的植物（以菌類植物居多）、動物、礦物，甚至可能有化石之類的東西。〔註22〕葛洪所說的五芝，除了道士的誤認和故意神話的因素之外，由於千多年來，自然生態的退化，珍稀生物的滅絕，今天已不可能將它們一一考察明白。然而當時道士為尋找五芝，認識了許多珍

〔註19〕 學者蓋建民認為：我國本草學和方劑學與道士之間淵源甚深，例如葛洪和陶弘景既是著名的道士，又是《肘後備急方》、《名醫別錄》、《本草經集注》等醫學名著的作者。請參見蓋建民：《道教醫學》（北京：宗教文化出版社，2001），頁89。

〔註20〕 卿希泰主編：《中國道教史（修訂本）》（成都：四川人民出版社，1996），頁59～100。

〔註21〕 卯曉嵐：〈「中國靈芝文化」提要〉，《食用菌》4（1999.3），頁69。

〔註22〕 鄭金生：《藥林外史》，頁129。

奇生物的藥理作用，從以下的分類探討中可以得知。

一、石芝類

道醫很早就注意到：不同的藥物，在採收時節、採集方法上，應當各有講究，並且留下一些可貴的資料，例如《抱朴子‧內篇‧仙藥》。這些經驗知識，來自歷代道士在追求養生成仙的實踐中，所總結出的知識，非常難能可貴。筆者將《抱朴子‧內篇‧仙藥》石芝類的名稱、生長環境、形狀、特徵、服法以及特殊療效等內容整理成表3-1，此類所說的有關藥物，共有一百二十種，都屬於石芝類，記載於《太乙玉策》及《昌宇內記》中。

表3-1　石芝類內容

序號	名稱	生長環境（產地）	形狀（採集）	特徵（性狀）	服用之法	特殊療效
1	石象芝	1. 海隅名山。 2. 島嶼之涯有積石者。 3. 附於大石，喜在高岫險峻之地。	1. 如肉象有頭尾四足者，良似生物也。 2. 或卻著仰綴也。 3. 大者十餘斤，小者三四斤。	1. 赤者如珊瑚。 2. 白者如截肪。 3. 黑者如澤漆。 4. 青者如翠羽。 5. 黃者如紫金，皆光明洞徹如堅冰也。	1. 搗之三萬六千杵。 2. 服方寸匕，日三，盡一斤。 3. 服十斤。	得千歲。 則萬歲。
2	玉脂芝	生於有玉之山，常居懸危之處。	有似鳥獸之形，色無常彩，率多似山玄水蒼玉也。	1. 玉膏流出，萬年已上，則凝而成芝。 2. 亦鮮明如水精。	得而末之，以無心草汁和之，須臾成水，服一升。	得千歲。
3	七明九光芝	生臨水之高山石崖之間。	狀如盤碗，不過徑尺以還，有莖蒂連綴之，起三四寸。	1. 有七孔者，名七明芝。 2. 九孔者名九光芝。 3. 光皆如星，百餘步內，夜皆望見其光，其光自別，可散不可合也。 4. 常以秋分伺之得之。	搗服方寸匕，盡一斤。	1. 則得千歲。 2. 令人身有光，所居暗地如月，可以夜視也。

4	石蜜芝	生少室石戶中。 戶中便有深谷,不可得過,以石投谷中,半日猶聞其聲也。	石柱上有偃蓋石,高度徑可一丈許,望見蜜芝從石戶上墮入偃蓋中。	1. 良久,輒有一滴,有似雨後屋之餘漏,時時一落耳。 2. 然蜜芝墮不息,而偃蓋亦終不溢也。	服一斗者。	壽萬歲。
5	石桂芝	生名山石穴中。	似桂樹而實石也。高尺許,大如徑尺有枝條。	光明而味辛。	搗服一斤。	得千歲。
6	石中黃子	所在有之,沁水山為尤多。	在大石中,赤黃溶溶,如雞子之在其殼中也。	在大石中,其石常潤濕不燥。打其石有數十重,乃得之。	當及未堅時飲之,既凝則應末服也。 破一石中,多者有一升,少者有數合,可頓服也。 雖不得多,相繼服之,共計前後所服,合成三升。	壽千歲。
7	石腦芝	生滑石中,亦如石中黃子狀,但不皆有耳。	打破大滑石千許,乃可得一枚。	初破之,其在石中,五色光明而自動。	服一升。	得千歲。
8	石硫黃芝	五嶽皆有,而箕山為多。			許由就此服之。	長生。
9	石硫丹者	皆浸溢於崖岸之間。	石之赤精。	石硫黃之類也。	濡濕者可丸服,已堅者可散服。	

序號 1 石象芝,不是凡人可以看見的仙物,要看到石象芝,需要長期齋戒、至精至誠以及配戴老子入山靈寶五符,才能有緣見到此仙藥。序號 2 的玉脂芝即為玉脂,序號 3 的七明芝、九光芝則有特別的採摘時間,「常以秋分伺之

得之」。秋分屬於王相之日，是個吉利的日子，比較容易找到這些仙藥。這些特殊的採摘儀式和時間，是傳統宗教「靈感思維」的表現形態之一，其作用在追求「通」，表現形態是延續原始社會的神話思維模式而來，深信「人」與「天地鬼神」之間有著相交、相通與相感的對應關係。序號 4 的石蜜芝即爲石鐘乳，序號 6 石中黃子是破大石中所得赤黃溶溶的石漿，《晉書本傳》提到嵇康與王烈入山，見山石裂開而有石髓，未飲而凝爲石。葛洪在服法也說「法正當及未堅時飲之，既凝則應末服也」，就是研末而服。序號 8 的石硫黃芝，許由單服而長生不死，因爲懂得「不復以富貴累意，不受堯禪也。」故抱朴子曰：「五芝及餌丹砂、……，各可單服之，皆令人飛行長生。」〔註23〕序號 9 石硫丹者，就是石硫磺，是道士煉丹的主要礦石類原料之一。也是魏晉士族服食五石散（又名寒食散，爲白石英、紫石英、石鐘乳、赤石脂、礜石。後來因爲礜石有猛毒，改爲石硫黃）中的材料之一。硫磺性酸、溫，有毒，入腎、大腸經。能解毒殺蟲，補火助陽。治命門火衰、陽痿、腰疼膝冷、腎虛喘促、虛寒腹痛、瀉痢、便秘。

　　石芝類的生長環境：大都在名山石穴、臨水的高山石崖、深谷之間，喜在高岫險峻之地。這些地方大多是人跡罕至，非陽光直射的陰暗之處，展現石芝的難得性。石芝類的形狀：序號 3「狀如盤碗，有莖蒂連綴」、序號 4「石柱上有偃蓋石」，都是對芝結構上菌蓋的描寫。序號 6.7 是包覆在石頭中，其餘的形狀還有如肉象有頭尾四足者良似生物、似鳥獸、似桂樹有條枝等。在顏色性味方面：序號 1.7 都與五色有關，序號 5 性味「味辛」，呈顯當時流行的五行思想。序號 1.2.3.5.7 都能見其光，代表仙藥的神秘性與神聖性。石芝類服用方法：大都是搗服成末吞服之，服食用量：有「服方寸匕，日三，盡一斤」、「一斗」、「十斤」、「一升」等。除序號 6 是當及未堅時飲之，既凝則研製成粉末服之，序號 2 的玉脂芝，是先研製成粉末，再用無心草汁調和，變成水液然後服用，屬於飲汁法。此應與當時餌玉之法有關，或化其屑而爲漿，如和鏡銘文屢見「上有仙人不知老，渴飲玉泉饑食棗」，「玉泉」就是用玉屑製成的飲料，能令人「不饑渴」，同時具有防腐的功效。在特殊

〔註23〕《抱朴子‧內篇‧仙藥》引自葛洪著、王明校釋：《抱朴子內篇校釋》（北京：中華書局，1985 年 3 月），卷 11，頁 196。是書據清孫星衍「平津館校刊本」爲底本點校，本文後面所引《抱朴子‧內篇》皆據此本，以下引用同書，僅註明卷數及及頁碼。

療效方面，都是千歲至萬歲或長生，序號 3 的七明芝九光芝能令人身有光，即使所居暗地，也能如月夜視。這也是葛洪之所以列爲上藥的主因，他重視金丹、仙藥，金丹、仙藥就是終極實體「道」的化身，服食金丹、仙藥，可以淨化靈性，對人的生命型態轉變有所幫助，能擴充修道者肉體的精氣神能量，展現自我醫療的神奇效用，可以直接合道成仙，是葛洪道教醫療的最高步驟。

石芝類有九種，除序號 1 石象芝被認爲可能是一種分類地位尚未明確的腹菌或塊菌，〔註24〕與靈芝科眞菌有關之外，序號 4 石蜜芝爲一種石鐘乳液體，其餘石芝類大抵爲石珊瑚、鐘乳石、石筍、滑石礦、古動植物化石之類以及被雨水浸蝕的山洞礦層中包含著未凝固的天然礦物質，都與靈芝科眞菌無關。石芝中含有許多天然礦物質元素，合理地服用一點礦物質的保健品，有益於人體的身體健康。這些天然礦物質，被神仙道士視爲奇藥，顯然是和重視金丹術的思想一脈相承，其中石中黃子、石桂、石硫磺等，既爲上品金石藥，又爲石芝便是例證。葛洪把石芝類列爲五芝的第一類，描述最詳細，可見他仍是最推崇礦物的藥物。這是來自道教思想中的「假外固內」理論，認爲把金石礦物充實到體內，就可以令人長生不死。借用外物來牢固人的身體，用「援物類比」相似律的思維方式去推演，使用金石藥讓人長生不老，在道士、方士眼中，金石礦物藥的確勝過植物藥。這也是道教爲何將無法食用的金屬礦物類藥，視爲仙藥，並且看得比植物藥還重的原因所在。

二、木芝類

木芝類的形成，是有一個「日久」過程。千歲栝木是千年的射干，飛節芝是三千年的松樹枝，黃糵千歲，都是千年以上的神木。葛洪認爲服食這些千歲神木所生的芝菌，可傳達其神秘力。木芝類，或爲樹脂一類樹的分泌物如飛節芝等，或爲樹幹和樹根的寄生物如木渠芝等，或者是一些珍奇植物如參成芝的「赤色有光，扣之枝葉，如金石之音」和稀有蕈類。筆者將《抱朴子・內篇・仙藥》木芝類的名稱、生長環境、形狀、特徵、服法以及特殊療效等內容整理成表 3-2，此類所說的有關藥物，共有一百二十種，都有繪圖可以參考。

〔註24〕陳士瑜：〈石芝・太歲・地孩兒——菌覃稗史鉤沉之一〉，《食用菌》3（1990.6），
　　　頁 42～43。

表3-2　木芝類內容

序號	名稱	生長環境	形　狀	特　徵	服　法	特殊療效
1	威喜芝（萬年茯苓芝）		狀似蓮花。	夜視有光，持之甚滑，燒之不然。	末服方寸匕，日三，盡一枚。	1. 帶之辟兵。2. 三千歲。
2	千歲栝木(千年的射干)			其下根如坐人，長七寸。	末之，服盡十斤。	1. 千歲。2. 刻之有血，以其血塗足下，可以步行水上不沒。3. 以塗人鼻以入水，水為之開，可以止住淵底也。4. 以塗身則隱形，欲見則拭之。（天仙）5. 又可以治病。
3	飛節芝（三千年的松樹枝）		狀如龍形大者重十斤。	松樹枝三千歲者，其皮中有聚脂。	末服之，盡十斤。	五百歲。
4	樊桃芝	生於名山之陰，東流泉水之土。	其木如昇龍，其花葉如丹羅，其實如翠鳥，高不過五尺。	以立夏之候伺之。	末服之，盡一株。	五千歲。
5	參成芝		赤色有光，扣之枝葉，如金石之音。	折而續之，即復如故。	末服之。	白日昇天。（天仙）
6	木渠芝	寄生大木上。	如蓮花。	九莖一叢，其味甘而辛。	末服之。	白日昇天。（天仙）
7	建木芝	生於都廣。	其皮如纓蛇，其實如鸞鳥。		末服之。	白日昇天。（天仙）

| 8 | 黃盧子尋木華玄液華 | 此三芝生於泰山要鄉及奉高。 | | | 得而服之。 | 壽千歲。 |
| 9 | 黃蘗檀桓芝 | | 千歲黃蘗木下根，有如三斛器。 | 去本株一二丈，以細根相連狀如縷。 | 末服之，盡一枚。 | 地仙不死。 |

木芝類有九種，序號 1 的威喜芝，是萬歲茯苓所生，乃是久壽之物。《玄中記》說：「松脂淪入地中，千歲爲茯苓，伏神。」列仙傳記載服食松脂可成仙，則相關的茯苓、木威喜芝，字也可成仙。在採集與服食時，都有特殊的規定與方法，必須「從生門上採之，於六甲陰乾之，百日，末服方寸匕，日三，盡一枚，則三千歲也。」〔註25〕服食這些千歲神木所生的芝菌，可傳達其神秘力，是因爲「巫醫共軌」，所以特別偏重奇特的藥類。不論是藥物的採集與服食，都有特別的規定，例如「從生門採之」、「於六甲陰乾」，都脫離不了「通神」的巫術性思考原則。特殊療效：「帶之辟兵」，《抱朴子‧內篇‧仙藥》說：「以帶雞而雜以他雞十二頭其籠之，去之十二步，射十二箭，他雞皆傷，帶威喜芝者終不傷也。」〔註26〕故認爲帶威喜芝可以辟兵。這些都是宗教的神聖體驗，靈感思維的作用在追求「通」，著重「天地鬼神」的神聖能力，認爲終極實體的神能通向於人。是以「天地鬼神」無限的「通」，來消解「人」有限存有的困境，人可以經由宗教儀式，來實現其信仰情感，並且深信神蹟是無所不在的。這屬於靈性醫療，特別重視信仰的神聖體驗，以及人與終極實體（仙人）相遇或合一的生命修道工夫。

　　序號 7 的建木芝傳說出於《山海經》，爲上下於天的通天大樹，因此服之可以「白日昇天」。《淮南子‧地形訓》中說：建木生長在西南的都廣之野，是地上的樂園。樂園是居於天地的中央，建木更是居於天地中央的中央。有關建木的外形，《山海經‧海內南經》說：建木的形狀生得奇怪，把它的樹幹一拉，就有軟綿綿扯不斷的樹皮剝落下來，像纓帶又像黃蛇。學者袁珂認爲：「都廣之野的建木，並非普通樹木，而是連接天地的天梯。」古人想法質樸，設想神人、仙人、巫師之所以能夠「上下於天」，做著下宣神旨，上達民情的工作以及「採藥往來」。並不是甚麼「騰雲駕霧」，而是足踏實地，循著山或

〔註25〕《抱朴子‧內篇‧仙藥》，卷 11，頁 199。
〔註26〕《抱朴子‧內篇‧仙藥》，卷 11，頁 199。

樹而登，故有所謂「天梯」者存焉。自然物中可憑藉爲天梯者有二：一曰山，二曰樹。山之天梯，首曰昆崙，是神仙的樂園。建木不但是天地的中心，而且爲黃帝所創造，是眾帝上下於天的天梯。〔註27〕因而生於神仙樂園的神聖物－建木芝，服之當然可以「白日昇天」，成爲天仙。其餘木芝類均與時間的久遠有關，包含括木千歲、松樹枝三千歲、黃櫱千歲，服食這些千歲神木所生的芝菌，都可傳達其神秘力。木芝類只有序號 9 黃櫱檀桓芝被認爲和眞菌有關〔註28〕，筆者以爲序號6木渠芝的生長環境「寄生大木上」，形狀「如蓮花」是在形容傘蓋，特徵「九莖一叢，其味甘而辛」，像是群生的傘狀芝〔註29〕，其餘則爲各種奇異的植物、木脂及未知生物或虛構的芝類。

木芝類的生長環境：有名山之陰、泉水之上，寄生大木上、以及都廣。除都廣是地上的樂園之外，這些地方大多是人跡罕至，所以才能「日久」。非陽光直射的陰暗潮濕之處，寄生大木上，符合靈芝科眞菌的生長環境。木芝類的服法：都是製成粉末來服食，即「末服」。服食用量：「方寸匕，日三，盡一枚」、「盡十斤」、「盡一株」等。木芝類，在特殊療效方面，特別具有巫術特徵的非醫用效力。例如：序號 2 的千歲栝木，它的地下根莖像坐著的人，長七寸，刻畫它就會流出血來，用這些血抹在腳下，就可以步行水上而不致沉沒。將它塗抹在人的鼻頭再潛入水中，水就會分開，還可以停留在深淵底處。拿它塗抹在身體，就會隱形不見，若想要重新被看見，只要擦掉血就可以了。這一段具有濃厚的巫術色彩，顯示神力，是明顯的巫術方法，屬於精神開發與創造的領域，代表人類精神的追求。認爲人的生命體驗，不能只著重在有形的身體，更要契合到精神的心靈境界。這些神通，強調人格的自我完成與自我實現，是人主體的能動作用。

這些特殊療效不論是步行水上，沉潛水中，隱現自在，來去隨心，具有濃厚的巫術色彩，屬於巫術的「接觸律」。這就是巫藥通靈的特徵，據說它可憑藉其超距離的感應，發揮神奇的作用。〔註30〕巫藥「通靈」，是基於巫術「萬

〔註27〕 袁珂：《中國神話傳說》，上（台北：里仁書局，1983），頁 102～105。

〔註28〕 「黃櫱檀桓芝，……去本株一二丈，以細根相連狀如縷」學者陳士瑜認爲其中的「細根」是菌絲或菌索，參見陳士瑜，〈石芝‧太歲‧地孩兒──菌覃稗史鈎沉之三〉，《食用菌》2（1991.5），頁 44～45。陳士瑜：〈中國古代「芝草」圖經亡佚書目考〉，《中國科技史料》3（1991.6），頁 70～80。

〔註29〕 參見蘆笛：〈《太上靈寶芝草品》研究〉，《中華科技史學會學刊》16（2011.12），頁 10～20。

〔註30〕 鄭金生：〈中藥早期藥理考略〉，《大陸雜誌》6（1989.6），頁 257。

物有靈」的信念，認爲世間萬事萬物都存在著超距離的交感作用。英人弗雷澤把交感巫術思維原則，歸納爲順勢巫術（相似律）和接觸巫術（接觸律）兩種。〔註 31〕其中「相似律」就是根據人與物的「相似」而建立某種聯想。這種聯想，和中國古代思維方式中的「援物比類」、「象形比類」、「述類象形」等有共同之處。而「接觸律」則根據事物的「接觸」建立起來的聯想。這種聯想認爲事物一旦互相接觸過，它們之間則不論遠近，都將一直保留著某種聯繫。

三、草芝類

在道士的眼中，芝草是虛無縹緲的神物，爲山林中罕見的奇花異草。凡此草芝，有一百二十種，有繪圖可以參考，皆陰乾服用，可以令人與天地畢，或得千歲二千歲。這種醫療觀念是超出科學的實證範疇，直接從生命的精神層次，來避開或化解各種災難與疾病的侵襲。筆者將《抱朴子‧內篇‧仙藥》草芝類的名稱、生長環境、形狀、特徵、服法以及特殊療效等內容整理成表 3-3。

表 3-3 草芝類內容

序號	名稱	生長地	形　狀	特　徵	服　法	特殊療效
1	獨搖芝〔註32〕	生高山深谷之上，其所生左右無草。	其莖大如手指，赤如丹，素葉似莧，其根有大魁如斗。	無風自動，有細者如雞子十二枚，周繞大根之四方，如十二辰也，相去丈許，皆有細根，如白髮以相連。	得其大魁末服之。	1. 盡則得千歲。 2. 懷其大根即隱形，欲見則左轉而出之。
2	牛角芝	生虎壽山及吳阪上。	狀似蔥，特生如牛角。	長三四尺，青色。	末服方寸七，日三，至百日。	得千歲。

〔註31〕（英）詹‧喬‧弗雷澤：《金枝》（北京：中國民間文學出版社譯本，1987），頁 21。

〔註32〕抱朴子云，按仙方中有合離草，一名獨搖，一名離母，所以謂之合離。離母者，此草爲物下根如芋魁，有游子十二枚，周環之，去大魁數尺，雖相須而實不相連，但以氣相屬耳，別說云。今醫家見用天麻，即是此赤箭根。赤箭味辛溫，主殺鬼，精物蠱毒惡氣，久服益氣力長陰，肥健，輕身，增年。

3	龍仙芝		狀如昇龍之相負也。	以葉爲鱗,其根則如蟠龍。	服一枚。	得千歲。
4	麻母芝		似麻而莖赤色。	花紫色。	陰乾服之。	1. 令人與天地相畢。 2. 得千歲二千歲。
5	紫珠芝		花黃,葉赤,其實如李而紫色。	二十四枝輒相連,而垂如貫珠。	陰乾服之。	1. 令人與天地相畢。 2. 得千歲二千歲。
6	白符芝		高四五尺,似梅。	常以大雪而花,季冬而實。	陰乾服之。	1. 令人與天地相畢。 2. 得千歲二千歲。
7	朱草芝		九曲。	曲有三葉,葉有三實也。	陰乾服之。	1. 令人與天地相畢。 2. 得千歲二千歲。
8	五德芝		狀似樓殿,莖方。	其葉五色各具而不雜,上如偃蓋,中常有甘露,紫氣起數尺矣。	陰乾服之。	1. 令人與天地相畢。 2. 得千歲二千歲。
9	龍銜芝		下根如坐人。	常以仲春對生,三節十二枝。	陰乾服之。	1. 令人與天地相畢。 2. 得千歲二千歲。

草芝類除序號 1 獨搖芝即與蜜環菌共生的天麻外〔註33〕,其餘皆爲植物,有些是眞實的,大多是虛構的。從對草芝的形狀、特徵描述上,可以看出道教徒對草芝的結構描述,是借鑒植物的結構,包括根、莖、枝、葉、花及果實的概念。序號 1 獨搖芝的特殊療效「懷其大根即隱形,欲見則左轉而出之。」就好比人有「隱身之法」,鬼神有「現形之方」,純粹是類比思維而來的信仰,這是無法用科學的方法來檢驗的,此延續著原始社會神話思維而來的信仰模

〔註33〕蔡永敏、邱彤、張瑋:〈天麻藥名沿革考〉,《中國中藥雜誌》10(2002.10),頁 783～789。

式。變形易貌、坐在立亡即隱去形骸之術，是道教最重要的法術之一，它可以用來防備兵荒馬亂的危急情況。序號 3 的龍仙芝描述與南朝宋顧歡《道迹經》所錄大體相同：「第一芝名龍仙芝，似交龍之相負也，以葉爲鱗，其根如蟠龍，得而食之，拜爲太極仙卿。」《道迹經》依太清藥品、太極藥品等，列爲太極仙卿所服用之物。〔註34〕

　　草芝類的生長環境在高山深谷上，這些地方大多是人跡罕至。草芝類的服法：都是陰乾末服之，對眞菌來說，陰乾可以去除眞菌水分，是利於其保存的常用方法，特別是保持正常形態。服食用量：「方寸匕，日三，至百日」、「服一枚」等。木芝類的特殊療效：都是得千歲、二千歲或令人與天地相畢，這無限生命，就是仙人的生命，也是生命形態與道相通的圓融終極生命。道教重視形神一元的生命體驗，從身體到心靈的生命修練工夫，來啓發生命相應於宇宙的永恆性，進入到終極實體（仙人）的境界之中，這就是道教生命極致的體驗成就。葛洪重視金丹、仙藥，金丹、仙藥就是終極實體「道」的化身，服食金丹、仙藥就可以直接淨化靈性、合道成仙，是葛洪藥物養身醫療的最高步驟。

四、肉芝類

　　在五種芝之中，以「肉芝」最爲奇特，雖然名爲芝，其實是指長壽的珍稀動物，例如：萬歲蟾蜍、千歲蝙蝠、千歲靈龜、風生獸、千歲燕等。《抱朴子‧內篇》說：「行山中，見小人乘車馬，長七八寸者，肉芝也，捉取服之即仙矣。」〔註35〕在山上行走，看見小人乘坐車馬，有七八寸長，這就是肉靈芝，亦即大家耳熟能詳的「太歲」，捉住它服用後就可以成仙。《神農本草經》有「肉靈芝，無毒，補中、益精氣、增智慧，治胸中結，久服輕身不老」的記載。《本草綱目》記載太歲具有「久食，輕身不老，延年神仙」的養生保健作用。肉芝是一種稀有的「太歲菌」，只不過這類生物出土，爲百年不遇的罕事而已。筆者將《抱朴子‧內篇‧仙藥》肉芝類的名稱、生長環境、形狀、特徵、服法以及特殊療效等內容整理成表3-4，此類所說的有關藥物，共有一百二十種，都有繪圖可以參考。

〔註34〕李豐楙：〈漢武內傳之著成及其流傳〉，《幼獅學誌》17：2（1982.10），頁 21～55。

〔註35〕葛洪著、王明校釋：《抱朴子‧內篇‧仙藥》，卷11，頁202。

表 3-4　肉芝類內容

序號	名　稱	形　狀	特　　徵	服　　法	特殊療效
1	萬歲蟾蜍	頭上有角，角是靈力的來源。	頷下有丹書八字再重。	以五月五日日中時取之，陰乾百日末服之。	1. 以其左足畫地，即爲流水。 2. 帶其左手於身，辟五兵。 3. 若敵人射己者，弓弩矢皆反還自向也。 （天仙） 4. 令人壽四萬歲。
2	千歲蝙蝠	色白如雪。	集則倒懸，腦重故也。	陰乾末服之。	令人壽四萬歲。
3	千歲靈龜	五色具焉。	其雄額上兩骨起似角。	以羊血浴之，乃剔取其甲，火炙搗服方寸匕，日三，盡一具。	壽千歲。
4	風生獸	似貂，青色，大如狸。	1. 張網取之，積薪數車以燒之，薪盡而此獸在灰中不燃，其毛不焦，斫刺不入，打之如皮囊。 2. 以鐵鎚鍛其頭數十下乃死，死而張其口以向風，須臾便活而起走。 3. 以石上菖蒲塞其鼻即死。	取其腦以和菊花服之，盡十斤。	得五百歲。
5	千歲燕	其色多白而尾掘。	其窠戶北向。	取陰乾，末服一頭。	五百歲。

　　肉芝其實是指長壽的動物，古人相信服食長壽之物，可以成仙，這來自巫術思維中的「屬性傳達原理」。類似的說法遍見於六朝筆記中，可以做爲當時流行的傳說，葛洪因爲多讀道書，又能賦予理論，置於藥物養身醫療體系中，因而特別傑出。《抱朴子‧內篇‧對俗》中記載有長壽之物，特別說明是出於《玉策記》《昌宇經》，〈仙藥篇〉所引述的肉芝圖，應有相通之處。道教仙藥

中，很多藥物的使用都和「接觸」聯想有關。了解巫術「萬物有靈」的信念，就可以理解到《抱朴子・內篇・仙藥》中「五芝」神奇功效的來源。巫藥在「萬物有靈」信念下指導用藥，和後世醫家、道教用「援物比類」的思維方式去解釋藥效，二者關係密切。這是因爲巫醫同源，人們希望能藉由「人與萬物的採補體系」來交通人神，來達到驅邪、除魔、治病的目的，追求的是永恆不朽的生命終極價值。

從戰國、秦漢直到魏晉，蟾蜍一直被人們視爲神物。《淮南子・說林訓》說：「鼓造辟兵，壽盡五月之望」，故萬歲蟾蜍要在五月五日太陽當頂的時候採得。《太平御覽》引《玄中記》說：「蟾蜍頭生角，得而食之，壽千歲，又能食山精」。當時人們相信蟾蜍可以辟五兵、鎮凶邪、助長生。據說萬歲蟾蜍的神奇，來自頭上的角即「肉芝」，是長生不老的仙藥，而且神奇非常。特別療效有「以其左足畫地，即爲流水，帶其左手於身，辟五兵，若敵人射己者，弓弩矢皆反還自向也。」〔註36〕此實爲古巫術的遺說，視其形狀奇特之物，具有巫術作用，純粹是類比而來的信仰，是無法用科學的方法來檢驗的。要特別說明這些特殊療效都不是科學的範疇，是延續著原始社會神話思維而來的信仰模式，所以是「信仰」性質的醫療養生體系，不同於「科學」性質的醫療養生體系。這也反應了道教醫學在藥物治療中具有包羅宏富、多樣性的特徵。

蝙蝠千歲之後，體白如銀，故似雪。蝙蝠晝伏夜出，在生物學尚未發達的古代，認爲其習性相當神秘，賦予諸多神秘色彩。蝙蝠爲古來福壽的象徵，其飛翔能力爲天仙的重要形象，故六朝時有此虛誕的傳說。《玄中記》說：「千歲伏翼，白；得食之，壽萬歲。」《山海經・海外南經》言羽民說：「其爲人長頭，身生羽。」考漢人畫仙人的形象：頭蓋骨突起如瘤，及此類構想，爲後世壽星頭顱的最初造型。古人認爲蝙蝠是長壽的動物，將其風乾後研製成粉末服食，可以長壽不老。千歲靈龜，不易輕易得見，除非德高望重者。如果有幸獲得千歲之龜，若不知服用之法，終屬無益。龜是「麟鳳龜龍」四靈之一，是長壽的象徵。其「靈、壽」與特殊的外形，使它成爲巫家占卜的工具，因此成爲具有通神、漏天機的「靈物」來源。六朝筆記小說中，也有類似的記載。如《述異記》說：「龜千年生毛，龜壽五千年，謂之神龜，萬年曰靈龜。」《拾遺記》說：「西有星池千里，池中有神龜，八足六眼，背負七星，日月八方之圖，腹有五嶽四瀆之象，時出石上，望之煌煌如列星矣。」陶弘

景說：龜「厭可以供卜，殼可以充藥，亦入仙方用之」。〔註37〕可見龜甲作為靈物，得到巫家、道家、醫家三家的青睞。

風生獸，別名風狸，《海內十洲記》中有記載，生長在南海的大樹林中，是傳說中的上古神獸，食之可延壽五百年。此說法普遍流傳於當時的筆記小說中，如《述異記》，葛洪也是有所承襲。因為「此獸在灰中不燃，其毛不焦，斫刺不入，打之如皮囊。」〔註38〕是一種有著金鋼不壞身軀的異獸，火燒不死、刀砍不入，故而成為道家眼中難得的仙藥。此神獸特徵「以鐵鎚鍛其頭數十下乃死，死而張其口以向風，須臾便活而起走」〔註39〕，因風而活，故得其名，風即氣息代表的是生命力，因此古人相信服用此物也可傳達其旺盛的生命力，殺死它的方法是「以石上菖蒲塞其鼻」。這種神話的類比思維，雖然與現代科學的認知是有出入的，卻是人類最早自成邏輯的思維模式，建立出想像性的推理法則，意識到事物之間有些共通的相似屬性。〔註40〕

序號1、2、5的服法為陰乾研成粉末服之，序號3的服法「以羊血浴之，乃剔取其甲，火炙搗服方寸匕，日三，盡一具」具有非常濃厚的巫術色彩，因為他的「靈、壽」與特殊的外形，人們相信經由特殊的儀式，可以感通神仙，這是直接訴諸人與天地鬼神之間的「靈性交通」與「生命體驗」。序號4的服法「取其腦以和菊花服之，盡十斤」，取神獸的腦漿和菊花一起服用，吃十斤，也都具有玄秘靈感的特色。這些來自於傳統社會長期積累的神聖文化與治療經驗，將「神聖性需求」，加入其信仰的教義體系之中，擴大了宗教醫療的文化內涵，強化了生命與神聖之間的涵養工夫，由此獲得治病療傷的功效。道教醫療的目的，不在於身體的疾病救助，而是追求靈性的長生不死。

肉芝雖為奇異長壽動物，但是以俗世動物為原型，如蟾蜍、蝙蝠、龜、燕等。乃取其神異、奇效等性質，特殊療效如「以其左足畫地，即為流水」、「帶其左手於身，辟五兵」、「若敵人射己者，弓弩矢皆反還自向也」及「令人壽四萬歲」等，這些「役使萬靈」、「壽四萬歲」的特殊療效性質，是從靈性治療上著手，建立在這種靈實互動的精神體驗上，內在的信仰感情是重於任何的外在形式，是直接訴諸人與天地鬼神之間的「靈性交通」與「生命體

〔註37〕（宋）唐慎微：《重修政和經史證類備用本草》，卷20（北京：人民衛生出版社，1955），頁413。
〔註38〕《抱朴子‧內篇‧仙藥》，卷11，頁201。
〔註39〕《抱朴子‧內篇‧仙藥》，卷11，頁201。
〔註40〕鄧啓耀：《中國神話的思維結構》（重慶：重慶出版社，1992），頁160。

驗」，屬於精神層次的文化治療。

五、菌芝類

　　菌芝爲靈芝草，屬於眞菌界一類的生物，靈芝的外觀形狀，就是中國文物象徵吉祥的「如意」的原型，被當成是招財納福的幸福圖騰，也是用來進貢升官封爵的太上之藥。它是一種能導致木材腐朽的眞菌，是中醫藥學寶庫中補氣藥的珍品。中國古代認爲靈芝具有長生不老、起死回生的功效，視爲仙草，屬於上藥。自古以來流傳著許多關於靈芝的傳說，在這些神話般並帶有迷信色彩的傳說中，將靈芝奉爲「仙草」、「瑞草」。我國古代文獻中，有許多論及靈芝的著作。《神農本草經》是我國最早的藥學著作，也是最早論及靈芝的藥學著作。靈芝被列爲上品。此書詳細論述了靈芝的分類、產地、氣味和主治等。其後，東晉葛洪的《抱朴子》、唐朝蘇敬的《新修本草》、梁代陶弘景的《神農本草經集注》和《名醫別錄》以及明朝李時珍的《本草綱目》等著作，均在《神農本草經》的基礎上進一步補充、修正了有關靈芝的論述。

　　《神農本草經》詳細地描述了六芝的產地、氣味和主治功效。還強調此六種靈芝均可「久食輕身不老，延年神仙」，也就是現代所謂的抗衰老作用。《中藥大辭典》根據現代文獻和所見標本，認爲《神農本草經》中所說的六芝原型，多爲赤芝（即靈芝 Ganoderma lucidum）和紫芝（Ganoderma sinense）[註41]，其他的仍爲少見。不過，六芝所指的非爲單一種類，是六類群體的集合名稱。筆者將《抱朴子・內篇・仙藥》菌芝類的名稱、生長地、形狀、特徵、服法、採摘方式以及特殊療效等內容整理成表 3-5，此類所說的有關藥物，共有一百二十種，都有繪圖可以參考。

表 3-5　菌芝類內容

名稱	生長地	形狀	特徵	採摘方式	服法	特殊療效
菌芝	深山之中大木之下泉之側	如宮室如車馬如龍虎如人形如飛鳥	五色無常	行禹步採摘刻以骨刀	陰乾末服方寸七	令人昇仙中者數千歲（天仙）下者千歲

〔註41〕江蘇新醫學院編：《中藥大辭典》（上海：上海人民出版社，1977），頁 1180～1182。

菌芝的生長地在深山之中、大木之下、泉之側，這種人迹罕至的地方，非陽光直射的陰暗潮濕之處，都是大型眞菌的常見生長環境。採摘方式要用禹步採取，特殊療效上者可昇仙，至少可千歲。對靈芝的人工栽培，葛洪亦早有論述。《抱朴子‧內篇‧黃白》說：「夫菌芝者，自然而生，而〈仙經〉有以五石五木種芝，芝生，取而服之，亦與自然芝無異，俱令人長生」〔註42〕，由此可知人工栽培的靈芝，與自然而生的仙藥，藥效並無二致，都能令人長生。菌芝的形狀「如宮室、如車馬、如龍虎、如人形、如飛鳥」，這由於靈芝菇體是長期適應環境演化，爲了完成特定繁殖功能的組合而來，所以形成不同樣貌的差異。有學者認爲：這些如宮室、如車馬、如龍虎、如人形、如飛鳥的「芝草」，其中可能包括靈芝科眞菌，而其形態之怪異，則除了眞菌子實體發育畸形所致外，更多的應是意識世界之物。〔註43〕另外一些方士與道士，爲了提高仙藥的檔次，故意把芝草寫得奇形怪狀，不似凡間之物，以顯示仙凡有別。筆者認爲《抱朴子‧內篇》中特別重視仙人與人相交感的神聖經驗，追求天人感應的生命體驗，在自我的精神修行下，創造生命的無限活力與能量。道教建立在「不死」的神仙崇拜和「醫療養生」的修煉工夫上，「不死」的「醫療養生」觀，反映了道教的生死關懷。

　　整合近代東西方科學研究，靈芝的多樣性藥理作用，主要是因爲靈芝本身特有的活性成分，如高分子多糖體、靈芝酸、核苷酸、小分子蛋白質等功能機轉造成的。在目前藥理研究文獻中靈芝多糖體已以被證實可以抗腫瘤、降血壓、降血糖、降膽固醇、免疫能力增強等作用。古人發現並利用這一菌科生物，乃是醫學史和食品史上的貢獻。例如現在市場上的銀耳（含碳水化合物、無機鹽和 17 種氨基酸等）、蘑菇（含蛋白質、碳水化合物、灰分、硫胺素、維生素和微量元素等），也都屬於菌類，具有提高個人機體的免疫能力。〔註44〕因此菌科生物，不僅豐富了我們的飲食結構，而且擁有食療價值。當道士爲尋找五芝而認識了許多珍奇生物的藥理作用，擴大了中國本草醫療的範圍，可說是功不可沒。

〔註42〕《抱朴子‧內篇‧黃白》，卷 16，頁 287。
〔註43〕蘆笛：〈道教文獻中「芝」之涵義考論〉，《宗教學研究》2（2015.6），頁 31～40。
〔註44〕魏先斌：〈《抱朴子‧內篇》醫學思想初探〉，《錦州醫學院學報》4：1（2006.2），頁 36～41。

六、採五芝法

木芝、草芝、菌芝是屬於「長壽型」木本、草本和菌類植物，由於芝的形狀、顏色以及其中所含的特殊成分，方士、道士早就從實際經驗中有所驗證，因而塑造了「靈芝」的形象。〔註45〕芝的靈驗性與神祕化，表現在道士採芝的行為上，帶有神祕的宗教性。例如《抱朴子‧內篇‧仙藥》說：

> 非久齋至精，及佩老子入山靈寶五符，亦不能得見此輩也。凡見諸芝，且先以「開山卻害符」置其上，則不得復隱蔽化去矣。徐徐擇王相之日，設醮祭以酒脯，祈而取之，皆從日下禹步閉氣而往也。〔註46〕

必須先心專行潔，長期的齋戒、至精至誠，佩帶「老子入山靈寶五符」，否則無法見到此仙草。道教的鬼神信仰，相信人可以通向鬼神，彼此之間可以相互交感，鬼神會對有道德的善人，進行獎善職責，讓他看見仙草。所以看到各種芝類，先要將「開山卻害符」放在它們上面，這樣芝類才不會再隱蔽幻化離去。然後選擇吉日，陳列酒肉，設置道場祭祀，祈禱後將它取下，時間要在太陽下山時，踏著禹步，閉住氣息前往行事。又說：

> 欲求芝草，入名山，必以三月九月，此山開出神藥之月也，勿以山佷日，必以天輔時，三奇會尤佳。出三奇吉門到山，須六陰之日，明堂之時，帶靈寶符，牽白犬，抱白雞，以白鹽一斗，及開山符檄，著大石上，執吳唐草一把以入山，山神喜，必得芝也。又採芝及服芝，欲得王相專和之日，支乾上下相生為佳。此諸芝名山多有之，但凡庸道士，心不專精，行穢德薄，又不曉入山之術，雖得其圖，不知其狀，亦終不能得也。山無大小，皆有鬼神，其鬼神不以芝與人，人則雖踐之，不可見也。〔註47〕

想要求得芝草，進入名山必須在三月、九月，因為這時山體大開，出產神藥。有關求芝法，需要擇日入山，以天輔時，在乙日丙日丁日三奇會聚時辰最好。帶著靈寶符、以及禮物包括牽著白犬，抱著白雞，用白鹽及開山符檄放在大石上，山神喜悅則能得到仙芝。由上所述可知除入山當依奇門遁甲等術數外，採芝和餌芝也要佩符、設醮、行禹步和擇日。至於採芝及服芝，需要配合時

〔註45〕 李豐楙：《不死的探求——抱朴子》（海南：新華書店，1992年），頁338。
〔註46〕 《抱朴子‧內篇‧仙藥》，卷11，頁197～198。
〔註47〕 《抱朴子‧內篇‧仙藥》，卷11，頁202。

日，紀時干支上下相生為佳。這些仙芝，名山中多有，只是平庸道士，若心不專精，行為汙穢，德行淺薄，又不懂入山方術，即使得到有關的圖錄，也會因為不知道其中情狀，最後仍無法得到仙芝。這樣採摘和餌五芝，本身便成了一套宗教儀式，這種神祕的道教術數，起著加強仙藥的神祕形象和抬高道士社會地位的作用。〔註48〕

靈芝在神仙服食傳說中的地位，與道士對於芝的信仰密切相關。學者李約瑟指出芝菌類，可能具有迷幻作用，這些迷幻物質在宗教儀式、或是個人修為中曾被使用。〔註49〕由此觀之可見芝的神祕性，這些特殊儀式建立在人神交感的宇宙觀系統中，帶有神聖不可知的先驗體系，豐富了符咒道法的神祕功能，進而滿足人們却病與保健安神的生存需求。這是利用儀式的操作，引進天地間的宇宙能量，來實現個體消災解厄的具體願望。葛洪的藥物養身理論和他的道教神學體系是相輔相成的，充分反映出道教醫學的神祕特色。

第五節　小節

靈芝是秦漢以來最顯耀一時的仙藥，很受器重。當時的「芝」並不是現在人們所知的菌芝類植物，而是一類奇形怪狀之物的總稱，從漢至魏晉，是方士、道士刻意尋求的奇異之物。自秦始皇派方士入海尋找長生藥以來，在道士中形成一種觀念，認為在深山密林、大海絕域等人跡罕至的地方所生長的一些稀奇古怪的動植物和鮮為人知的礦物，往往會有長生的神效，於是道士相爭尋覓這些神祕的仙藥。為多數人所不熟知的五芝，便是這類仙藥的代表。《抱朴子‧內篇‧仙藥》中列有「諸芝」，其功效僅次於丹砂、黃金和白銀的仙藥，共有五大類，分別為石芝、木芝、草芝、肉芝、菌芝，其中詳述了各種芝的名稱、生長地、形狀、特徵、採摘方式、服法和特殊療效，以及鑑別美惡之法。內容夾雜了大量的道教神仙思想，其中不乏一些科學成分。《抱朴子》佚文中還有十七種芝，俱可見在葛洪心中，芝是重要的仙藥。在特殊療效上皆有「輕身、不老、延年、神仙」之功效，這與道教文化中追求長生、成仙的旨趣相互一致。葛洪認為服食五芝，對修道者生命形態的轉變有所幫助，可以淨化其心靈，擴充修道者肉體的精氣神能量，展現自我醫療的神奇

〔註48〕胡孚琛：《魏晉神仙道教》（北京：人民出版社，1989年），頁277。
〔註49〕李約瑟：《中國之科學與文明》（台北：商務印書館，1985），頁226～231。

效用，屬於成仙的方便法門。在葛洪藥物養身醫療觀中，服食仙藥五芝屬於醫心「神」的修煉，是心靈的永生治療，醫療養生的最高步驟。可以對修道者進行精神性的突破與超越，屬於養神的煉養工夫，此工夫偏向哲學宗教範疇，屬於精神開發與創造的領域，代表人類精神的追尋。《抱朴子‧內篇》中特別重視仙人與人相互交感的神聖經驗，這是道教最為核心的本質所在。

五芝中的「石芝」、「木芝」和「肉芝」種類，內容古怪離奇，應與靈芝科真菌無關。〔註50〕葛洪此篇的說明，可以讓我們釐清包括「諸芝」在內的藥品名實問題，正如篇中所云：「本草藥之與他草同名者甚多，為精博者能分別之，不可不詳也」〔註51〕。由上述表格整理中的名稱、生長地、形狀、特徵、採摘方式、服法和特殊療效（長生不死），可以讓有心修道之人，進而便於採集和服食。道醫很早就注意到：不同的藥物，在採收時節、採集方法上，應當各有講究，並且留下一些可貴的資料，例如《抱朴子‧內篇‧仙藥》。這些經驗知識，來自歷代道士在追求養生成仙的實踐中，所總結出的知識，非常難能可貴。

道士在尋覓五芝等奇藥過程中，認識許多珍奇生物的藥理作用，擴大了中國醫學的本草範圍，功不可沒，同時也造成我國在中藥養生研究中的推動力量。《抱朴子‧內篇‧仙藥》對「五芝」撰寫的目的，是在宣揚通過服食不同的芝，達到不同的延年成仙的終極效果。他將醫學與道教進行深層結構的融合，建構出人體生命生命系統的醫療思想與實踐體系。他這種修煉成仙的醫療觀，雖與現代以科學實證為主體的醫療系統是有出入的，但是二者對於生命的關懷卻是一致的，都在追求身心靈整體和諧與養生保健之道。

「五芝」乃修道者主要追求的上等仙藥，它可以使人昇天成仙，以追求靈性的長生不死。所以不論是藥物的採集、服食與特殊療效，都具有濃厚的巫術色彩，脫離不了「通神」的巫術性思考原則。這是因為「巫醫共軌」，人們希望藉由「人與萬物的採捕體系」來交通人神，達到驅邪、除魔、治病的目的，追求的是永恆不朽的生命終極價值。綜而觀之，靈芝文化的產生和發

〔註50〕有學者認為《抱朴子內篇》中的「石芝」是一種分類地位尚未明確的腹菌或塊菌，參見陳士瑜，〈石芝‧太歲‧地孩兒——菌蕈稗史鈎沉之一〉，頁42～43。林曉民、李振岐、侯軍撰：《中國大型真菌的多樣性》，頁280。然而這只能解釋「石芝」的部分性質，不能解釋其「晦夜去之，百步望見光」的發光性質。

〔註51〕《抱朴子‧內篇‧仙藥》，卷11，頁197。

展，體現了道教醫學中的神聖醫學價值。《抱朴子‧內篇》的仙藥五芝神話可以看作是道教醫學中的宗教醫療文化象徵系統，充分體現了道徒在神話中，追求形體神用，發揮精神對形體的積極作用，不僅可以治病、健身，還能開啟生命交感的創生作用，追求天人感應的生命體驗，在自我的精神修行下，創造生命的無限活力和能量。

第四章　《抱朴子‧內篇》上品仙藥之探析

　　藉由探討《抱朴子‧內篇》服食「上品仙藥」在歷史中的建構和演變，可以明瞭葛洪獨特的藥物養身醫療觀，不僅是「成仙」的操練技術，同時也是一個文明認識生命、想像身體、辯證知識體系的入口。是依據形上的觀念系統，來實現人自身與宇宙一體化的願望，幫助個體生命在世俗生活中形成信仰與行動的價值規範。道教醫療是以精神的追求來滿足人們基本的生理需要，從功能來說，有二個特徵，都是扣緊在「和諧」與「實用」的目的上，鼓勵生命落實在具體時空中自我延續與完成。

　　藥物養身醫療，最重要的實踐工夫就是「服藥」，來自於「人與萬物的採補體系」。所謂「人與萬物的採補體系」，是指人的身體保健或是疾病治療，能夠經由對外物的採補來完成，也就是利用可以治療疾病的外在物資，這些外在物資都可以統稱為「藥」，道教醫療對「藥」的界定比較寬廣，認為萬物都可以入藥。在遠古時期先民即已開始尋找可以對治疾病的藥物，早期用藥方式帶有濃厚的巫術色彩，在經驗的累積下，逐漸地認識自然萬物的醫療功效。中國古代的方技是醫藥養生和神仙家說雜揉不分的體系，雖然漢唐以後，醫藥養生與神仙家說逐漸分化，形成二個不同領域，但最初二者是緊密相聯的。〔註1〕特別是醫術中的「藥」這一項與神仙方術關係最大。古代醫術有「內

─────────────────────────

〔註1〕在漢代和隋唐史志之中，醫籍和服食、行氣、導引、房中等方面的內容是結合在一起，自宋以後，服食、行氣、導引、房中的內容往往只在道教內部流傳。

治」與「外治」之別，所謂「毒藥治其內，針石治其外」。「內治」是以內服藥物爲主，與神仙家的服食相似，二者都是在「藥」上做文章，所以「藥」是聯結醫術和神仙家說的主要紐帶。雖然服食與醫術都講服藥，但是道教醫療的服食之藥是以金石爲主，而中國傳統醫學的醫術之藥是以本草爲主，這是道教醫療與中醫的一個基本區別。中醫是以治病爲出發點，進而追求養生與延年；而道教醫療的服食則是以追求長生、不死和成仙爲目標，退而求其次，才求諸醫藥養生。

道教醫療在治療上不只仰賴藥物，所謂「藥方」是有「藥」也有「方」，中國傳統醫療較偏重在「藥」的部分，而道教醫療注重的是「方」，比較不屬於「對症下藥」，而是「對症下方」，因而發展出各式各樣的治療手段及方法。這些治療技術，是建立在傳統天、人與萬物之間整體和諧的關係上，依據原始社會「巫醫共軌」所流傳下來的宇宙圖式與氣化生命觀，所建構而成的龐大理論體系。《抱朴子‧內篇》服食「上品仙藥」，在葛洪獨特的藥物養身醫療中，是藉「成仙藥物」來進行醫心「神」的修煉，屬於通神明的宗教醫療，來自「人鬼神一體」的宇宙觀，以此來維持人與「超自然」的和諧。

《黃帝內經》認爲人體自身是相互聯繫的整體，內部臟腑、體表毫毛；五官九竅等，通過經絡相互協調地聯繫在一起。臟腑間有特定絡屬，臟腑在體內各有所主，在體表各有開竅。正因爲這種聯繫，故局部可影響全身，體表能反應內臟，故有「以表之裏」之說。中醫與道教醫療在文化傳承上有相當大的重疊現象，是奠基於傳統的「靈感思維」文化理論來看待生命現象；是建立在古老氣化宇宙圖式的生命觀念上，以陰陽五行的規律法則，來對應人體的健康狀況，仍然延續著巫術通天信仰的感應思想，強調人體的內環境與天地的外環境是一體相通的，可以經由天地來認識人體，也可以經由人體的生理與病理來認識天地。〔註2〕

古人認爲個人身體是一個有機整體，以內臟爲中心，通過經脈將四肢骨骸、五官孔竅、皮肉筋腱等相互聯繫。因此局部有病可影響全身，病變通過經脈而呈現於局部。內部異常也可表現於外，外部有病亦能傳入體內。此法與西醫將身體區分成幾大部分，使用實證、化驗、解剖等客觀手段來確定病情，是大異其趣的。葛洪認爲有形的身體與無形的宇宙是相互對應的，身體

〔註2〕鄭志明：〈巫醫同源的生命觀〉《華人宗教的文化意識第二卷》（台北：宗教文化研究中心，2003年），頁105。

可以成為象徵宇宙自然規律的符號，認為身體是對應著宇宙氣化的原理而來，人身之氣可以溝通天地之氣來相互交融與合一，人體也有著與宇宙相通的生命本原，所以人體與自然是相互對應的，經由人體自身的調節機制，也可以在促進天人的相互作用中達到統一，人體與宇宙也可以有共生共存的共融境界，強調人身的小宇宙是與天地的大宇宙對應而合一的關係。〔註3〕

　　《抱朴子‧內篇‧仙藥》將重點放在服藥成仙的內容上，〈仙藥〉篇較諸〈金丹〉、〈黃白〉篇，尤具巫術特色。這些能成仙的上品藥，屬於道教用藥，藥效的發現，引自《仙經》或仙方，經常使用「援物比類」聯想法的思維方式，來解釋藥效，具有宗教文化的社會性。「通神」的手段，有助於將人加以神化，克服肉體的限制，達到與神同性的願望，雙方可以經由「氣」的相通之下，獲得宇宙間普遍存在的生命力，「醫術」與「巫術」的作用是相同的，都是要進行肉體與宇宙之間的「自然」與「超自然」的聯繫。

　　對於道教醫學，我們應該從「文化」的角度來重新進行理解，由於目前傳統價值文化的失落，以及缺乏現代化自我調適的能力，導致大多數人對道教醫療產生誤解，尤其是在成仙藥物「特殊療效」的超能力部分，都以愚昧、迷信來看待。殊不知道教以「人體」作為信仰核心，生命關懷是「貴生」，偏重於精神形態的展現，相信「道由人顯」，竭盡全力擴充「生」的存在現象，所以特別重視醫療、養生的操作技術。除了強調形體的健康長壽外，最終目的在追求：人的靈性與天地自然的相應共生，人的生命與宇宙是互依共存的，以有限的肉體，來成就精氣神一體的超越共存；契入「道」的長生境界，來完成人體與道合一的願望。由此可知筆者文中分析的「一般療效」，是道教醫療的第一層次，追求身體的長壽延年，屬於治身體的「世俗醫療」。筆者文中分析的「特殊療效」，是道教醫療的第二層次，追求生命的長生不死，屬於治靈性的「宗教醫療」。葛洪藥物養身醫療的宗旨，是要從第一層次提昇到第二層次，從服食中下藥，體悟到服食成仙藥物的「妙用」。成仙藥物是修道者追求的藥，也是葛洪特別重視的藥物，醫藥學成為修道者成仙的相關必備知識和操作技能，因此葛洪強調「為道者必須兼修醫術」。所以道教醫學不應該只從現在還存有的外在醫療形式與操作實踐工夫入手，這些長期以來有關生命存有的經驗與對應技術，實屬於人類生命探索下的深層文化智慧與觀念體系。

〔註3〕陳樂平：《出入命門——中國醫藥文化學導論》（上海：上海三聯書店，2001年），頁85。

第一節 藥理觀

服食也叫「服餌」，主要是一種內服外物，通過口腹與外部自然界進行物質交換的方術。古人服食內容極廣，從植物、動物到礦物和化學製劑無所不包。古代醫家有所謂草（草本植物）、木（木本植物）、蟲（動物）、石（礦物）、穀（糧食）等「五藥」。古人相信人在與宇宙的氣化對應過程中，宇宙萬物是天人之間重要的滋補材料，經由「服食」讓人利用宇宙萬物的養料來補虛養命與治病護身。有學者認為：

> 疾病的產生是因為人體的陰陽失調或氣血不足，對自然界適應
> 能力的減弱，容易遭受到外來邪氣的侵襲，經由飲食藥物的調整，
> 可以促進人體的陰陽平衡與氣血旺盛，適應自然界的各種變化與去
> 除外邪侵襲的作用，達到防病與治病的目的。〔註4〕

道教醫療在治療上重視「藥物養身療法」，通過服食藥物，來建構治病護身與延年益壽的治療方法。

《神農本草經‧序錄》記載上古至漢代以前的藥物知識，分別用四氣（升降浮沉）、五味（辛甘酸苦鹹）來概括藥物的性能和作用，並且根據有毒、無毒，而將藥物分成益氣、補虛、除邪等上、中、下三類，並且創立了方劑有關配伍的方法。歸納來說，內容涵蓋 13 條理論原則，包括：三品分類、配伍、七情、四氣、五味、採造時月、藥物鑑別、調劑、用藥必察病源、毒藥劑量的用法、對證用藥的原則、服藥時間、藥物治療的主要病症等。〈序錄〉相當於藥物學總論，記載了中藥學最基本的原理，對後世本草理論的發展，影響很大。〔註5〕

在中國傳統醫學理論中，陰陽五行可以說是最高的理論原則，貫穿在一切生命和疾病活動，以及診斷治療、醫理藥性等各個方面。陰陽平衡是生命活動的最高境界，陰陽失調則是病機的根本。診斷中分別陰陽乃是察色按脈的首要原則，治療不論攻補，目的在於調整陰陽，以平為期。陰陽交會的目的在於「以平為期」，實現「陰平陽祕」狀態，也就是陰氣和平，陽氣閉密。「以平為期」和「陰平陽祕」是指陰陽雙方在運動中既不偏盛，也不偏衰，

〔註4〕劉波、張文主編：《養生術》（海南：海南國際新聞出版中心，1993 年），頁176。

〔註5〕尚志鈞：《歷代中藥文獻精華》（北京：科學技術出版社，1989 年），頁148～149。

二者保持和諧、協調、融洽的關係。只有陰陽雙方和諧，才能保持健康狀態，不「平」則會致病。臟腑、經絡、氣血以及六淫、七情、藥物知性味等，無不有陰陽屬性，正是陰陽的相依與相爭，推動了生命和疾病的發展演變。因此認爲人體的表裡、寒熱、虛實等診斷，是透過天地陰陽氣化的對應關係來進行判斷的，如此即可掌握到人體疾病發生與變化的規律，此種規律是比照著天地陰陽之氣消長變化的時間與空間的整體和諧規律而來。因此可知道教醫療在診斷上，是以「順天應時」作爲診療疾病的總則或是通則，〔註6〕以此總則來追究疾病的起因與狀態，是否違逆了「天」與「時」，因而失去了「順」與「應」的和諧情境。

一、藥與毒

《周禮‧天官冢宰下》說：「醫師，長醫之政令，聚毒藥以供醫事。」鄭玄著曰：「藥之物恆多毒，孟子曰：『藥不瞑眩，厥疾不瘳』」。《鶡冠子‧環流第五》說：「積毒成藥，工以爲醫。」〔註7〕《淮南子‧謬稱訓》說：「物莫所不用，天雄、烏喙，藥之凶毒也，良醫以活人。」此外《淮南子‧銓言訓》也說：「割痤疽非不痛也，飲毒藥非不苦也，然而爲之者，便於身也。」〔註8〕從上述的引文中，我們可以知道出現在《周禮》、《淮南子》的毒藥，《鶡冠子》的積毒成藥，指稱的就是「藥物」。《淮南子》的藥之凶毒，以天雄、烏喙爲例子來說明，這是針對藥物的「毒性大」來說。

此外，我們從鄭玄引用孟子的說法來推溯，鄭玄認爲藥物恆有副作用，因此稱之爲「毒藥」。《尚書‧說命上》解釋爲「若藥弗瞑眩，厥疾弗瘳」，《正義》說：「瞑眩者，令人憒悶之意也。……然則藥之攻病，先使瞑眩憒亂，病乃得瘳。」〔註9〕有關瞑眩，乃是服藥之後，個人機體所產生的噁心、頭眩、胸悶等藥物的副作用反應。是故學者那琦將此現象，解釋爲：「緣於藥之副作用」。〔註10〕由此可知，藥物的副作用，與其毒性，也是相互關連，故「藥」

〔註6〕鄔良：《人身小天地——中國象數醫學源流時間醫學篇》（北京：華藝出版社，1993年），頁55。

〔註7〕鶡冠子是道家類著作，兼及法家與兵家，傳爲戰國時期楚國隱士鶡冠子所作。《鶡冠子》一書大多闡述道家思想，也有天文學、宇宙論等方面的內容。《漢書‧藝文志》著錄一篇，列之於道家。

〔註8〕（漢）高誘注釋：《淮南子注釋》，（台北市：華聯出版社，1973年），頁54。

〔註9〕《尚書注疏卷第十》（上海：上海三聯書店，2001年），頁34。

〔註10〕那琦：《本草學》（台北：南天書店，1982年），頁10。

和「毒」密不可分。

《說文‧一篇下》說：「藥，治病草。」又說：「毒，厚也。害人之草，往往而生，從草。」〔註11〕《黃帝內經‧素問‧移精變氣》說：「今世治病，毒藥治其內，鍼石治其外」，可知藥和毒其實都是草，藥性強烈的草，用之不當，足以害人，攻於病灶，足以活人。在醫書《黃帝內經‧素問》當中，以毒、毒藥來指稱藥性強烈的藥物。明代張介賓在《類經‧論治類》中說：「毒藥者，總括藥餌而言。凡能除病者，皆可稱為毒藥。」這源自於神農嘗百草的試驗，在諸多嘗試過程中，古人認為藥性峻烈，偏性強，可以矯正人體之偏（祛除邪氣）的歸於藥餌，而偏性不強又可補養人體正氣的歸於食物。所以《類經‧論治類》說：

> 藥以治病，因毒為能，所謂毒者，以氣味之有偏也，所以去人
> 之邪氣。其為故也，正以人之為病，病在陰陽偏勝耳。欲救其偏，
> 則惟氣味之偏者能之。〔註12〕

在中醫裡，毒性作為藥物性能之一，是一種偏性，以偏治偏。因為人之為病，病在陰陽偏勝耳，所以用藥來治療疾病。

《神農本草經》按照藥物的有毒、無毒來區分，將藥物分成上、中、下三品，上品藥無毒，中品藥無毒有毒相間，下品藥多毒。《黃帝內經‧素問‧至真要大論》說：「有毒無毒，所治為主，適大小為制也。」〔註13〕此指不論有毒、無毒的藥物，都要以治病為主要目標，並且根據病情的輕重，確定方劑的大小。這裡的有毒、無毒，可以解釋成藥性的溫和或是強烈、有無副作用、有無毒性。

《黃帝內經‧素問》進一步把藥物分成有毒、大毒、常毒、小毒以及無毒。《黃帝內經‧素問‧五常政大論第七十》說：

> 帝曰：「有毒無毒，服有約乎？」歧伯曰：「……大毒治病，十
> 去其六，常毒治病，十去其七，小毒治病，十去其八，無毒治病，
> 十去其九。」穀肉果菜，食養盡之，無使過之，傷其正也。〔註14〕

〔註11〕 （漢）許慎撰、（清）段玉裁注：《說文解字注》，（台北市：黎明文化事業股份有限公司，1974年），頁76。

〔註12〕 （明）張介賓：《類經》，（北京：人民衛生出版社，1995年），頁61。

〔註13〕 （唐）王冰次注、（宋）林億等校正：欽定《四庫全書》子部三九醫家類《黃帝內經》，第七三三冊，（上海市：上海古籍出版社，1987年），頁297。

〔註14〕 （唐）王冰次注、（宋）林億等校正：欽定《四庫全書》子部三九醫家類《黃帝內經》，第七三三冊，（上海市：上海古籍出版社，1987年），頁248。

古人認為氣味之偏者，藥餌之屬是也，可以去人之邪氣，故以大毒的藥物治病，病去十分之六，就應當停藥。因為有的中藥偏性強，就是所謂峻烈毒藥（大毒），所以治病十去其六，就得改換穀肉蔬菜等平性食物或轉為日常生活調養收尾，無法當食物長時服用。以沒有毒性的藥物治病，病去十分之九，就停藥。古人認為氣味之正者，穀食之屬是也，所以養人之正氣，要利用穀、肉、果、菜等食療法，來培養人體正氣，疾病自然痊癒。此處說明了毒性大小有別的藥物，應用於治病時的停藥時機。由此觀之，「藥物有毒」的觀念，在我國周漢時已經具備。

二、藥與陰陽五行的療病關係

藥與陰陽五行的療病關係，是一種文化性的辨證技術，取決於人們對生命存有的認同，企圖掌握到人體與天地之間的表裡出入、上下升降、寒熱進退與邪正虛實等對應關係。這些療病的原理與法則，是古老醫療經驗的累積與傳承，經歷過巫術醫學與方士醫學，延續巫術思維下的陰陽五行學說發展成，背後存在著豐富的象數文化系統。古人用藥的理論有：藥物的陰陽屬性、藥物基原地相互親緣關係、同一藥的不同藥用部位以及根據自然特徵的藥物分類方法。〔註15〕

（一）藥物的陰陽屬性

《黃帝內經》認為陰陽是宇宙間第一基本原理，萬物都由陰陽而消長變化，從陰陽消長的不斷變化，來達到陰陽平衡的準則。從人體生理來說，陰陽平衡則健康，其一偏勝或偏衰、失去平衡就會生病，故有「陰陽反作，病之逆從也」的說法。所以治療疾病，就是在恢復個人機體內的陰陽平衡，就是「謹察陰陽所在而調之，以平為期」。人體陰陽失去平衡之後，可以利用偏勝氣味的藥物來治療，從而改善或恢復由疾病引起的陰陽失調現象，使之致中和，達到治療的目的。

「藥有陰陽配合」，可以有兩種說法，一是從藥和病的對應關係來看，二是從藥本身來看。古人認為人體陰陽平衡就健康，稱為平人。《黃帝內經‧素問》說「陰陽勻平，以充其形，九候若一，命曰平人。」人自身中的陰或陽，其一偏勝則生病，因為「陰勝則陽病，陽勝則陰病。陽勝則熱，陰勝則寒。」

〔註15〕施又文：《神農本草經》研究（古典文獻研究輯刊五編：第30冊），（台北縣：花木蘭文化出版社，2007年），頁70～77。

人體一旦生病，就要「陽病治陰，陰病治陽」〔註16〕，「欲救其偏，則惟氣味之偏者能之」，也就是說可以利用藥物的偏盛屬性，來變化病人身上的陰陽。故辨證施治，一在掌握病伍於陰證或陽證，一在利用屬於陽性或陰性的藥來抑盛扶衰，調整個人機體內部的陰陽偏盛，使之重回中和平衡。

藥的陰陽，如何來辨明呢？《黃帝內經‧素問‧陰陽應象大論》說：

> 清陽出上竅，濁陰出下竅；清陽發腠理，濁陰走五藏；清陽實四支，濁陰歸六府。水為陰，火為陽。陽為氣，陰為味。……陰味出下竅，陽氣出上竅。味厚者為陰，薄為陰之陽；氣厚者為陽，薄為陽之陰。味厚則泄，薄則通；氣薄則發洩，厚則發熱。……氣味辛甘發散為陽，酸苦湧泄為陰。〔註17〕

由此可知，藥物的作用屬陽，形質屬陰。屬清陽者出於上竅，屬陰濁者出於下竅。清陽主衛外，故發於腠裡；陰濁主守內，故入於五臟。清陽外充四肢，陰濁內歸六腑。屬於陰味的，最後由下竅排出，屬於陽氣的，最後由上竅呼出。味厚的是陰中之陰，味薄的是陰中之陽。氣厚的是陽中之陽，氣薄的是陽中之陰。味厚的能使大便泄瀉，氣薄的能使之宣腸。氣薄的能發散周身，氣厚的有發熱的作用。從氣味上來說，辛甘能發散，作用於人體之表，屬陽；酸苦能吐瀉，作用於人體之內臟，屬陰。

（二）藥物的五行療病概念

五行是指五種物質的元氣，作為氣與萬物之間的中介，有著五種運行的規律，五行學說認為五行結構中每一行都與其他四者發生一定的關係，相生和相勝（剋）是最基本的。五行是用來補充說明天地萬物之間，氣化的制約與五行彼此間生化的關係，產生相生、相剋的運行規律。五行之說可以用來解釋宇宙演變過程的複雜情況，從而擴充「萬物綱紀」的對應關係。相生者，包括「生我」與「我生」；相勝者，包括「我勝」與「勝我」。《黃帝內經》根據「同氣相求」的理論，認為同一行的事物與現象之間有著相互感應的聯繫；從而建構「天人合一」的五行系統，使五行臟象系統變成聯絡宇宙萬物，表

〔註16〕 「陽病治陰，患陽熱盛的病，必傷陰津，治療方法宜養陰退熱，又叫壯水治火。陰病治陽，患陰寒盛的病，必傷陽氣，治法宜扶陽以散寒，又叫益火以消陰。」參見陳西河：《中醫名詞辭典》，（台北：伍洲出版社，1984年），頁141、123～124。

〔註17〕 （唐）王冰次注、（宋）林億等校正：欽定《四庫全書》子部三九醫家類《黃帝內經》，第七三三冊，（上海市：上海古籍出版社，1987年），頁24。

示它們之間相互聯繫、相互作用的一個功能性模型。

《黃帝內經》把《尚書‧洪範》的五行特性運用到醫學領域，將人的臟腑、形體、官竅、情志等分歸於五行，如五臟配合五行，肝主升發疏泄故屬木，心主行血暖身故屬火，脾主運化精微故屬土，肺主清肅之性故屬金，腎主閉藏精氣故屬水，這是取象比類法的應用。又如肝屬木，肝與膽互為表裏，其在體合為筋，在志為怒，開竅於目，在液為淚，其華在爪，故膽、筋、怒、目、淚等也歸屬於木，同理，因心屬火，故小腸、脈、喜、舌、汗等也歸屬於火，這是推演絡繹法的應用。

《黃帝內經》根據「同氣相求」的理論，認為同一行的事物與現象之間有著相互感應的聯繫；從而將人的五行和自然界的五時、五方、五味、五色、五聲等普遍聯繫成為一個有機整體，從而建構「天人合一」的五行系統，使五行臟象系統變成聯絡宇宙萬物，表示它們之間相互聯繫、相互作用的一個功能性模型。筆者整理成表 4-1。

表 4-1 五行臟象系統

五行	木	火	土	金	水
五方	東方	南方	中央	西方	北方
五色	青	赤	黃	白	黑
五臟	肝	心	脾	肺	腎
五味	酸	苦	甘	辛	鹹

關於藥食的療病、禁忌與五行的運用模式，說明如下：

1. 以本臟之味治本臟之病

主要在陳述五味、五體、五色、五脈與五臟、心火、肺金、脾土、肝木、腎水的吉凶關係。例如《黃帝內經‧素問‧五臟生成篇》說：「心欲苦，肺欲辛，肝欲酸，脾欲甘，腎欲鹹，此五味之合，五臟之氣也。」《黃帝內經‧素問‧宣明五氣篇》說：「五味所入：酸入肝、辛入肺、苦入心、鹹入腎、甘入脾，是為五入。」《黃帝內經‧素問‧至眞要大論》說：「夫五味入胃，各歸所喜。故酸先入肝，苦先入心，甘先入脾，辛先入肺，鹹先入腎。」《黃帝內經‧靈樞‧五味論》說：「酸走筋」、「鹹走血」、「辛走氣」、「苦走骨」、「甘走肉」。五合，說明五味與五臟各有其親合關係，又稱五入或五走，皆指特定性味的藥物，對特定臟腑經絡的病變，具有治療的作用。從藥理學來看，這就

是藥物的選擇作用，因此《黃帝內經‧靈樞‧五味論》提到本臟病宜食本臟之味來治療。

2. 臟病所宜食，乃因味之性而食，利用陰陽平衡的原理

《素問‧藏氣法時論》主要在論述「法四時五行」的原理，說明五臟病的禁忌與治法。例如《黃帝內經‧素問‧藏氣法時論》說：

> 肝苦急，急食甘以緩之。……心苦緩，急食酸以收之。……脾苦濕，急食苦以燥之。……肺苦氣上逆，急食苦以泄之。……腎苦燥，急食辛以潤之。開腠理，致津液通氣也。……肝色青，宜食甘，粳米、牛肉、棗、葵皆甘。心色赤，宜食酸，小豆、犬肉、李、韭皆酸。肺色白，宜食苦，麥、羊肉、杏、薤皆苦。脾色黃，宜食鹹，大豆、豕肉、栗、藿皆鹹。腎色黑，宜食辛，黃黍、雞肉、桃、蔥皆辛。〔註18〕

在此五味為酸收、苦泄、甘緩、辛潤、鹹燥，其臟病所宜食，並不依據五行相生或相勝的規則而行，而是因味之性而食治藥療，所以肝急食甘緩，心緩食酸收，脾濕食鹹燥，肺氣上逆食苦泄，腎燥食辛潤。

由於論述五臟和五色、五味，歸納出：以厚重之藥攻治病邪的藥治法，例如《黃帝內經‧素問‧藏氣法時論》說：

> 辛散，酸收，甘緩，苦堅，鹹耎。……肝欲散，急食辛以散之，用辛補之，酸瀉之。……心欲耎，急食鹹以耎之，用鹹補之，甘瀉之。……脾欲緩，急食甘以緩之，用苦瀉之，甘補之。……肺欲收，急食酸以收之，用酸補之，辛瀉之。……腎欲堅，急食苦以堅之，用苦補之，鹹瀉之。〔註19〕

在此五味之性為酸收、苦堅、甘緩、辛散、鹹耎，且其臟病所宜食，與上一段有異。此二種不同的說法，或為先秦時代醫家觀察經驗所得到的兩種不同結論，而一併紀錄於〈藏氣法時論〉中。另外此所宜食之味，與病臟相配，有陰陽平衡之意，故陽中之陰的肝病，即食陰中之陽的辛味；陽中之陽的心病，即食陰中之陰的鹹味等。〔註20〕

〔註18〕（唐）王冰次注、（宋）林億等校正：欽定《四庫全書》子部三九醫家類《黃帝內經》，第七三三冊，（上海市：上海古籍出版社，1987年），頁81～84。

〔註19〕（唐）王冰次注、（宋）林億等校正：欽定《四庫全書》子部三九醫家類《黃帝內經》，第七三三冊，（上海市：上海古籍出版社，1987年），頁81～82。

〔註20〕莊宏達：《內經新解》，（台北：志遠出版社，1993年），頁114。

3. 依五行相剋原理，多食某味，傷所勝之臟

《素問‧五藏生成篇》說明脈、皮、筋、肉、骨和色、毛、髮、爪、唇血氣分別和五臟相互配合。例如《黃帝內經‧素問‧五藏生成篇》說：

> 多食鹹則脈凝泣而變色；多食苦則皮槁而毛拔；多食辛則筋急
> 而爪枯；多食酸則肉胝䐃而脣揭；多食甘則骨痛而髮落，此五味之
> 所傷也。〔註21〕

依五行相剋原理，多食某味而傷所勝（剋）臟，肝屬木，合於筋，榮於爪；心生血，合於脈，榮於色；脾屬土，合於肉，榮於唇；肺屬金，合於皮，榮於毛；腎合於骨，榮於髮。所以臟傷而其合、榮亦病。所以《黃帝內經‧靈樞‧五味論》說「肝病禁辛，心病禁鹹，脾病禁酸，腎病禁甘，肺病禁苦。」就是從五行相剋的原理出發的。

4. 過食本臟之味，則本臟病

上文提到特定性味的藥物，對特定的臟腑經絡病變，具有治療的作用，因此本臟病宜食本臟味以治療。但是如果過度使用，反而會造成偏勝，引起本臟病變，而影響相關機能。《黃帝內經‧素問‧陰陽應象大論》說：「酸傷筋」、「苦傷氣」、「甘傷肉」、「辛傷皮毛」、「酸傷血」。《黃帝內經‧素問‧宣明五氣篇》說：「五味所禁：辛走氣，氣病無多食辛；鹹走血，血病無多食鹹；苦走骨，骨病無多食苦；甘走肉，肉病無多食甘；酸走筋，筋病無多食酸；是謂五禁，無令多食。」由此可知五臟所病對於五味，各有所禁忌；這就是五禁，不可多食的五味。

從以上所述可知，五味與歸經，具有一定的關係。春秋戰國時期的醫者，深諳五行相生、相剋的原理，掌握了使用藥食攻病之法，來調和個人機體正常平衡運轉的狀態，因而有五味臟病之說。

（三）藥物的三品分類

三品藥的分類，是就其臨床效用「有毒」、「無毒」來區分。《神農本草經》云：「上藥一百二十種，爲君，主養命以應天，無毒，多服、久服不傷人，欲輕身益氣，不老延年者，本上經。」〔註22〕上藥補充元氣，使身體輕利自如，

〔註21〕　（唐）王冰次注、（宋）林億等校正：欽定《四庫全書》子部三九醫家類《黃帝內經》，第七三三冊，（上海市：上海古籍出版社，1987年），頁42～43。

〔註22〕　（魏）吳普等述、（清）孫星衍、孫馮翼同輯：《神農本草經》卷一（台北：中華書局，1994年3月），頁1。

延年益壽，無毒。《神農本草經》云：「中藥，一百二十種爲臣，主養性以應人。無毒有毒斟酌其宜，欲遏病、補羸者，本中經。」〔註23〕中藥可以強化體質，阻止病邪發作，補益慢性的虛損，其毒性大、小相間。《神農本草經》云：「下藥，一百二十五種爲左使，主治病以應地。多毒，不可久服，欲除寒熱邪氣，破積聚，愈疾者，本下經。」〔註24〕下藥主在治病，大多有毒，凡外感寒熱〔註25〕、內患積聚〔註26〕，或者有其他的病症，都可以使用下藥來治療。

　　學者丹波元堅說：「藥分上、中、下，所以使人就三品之分，識無毒、有毒之辨，在臨處之際，益於擇用，此神農以來本草之制也。」〔註27〕把藥物分成上、中、下，純粹是爲了適應實際服用上的認知。陶弘景《本草經集注‧序》云：

> 　　上品藥性，亦皆能遣疾，但其勢力和厚，不爲倉卒之効，然而歲月常服，必獲大益，病既愈矣，命亦兼申。天道仁育，故云應天。……中品藥性，療病之辭漸深，輕身之説稍薄，於服之者，祛患當速，而延齡爲緩，人懷性情，故云應人。……下品藥性，專主攻擊，毒烈之氣，傾損中和，不可常服，疾愈則止，地體收煞，故云應地。〔註28〕

上述之言，是陶弘景就三品藥性，如何用天、地、人來理解，所做的個人詮釋。所謂「上藥無毒」，可以「多服久服」，是一種誇大的說法，目的是在肯定其藥用價值。若是將中品、下品藥物相互比較，一般來說上品藥的藥勢大多比較溫和，用量上可以較多，用藥時間可比較長期，但還是應當病去即止。

〔註23〕吳普等述、孫星衍孫馮翼輯：《神農本草經》（一）（台北：中華書局），1994年3月，頁57。

〔註24〕吳普等述、孫星衍孫馮翼輯：《神農本草經》（二）（台北：中華書局），1994年3月，頁95。

〔註25〕外感寒熱，是泛指六淫（風、寒、暑、濕、燥、火）所引起的外感疾病。參見馬繼興主編：《神農本草經輯注》（北京：人民衛生出版社），1995年12月，頁6。

〔註26〕《難經‧五十五難》云：「積者，陰氣也，其始發有常處，其痛不離其部，上下有所終始，左右有所窮處。聚者，陽氣也，其始發無根本，上下無所留止，其痛無常處。」

〔註27〕王筠默、王恆芬輯著：《神農本草經校證》（吉林：科學技術出版社），1988年12月，頁37。

〔註28〕（梁）陶弘景校注、（日本）森立之重輯：《本草經集注》（日本：南大阪出版社），1972年，頁132。

三、藥物的四氣、五味及毒性

現存最早的藥學專著《神農本草經》言簡意賅地總結了藥物的四氣五味、有毒無毒、配伍法度等基本原則，定下了中藥學的理論基礎。唐代道醫孫思邈在《備急千金藥方·醫學緒論·論用藥》中說：

> 藥有酸、鹹、甘、苦、辛五味，又有寒、熱、溫、涼四氣，及有毒、無毒、陰乾、曝乾、採造時月、生熟、土地所出、真偽陳新，并各有法。其相使、相畏七情，列之如左，處方之日，宜深而究之。〔註29〕

從藥王的說明，我們可知藥物的四氣，即藥物的四性，是指寒、熱、溫、涼四種不同藥性，五味的本義是指藥物和食物的真實滋味，基本滋味分別是酸、甘、鹹、苦、辛五種味道。中藥的毒性，在廣義上泛指藥物的偏性，在狹義上是指藥物對機體的損害性，毒性反應與副作用不同，它對人體的危害性較大，甚至可危及生命。

（一）四氣

四氣也稱四性，指寒、熱、溫、涼四種不同藥性，藥氣的寒、熱、溫、涼，可不是像藥味那樣，僅僅只靠口嚐就能說出大概，而是根據實際服用後的效果，反覆驗證，然後歸納出來的結果。四氣中的溫熱與寒涼，屬於兩類不同的性質，溫與熱、寒與涼，分別具有共同性，溫次於熱、涼次於寒，即在共同性質中，又有程度上的差異。

在寒、熱、溫、涼四種不同的氣當中，屬於寒性之藥，一般具有清熱、瀉火、涼血、解毒等功效。屬於熱性之藥，多半具有溫中、散寒、補火、助陽、補氣的功效。溫性之藥，類似熱性而程度稍微緩和，涼性之藥，類似寒性而比較不寒。例如《神農本草經·附子》說：「味辛溫，治風寒，溫中。」《神農本草經·黃連》說：「味苦寒，治熱氣。」

《神農本草經》文中並沒有提到〈序錄〉的「涼氣」，卻有「平、寒、微寒、小寒、溫、微溫、大熱」等不同程度的藥氣。《黃帝內經》說：「積涼為寒，積溫為熱。」意思是說寒性藥比涼性藥要寒些，熱性藥比溫性藥要熱些。至於平性藥，森立之《本草經考注》說：

> （本草）白字別有平，蓋是不偏寒、熱、溫、涼四氣，而為平

〔註29〕《道藏》第 26 冊（天津：古籍出版社，1988 年），頁 30。

淡無辟之物，以應四季脾土之氣。故上品多平性而無毒。是四氣上
加平，而爲五氣，則與五味相比也。〔註30〕

由此可知平性藥的藥性平和，偏寒、偏熱並不明顯，因此作用比較緩和。

藥性是由藥物作用於個人機體所發生的反應概括出來，是與所治疾病的
寒熱性質相對應的。溫熱屬陽，寒涼屬陰。不同的性氣，具有不同的效用。《黃
帝內經》說：「寒者熱之，熱者寒之」，《神農本草經》簡單概括爲「療寒以熱
藥，療熱以寒藥」，這是中醫學最基本的用藥規律。利用藥物性氣之偏，以調
治人身之氣的偏盛偏衰，以此來達到「陰陽平衡」。

（二）五味

作爲中藥藥性的重要內容，五味與四氣的關係，最爲密切。元朝王好古
《湯液本草》說：「凡藥之所用者，皆以氣、味爲主。」明朝謬希雍《本草經
疏》說：「藥有五味，中涵四氣，因氣味而成其性。」〔註31〕事實上，藥食的
滋味是通過口嘗而得知的，古語云：「入口則知味，入腹則知性」，古人因此
將滋味與作用關聯起來，並用滋味解釋藥食的作用，這就是最初的「滋味說」。
《周禮‧天官》所載：「凡藥以酸養骨，以辛養筋，以鹹養脈，以苦養氣，以
甘養肉，以滑養竅。」

五味的本義是指藥物和食物的眞實滋味，基本滋味分別是酸、甘、鹹、
苦、辛五種味道，除此之外，還有淡和澀味，由於長期以來將澀附於酸，淡
附於甘，以合五行配屬關係，故習稱「五味」。五味對應五行生剋的模式，較
諸陰陽二元觀點「抑制和亢進」，更爲進步。五行間並無從屬的關係，而是以
還化（生）和制衡（剋），來維持個人機體整體性的穩定，此乃是《黃帝內經》
多元體內環境恆定的觀念。〔註32〕五行是繼陰陽之後，更細膩地歸類宇宙萬
象的一種模式。在《黃帝內經》論述的基礎上，後世對五味的作用作進一步
的補充發揮，綜合前人的用經驗，分述如下：「辛味能散、能行；有發散、行
氣、行血的作用。甘味能補、能緩、能和。酸味能收、能澀；有收斂固澀的
作用。苦味能泄、能燥，指降泄肺氣、胃氣。鹹味能軟、能下，有軟堅、散
結、瀉下作用。

如何理解四氣、五味與藥性之間的關係呢？醫者利用藥物的陰陽，來治

〔註30〕（日本）森立之重輯：《神農本草經》（上海：群聯書局，1955年），頁23。
〔註31〕（明）徐春甫：《古今醫統大全卷》（台北：新文豐書局，1978年），頁53。
〔註32〕莊宏達：《內經新解》（台北：志遠書局，1993年），頁48。

療病氣的陰陽偏盛，使之歸於平衡；而四氣、五味則是藥物陰陽的再細分。明朝謬希雍《本草經疏》說：「五味之變，不可勝窮，此方劑之本也。陰陽二象，實爲之綱紀焉。」清朝吳儀洛《本草從新》說：「寒熱溫涼，氣也。酸、甘、鹹、苦、辛，味也。氣爲陽，味爲陰。」〔註33〕氣雖爲陽，味雖爲陰，五行之中還可以再分出陰陽。《黃帝內經》說：「辛甘發散爲陽，酸苦涌泄爲陰，鹹味涌泄爲陰。」由此可知，氣味乃藥物陰陽的再細分。

五味對藥性的作用爲何？吳儀洛《本草從新》說：

> 酸者能濇、能收，苦者能泄、能燥、能堅；甘者能補、能和、能緩，辛者能散、能潤、能橫行；鹹者能下、能耎堅、此五味之用也。〔註34〕

此處對五味作用，提供了進一步的說明，可以說是補充了《黃帝內經‧素問》五味性能之說。此外因爲「陽主外，陰主內」、「陽者主上、陰者主下」，與前面的五味作用排列組合，可得知的論點有：辛、甘之藥，能上行向外，具有散、潤、補益、和、緩、橫行的作用。酸、苦、鹹之藥，能下行向內，具有收、濇、瀉、下、軟堅、燥濕的作用。

氣味相合而成藥性說，不同氣味的藥物相互配合，會產生不同的功用以及療效。四氣與五味的不同配伍，可以產生不同的作用，來適應臨床上的各種不同需要。例如辛溫藥，可散寒解表，臨床用來治療風寒束表的感冒。而辛涼藥能疏散風熱，臨床用來治療風熱型的感冒。苦溫熱如蒼朮，適用於寒濕證；苦寒藥如黃連，適用於濕熱證。

（三）毒性

中藥的毒性，在廣義上泛指藥物的偏性，在狹義上是指藥物對機體的損害性，毒性反應與副作用不同，它對人體的危害性較大，甚至可危及生命。東漢時代，《神農本草經》提出了「有毒」、「無毒」的區分。無毒指的是藥性平和，有毒指的是藥物具有一定程度的副作用或是毒性。在《本草綱目》中將藥物的毒性分爲「大毒」、「有毒」、「小毒」、「微毒」。前人是以偏性的強弱來解釋毒性程度，有毒藥物的治療劑量與中毒劑量比較接近或相當，因在用藥時安全度小，易引起中毒反應，如商錄、細辛、苦杏仁、何首烏、附子等常有不良反應的報告。相對毒性較小或無毒的中藥，並非絕對不會引起中毒

〔註33〕（明）徐春甫：《古今醫統大全卷》，頁 54。
〔註34〕（明）徐春甫：《古今醫統大全卷》，頁 53。

反應，如人參、艾葉、知母等皆有產生中毒反應的報道，這與劑量過大或服用時間過長等有密切關係。

《神農本草經》中所謂「上藥無毒」，可以「多服久服」，是一種誇大的說法，目的是在肯定其藥用價值。《神農本草經》上、中、下三品藥物有毒、無毒的概念，是當時臨床用藥經驗的比較性結果。凡上品藥，藥性多平和溫厚；中品藥，藥性副作用較下品藥小；而下品藥則是三品藥當中，副作用較大、毒性也較劇烈者。認識藥物的有毒、無毒，了解其藥性作用的峻利或和緩，才能根據病人機體的虛實、疾病的輕重深淺，選擇適當的藥物，斟酌合宜的藥量。中品藥的毒性大小相間，用藥期及服用量就必須更加保守謹慎。

第二節　藥物的製作與服用

藥物的製作有：採集、貯藏、炮製、配伍以及服用等步驟。《神農本草經・序錄》說：「陰乾暴乾，採治時月，生熟，土地所出，真偽陳新，並各有法。」此處說明了藥材貯藏前的乾燥處理，藥物採收的時節，生品或經過炮製的藥材，藥物的生長環境，藥物的真偽鑑別以及陳品新品的使用，都會影響到治療的效果，具有一定的法度。

一、採集藥材

藥材的合理採集，不但可以保證藥材的質量、藥效，而且對於保護、擴大藥源，具有重要意義。若是採收注意「適時得法」，則服食時，因為藥性強，所以醫療效果顯著。相反的，若是藥材採收季節不對，或是方法不對，都會因為藥性弱而影響療效。道醫很早就注意到：不同的藥物，在採收時節、採集方法上，應當各有講究，孫真人在《備急千金藥方》卷一《醫學緒論・論處方》中提到：「古之善為醫者，皆自採藥，審其體性所主，取其時節早晚，早則藥勢未成，晚則盛勢已歇。」〔註35〕從上述說明可知，採藥過早，則藥勢未成；採藥過晚，則盛勢已歇，從而強調醫家採藥的重要性。例如葛洪在《抱朴子・內篇・仙藥》中，詳細說明上等草木藥的產地、採集、性狀、療效等，並且為我們留下了寶貴的論述。

一般來說，動植物類藥材，比較注意採收時間。植物類藥材採收時節和方

〔註35〕《道藏》第 26 冊（天津：古籍出版社，1988 年），頁 29。

法，通常以入藥部位的生長特性為依據。大致可以按照藥用部位分為以下幾種：全草類、葉類、花類、果實和種子類、根和根莖類、樹皮和根皮類，採集的方法都不相同。動物性藥材，因為品種的不同，採收的時間各異，以保證藥效和容易獲得為原則。礦物類藥材，比較講究產地，大多可以隨時採收。

不同的用藥部位，例如植物的根、莖、葉、果實、種子或是全草等，都有一定的成熟時期，而且有效成分的多寡，也會因為季節而有不同。因此要盡量選擇在藥用植物的有效成分含量最多時，進行採集，才能得到品質較好的藥材。動物藥材同樣有一定的捕捉與加工時期，如此才符合醫療上的要求〔註36〕，這就是「採治時月」的意義。

《道藏》所收的《圖經衍義本草》，是北宋時期一部集大成、綜合性的藥物學著作。該經廣輯《圖經》、《唐本草》、《外台秘要》、《經驗方》、《千金要方》、《備急肘後方》、《齊民要術》、《藥性論》等百餘種醫藥方書，分玉石部、草部、木部、人部、獸部、禽部、蟲魚部、果部、米穀部以及菜部，對於各種藥物之性能、藥效、產地、採製方法、服用禁忌等，做了周全的考辨注疏，非常具有參考價值。因此本論文中的三品藥物，徵引此書來加以說明相關藥物的產地、採集、性狀與療效，以期能明瞭葛洪的藥物養生醫療觀，服食金丹、上藥是屬於醫心「神」的修煉，服食中、下藥是屬於醫身「形」的養護。

二、貯藏藥物

藥材在採集之後，需要去除泥土雜質和非藥用部分，經過洗淨、乾燥等過程，來妥善保存。藥物貯藏保存的好壞，與藥材的質量和藥效，關係密切。因為若是藥物貯藏不當，藥材就有可能會變質失效，甚至產生副作用。著名道醫孫思邈他在長期行醫中，體認到疾病「多起於猝」，而良藥難於一時覓得，因此語重心長地勸告世人要「貯藥藏用，以備不虞」。他在《備急千金藥方》卷一《醫學緒論・論藥藏》中交代，藥物貯藏之注意事項。提到：

> 石藥、灰土藥、水藥、根藥、莖藥、葉藥、花藥、皮藥、子藥、
> 五穀、五果、五菜，諸獸齒牙、骨角、蹄甲、皮毛、尿屎等藥，酥
> 髓、乳酪、醍醐、石蜜、沙糖、飴糖、酒醋、膠麵、蘗豉等藥。右
> 件藥，依時收採以貯藏之。蟲蟊之藥不收採也。〔註37〕

〔註36〕《中國藥材學》（台北：啟業出版社，1987年），頁66。
〔註37〕《道藏》第26冊（天津：古籍出版社，1988年），頁38。

孫思邈列舉了石藥、灰土藥、水藥、根藥、莖藥、葉藥、花藥等二十六類藥物,應當「依時收採以貯藏」,若是藥物遭蟲蠶噬咬,則不採收。因為天氣的溫度、濕度、空氣、陽光等自然因素,經常導致藥材生蟲、發霉、變色、氣味散失、枯朽、風化、融化沾黏等,從而使藥物變質失效,所以必須注意藥物的保管養護。他也具體講述了藥物應當如何防潮與防蟲,《備急千金藥方‧醫學緒論‧論藥藏》說:

> 諸藥未即用者,候天大晴時,於烈日中曝之,令大乾,以新瓦器貯之,泥頭密封。須用開取,即急封之,勿令中風濕之氣,雖經年亦如新也。其丸散以瓷器貯,密蠟封之,勿令泄氣,則三十年不壞。諸杏仁及子等藥,瓦器貯之,則鼠不能得之也。凡貯藥法,皆須去地三四尺,則土濕之氣不中也。〔註38〕

日曬密封,是乾燥藥材常見的辦法。在晾曬時,要注意「凡藥皆不欲數數曬曝,多見風日,氣力即薄歇,宜熟知之。」貯藏藥物之法,必須離開土地三四尺高,這樣泥土濕氣不會干擾藥物。丸散適合用瓷器貯藏,密蠟封之,可令三十年不壞。諸杏仁及子等藥,適合瓦器貯藏,老鼠不能碰得。道教醫學還總結出其他一些的貯藏法,有陰乾法、烘乾法、低溫保存法(在陰涼乾燥處保存藥物)、避光保存法(放置藥物於密閉容器中,以防氧化變質)等。

三、炮製藥物

中藥採集和初步加工之後,需要經過「炮製」環節。中藥炮製是中國醫藥學的組成部分,歷代醫家對炮製都十分重視。清代張仲岩在《修世指南》中說:「炮製不明,藥性不確、則湯方無准而病症無驗也。」〔註39〕此處充分說明了中藥與加工炮製,具有相當高的臨床價值。一般藥物的炮製,是運用篩、匾、簸箕等炮製器械,使用酒、醋、蜜等輔料,具體通過炒黃(法)、灸法、煅法、蒸法、煮法、蟬法、發酵、發芽等法,對藥物進行精心加工處理。

炮製又稱「炮炙」,在中藥學中是指根據中醫藥理論,按照醫療、調製、製劑、貯藏等不同要求以及藥材自身的性質,將藥材加工成飲片時所採取的一系列傳統製藥技術。炮製中藥材的過程可以影響中藥的藥性,改善中藥材的儲藏性,是中藥學研究的重要內容之一。中藥材大多是生藥,有的有毒性、

〔註38〕《道藏》第 26 冊(天津:古籍出版社,1988 年),頁 38。
〔註39〕李麗卿:〈中藥的採集、炮製、調劑、煎煮與療效的關係〉,《福建藥學雜誌》,1994 年第 1 期,頁 23。

性質劇烈，不適合直接使用。有的容易變質，不能久藏，有的則需要除去雜質和不適用的部分，方可使用。因此中藥材，必須經過特定的炮製處理，才能更符合治療的需要，充分發揮藥效。

藥材炮製的作用是：降低藥物的毒性、刺激性或副作用，改變藥物的藥性，使藥物便於製劑和貯藏，以及促進藥物成分溶出。遠古時代，即有中藥材，炮製的歷史，這與火的發現與使用，關係密切。傳說中發明炮製技術的是商代曾經做過廚師的大臣伊尹，他把廚房中經常應用的一些烹飪手法如烤、灸、炒、煮以及常見調味料如鹽、醋、酒、蜂蜜、薑等應用於草藥的加工，並且創製了中醫經常應用的湯劑，總結了煎藥之法。隨著醫藥知識的積累，中藥炮製的技術積累了許多方法。中藥炮製最早的史料，是根據馬王堆漢墓出土竹簡輯復出版的處方集《五十二病方》，書中每一個方劑下都以注釋的形式列出了炮、灸、燔、熬等中藥炮製方法；《黃帝內經》中也有分立的關於炮製的記載；中國最早的藥學專著《神農本草經》中則記述了中藥炮製的基本原則：「藥，有毒無毒，陰乾曝乾，采造時月，生熟土地所出，真偽新陳並各有法，若有毒宜製，可用相畏相殺，不爾勿合用也」。《傷寒雜病論》記載了近百種中藥炮製方法。如蒸、炒、灸、煅、炮、煉、煮、沸、火熬、燒、咀、斬折、研、銼、搗膏、酒洗、酒煎、苦酒煮、水浸、湯洗等，炮製技術已初具規模。

在「貴生」思想推動下，道醫不斷地探究藥材炮製的技術，提供了寶貴的貢獻。近代葛洪在《肘後備急方》中記載了八十多種藥物炮製的方法，例如：

> 中射罔毒。藍汁，大豆，豬犬血，並解之。……中巴豆毒。黃連，小豆藿汁，大豆汁，並可解之。……中半夏毒，以生姜汁，乾姜，並解之。中附子、烏頭毒，大豆汁，遠志汁，並可解之。〔註40〕

以大豆汁解射罔毒、巴豆毒以及附子、烏頭毒，以甘草解芫花毒，以生姜汁解半夏毒，這是用輔料炮製解毒藥的開端。

南朝劉宋的雷斅《雷公炮灸論》，其書系統地總結西元五世紀以來的中藥修治、炮灸方法，是我國第一部藥材炮製專著。書中記載了蒸、煮、炒、焙、灸、炮煅、飛等常用炮製方法，集秦漢至南北朝歷代炮製經驗之大成，對炮製技術的發展產生了巨大影響。雷公炮灸論的出現是中藥炮製學形成的一個標誌。

〔註40〕《道藏》第33冊（天津：古籍出版社，1988年），頁101。

唐代孫思邈在《備急千金藥方・醫學緒論・論合和》中說：

問曰：凡合和湯藥，治諸草石蟲獸，用水升數，消殺之法則云
何？答曰：凡草有根、莖、枝、葉、皮、骨、花、實，諸蟲有毛、
翅、皮、甲、頭、足、尾、骨之屬，有須燒煉炮炙，生熟有定，一
如後法。順方者福，逆之者殃。或須皮去肉，或去皮須肉，或須根
莖，或須花實，依方煉治，極令淨潔。〔註41〕

藥王將中藥炮製的方法從方劑注釋中抽離出來獨立成章，他認為各種藥材性
質不同，應當區別分開炮製，以便使用，並在此引文後面詳細列舉了許多藥
材的炮製方法。歸納來說，古代中藥材的炮製方法有以下幾類：一、修治，
包括純淨藥材、粉碎藥材、切製藥材三道程序。二、水治，包括洗、淋、泡、
漂、浸、潤、水飛等方法。三、火製，包括炒、炙、煅、煨、烘、燙、燎、
炮等方法。四、水火共製，包括蒸、煮、撣、淬、燉等方法。〔註42〕

四、藥物配伍

藥物配伍，指的是按照病情需要和藥物特點，將兩種以上的藥物，配合
使用。藥物通過配伍，能增效、減毒、擴大治療範圍，適應複雜病情以及預
防藥物中毒。中藥的使用是十分講究配伍的，一般是按照病情的不同需要和
藥物的不同特點。在中醫為病人處方藥物時，絕大多數以君、臣、佐、使的
原則，將兩種或兩種以上的藥物合在一起使用，這樣可以達到降低毒副作用，
擴大提高療效，以適應複雜病情的需要。

（一）君、臣、佐、使原則

《神農本草經・序錄》說：「藥有君臣佐使，以相宣攝合和，宜用一君、
二臣、三佐、五使，又可一君，三臣，九佐使也。」文中君臣佐使，指的是
藥物配伍組織的原則。藥有君、臣、佐、使，可以相互促進制約。藥物配伍
應該用一君二臣五佐，也可以是一君三臣九佐。中醫經典《黃帝內經》，早在
春秋戰國時期就探討了配伍用藥的原則。《黃帝內經・素問・至真要大論第七
十四》說：「岐伯曰：君一臣二，制之小也；君一臣三佐五，制之中也；君一
臣三佐九，制之大也。」〔註43〕岐伯認為君藥一味，臣藥二味，這是小劑的

〔註41〕《道藏》第26冊（天津：古籍出版社，1988年），頁32。
〔註42〕 高學敏：《中藥學》（上）（北京市：人民衛生出版社，2000年），頁34～41。
〔註43〕（唐）王冰次注、（宋）林億等校正：欽定《四庫全書》子部三九醫家類《黃
帝內經》，第七三三冊，（上海市：上海古籍出版社，1987年），頁297。

組成；君藥一味，臣藥三味，佐藥五味，這是中劑的組成；君藥一味，臣藥三味，佐藥九味，這是大劑的組成。藥王孫思邈說凡藥有「君臣佐使」，這是藥物配伍在方劑學中的運用，藥物按照一定法度加以組合，並確定一定的份量比例，製成適當的劑型，就是「方劑」。方劑是藥物配伍的發展，也是藥物配伍應用的較高形式。

數字代表藥味的多少，君藥是方劑配伍中的主藥，就是針對主症起主要作用的藥物。臣藥是輔助主藥、加強主藥功效的藥物。佐藥協助主藥，解除某些次要症狀；或監製主藥，消除或防止主藥產生副作用。使藥與臣藥相應，是方劑中的引經藥物。把多種藥物加以嚴密的組織，其目的有三：一、避免單味藥的大量劑量，造成毒性或副作用。二、發揮更大的治療作用，包括加強主要的功效，解除其他兼症。三、消除或防止副作用的產生。

在此要特別說明：藥物配物的組織法「君、臣、佐、使」和上、中、下三品藥的「君、臣、佐使」，有何區別呢？《黃帝內經·素問·至眞要大論第七十四》黃帝問方制君臣一節說：

> 上藥爲君，中藥爲臣，下藥爲佐使，所以異善惡之名，位服餌
> 之道，當此以爲法。治病之藥，不必皆然，以主病者爲君，佐君者
> 爲臣，應臣之用者爲使，皆所以贊成方用也。……上中下品，此明
> 藥善惡不同性用也。〔註44〕

從服食養身的立場來說，依其重要性，而有上中下，君、臣、佐使的善惡之別，因此三品藥的分類：「優劣勻分，萬事之定規也」。而方劑中的君臣，則是就處方上，藥有輕重主從來講，此爲二者不同之處。

（二）七情原則

漢代《神農本草經》，提出了中藥配伍的「七情」原則，奠定了中藥配伍的理論基礎。南朝道醫陶弘景在《神農本草經集注》中對「七情」加以闡揚發揮，並且整理了「七情藥例」，爲後世同行所推崇。〔註45〕藥物七情講的是藥物間的七種作用，其中除了「單行」外，均是兩種以上藥物之間的交互作用。一般治療疾病時，利用「相須」、「相使」來加強藥效。忌用「相惡」、「相反」，以免產生副作用。如果要使用藥物，來減輕或消除另一種藥物的毒性或

〔註44〕（唐）王冰次注、（宋）林億等校正：欽定《四庫全書》子部三九醫家類《黃帝內經》，第七三三冊，（上海市：上海古籍出版社，1987年），頁277。
〔註45〕高學敏：《中藥學》（上）（北京市：人民衛生出版社，2000年），頁94。

副作用，可以用「相畏」、「相殺」來互相牽制，如果不是這樣，就不適合使
用。

　　唐代道醫孫思邈在《備急千金藥方‧醫學緒論‧論用藥》中說：

　　　又有陰陽配合，子母兄弟，根莖花實，草石骨肉。有單行者，
　　有相須者，有相使者，有相畏者，有相惡者，有相反者，有相殺者。
　　凡此七情，合和之時，用意審視，當用相須、相使者良，勿用相惡、
　　相反者。若有毒宜制，可用相畏、相殺者，不爾勿合用也。〔註46〕

藥王總結了前人的經驗，對中藥及方劑的配伍理論，做出了貢獻。此處孫思
邈討論了「七情」理論，並加以具體應用。他在《用藥論》中，分成玉石上
中下部、草藥上中下部、木藥上中下部、獸上中下部、蟲魚上中下部、菜上
中下部、米上中下部，共197種藥物，詳細列舉了其「相使、相畏七情」。

　　前人把單味藥的應用，同藥與藥之間的配伍關係，總結為七個方面，稱
為藥物的「七情」。七情則為：單行、相須、相使、相畏、相殺、相惡、相反
的七種用藥方法。單行者，「單方不用輔也」，指使用單味藥治病，單用某一
種藥來發揮效能，例如獨蔘湯，單用人蔘一味，大量服用可大補元氣。相須
者，「同類不可離也」，例如黃柏、知母二藥皆能滋陰，故黃柏、知母相須而
行，能增強滋陰降火的療效。相使者，「我之佐使也」，使用性能功效相類似
的藥物，配合應用，可以增強其原有療效。例如當歸從黃耆，則能補血，當
歸和牽牛，則能破血，端視主藥的療效而定。「相須」、「相使」都是在增強療
效，相當於現代藥理學的相加作用與協同作用。〔註47〕

　　相畏者，「受彼之制也」，兩種藥物合用之後，產生抑制作用，一種藥物
的烈性或毒性，受到另一種藥物的抑制或減輕。例如以半夏配生薑同用，半
夏之毒，就受到生薑的抑制。相殺者，「制彼之毒也」，指一種藥物能減輕或
消除另一種藥物的毒性或副作用。例如綠豆能殺巴豆毒，減輕巴豆的中毒症
狀；防風能促進砒的的排出，解除砒霜中毒的症狀。「相畏」、「相殺」都是從
藥物毒性相互制約來說，一是「受彼之制」，一是「制彼之毒」，乃被動與主
動語態之差別，例如半夏畏生薑，故生薑能制半夏毒，即「相殺」之義（生
薑殺半夏）。相惡者，「奪我之能也」，指兩種藥物合用，一種藥物與另一藥物
相作用，而致使原有功效降低，甚至喪失藥效。例如生薑惡黃芩，因為黃芩

〔註46〕《道藏》第26冊（天津：古籍出版社，1988年），頁30。
〔註47〕陳岱全：《藥理學》（台北：合記書局，1974年），頁30～31。

會減弱生薑的溫性。「相惡」和「相畏」的不同，在於「所謂惡者，惡其異我」、「所謂畏者，畏其制我」，一是就藥性不同的藥物，能減弱另一藥之性能講；一是就減低烈性或毒性講。相反者，「兩不相合也」，指兩種藥物合用，能產生毒性反應或副作用。例如甘遂有毒，具有瀉下、利尿作用，而甘草則有促進水鈉蓄留的作用，兩者合用後，甘草抵消了甘遂的逐水作用，使甘遂只表現出毒性作用。

　　一般來說，「七情」在臨床上的狀況可概括為四種：一、有些藥物，因產生協同作而增進療效，是臨床用藥時要充分利用的。二、有些藥物，可能互相拮抗而抵消，削弱原有功效，用藥時應加以注意。三、有些藥物，由於相互作用，而能減輕或是消除原有的毒性或副作用，在應用毒性藥或劇毒藥時，必須考慮選用。四、另外一些本來單用無害的藥物，卻因相互作用，而產生毒性反應或強烈的副作用，此屬於配伍禁忌，原則上應避免使用。「相畏」、「相殺」、「相惡」，在現代藥理學來看，類似一種抑制或拮抗作用。〔註48〕「相須」、「相使」都是在增強療效，因此常應用於一般的方藥配伍。若是為了抑制藥物的毒性反應，可以使用「相畏」、「相殺」。而「相惡」、「相反」，或者使藥效減弱，或者會產生強烈的副作用，所以在一般配伍時不用。

五、藥物服用

　　中藥的服用，包括給藥途徑、應用形式、煎煮方法、服藥方法以及用藥禁忌等。將藥物原料加工，製成各種適宜的形式，我們通常稱之為「劑型」。劑型是藥物應用的最終形式，既便於臨床應用，又利於減輕藥物的峻烈之性和毒性，使藥物能發揮最佳療效。中藥的劑型，源遠流長。在《五十二病方》、《黃帝內經》、《神農本草經》、《傷寒雜病論》中，記載了中藥劑型發展的足跡。東漢道教煉丹家魏伯陽所著的《周易參同契》，推動了中藥丹劑的應用和發展。東晉葛洪在《肘後備急方》中，最早提出成藥劑的概念。主張成批生產，以備急用。書中記載的劑型頗多，除了湯劑之外，還有丸、膏、散、酒、栓、洗、搽、含漱、滴耳、眼膏、灌腸、熨、熏、香囊及藥枕等十餘種，約有350個品種。其中丸劑多達103種，膏劑95個，有煎膏劑、硬膏劑、調膏劑等，且大多應用至今。散劑有82種，絕大多數是內服散劑，也有煮散劑型，還有少部分的外用散劑。

〔註48〕陳岱全：《藥理學》（台北：合記書局，1974年），頁30。

（一）藥物的劑型

　　藥物有的適宜作成丸劑、散劑、湯劑、酒劑與膏劑五種劑型，有的處方可以作成二種（或二種以上）的劑型，這些都要隨藥性而定，不能違反。對於常見劑型的作用，藥王孫思邈在《備急千金藥方‧醫學緒論‧論合和》中，有清楚的說明：「凡藥有宜丸者，宜散者，宜湯者，宜酒漬者，宜膏煎者，亦有一物兼宜者，亦有不入湯酒者，并隨藥性，不得違之。」〔註49〕由此可知，劑型的製作，不僅不得違反藥性，也要適應治療者的個別需要。歸納來說：五種劑型中，屬於液體的劑型有湯劑、酒劑；屬於半固體的劑型有膏劑；屬於固體的劑型則有散劑、丸劑。如何服用這些劑型呢？《備急千金藥方‧醫學緒論‧論診候》中有說：

　　　　張仲景曰：欲療諸病，當先以湯蕩滌五臟六腑，開通諸脈，治道陰陽，破散邪氣，潤澤枯朽，悅人皮膚，益人氣血。水能淨萬物，故用湯也。若四肢病久，風冷發動，次當用散，散能逐邪，風氣濕痹，表裏移走，居無常處者，散當平之。次當用丸，丸藥者，能逐風冷，破積聚，消諸堅癖，進飲食，調和榮衛。能參合而行之者，可謂上工。〔註50〕

治療疾病時，湯劑優先，因為可以蕩滌五臟六腑，益人氣血。次用散，因為散能逐邪。在其次用丸，因為丸藥者，能逐風冷，破積聚。好的醫生，必須要能多方面考量。

　　道教的中藥劑型有丸劑、散劑、湯劑、酒劑與膏劑。如何服用呢？一、湯劑：將藥物用水煎成湯液，稱為湯劑，是最常用的劑型，適用於一般疾病或急性疾病，宜溫服。其特點是容易吸收、發揮療效；缺點是耗時煎藥。但是毒性大的藥材，則不適合作成湯液。解表藥要偏熱服，服後還須要覆蓋好衣被，或進熱粥，以助出汗。寒症用熱藥，宜熱服。熱症用冷藥，宜冷服，以防格拒於外。二、丸劑：藥材細粉加黏合劑，或是藥材提取物與賦形劑製成的圓球狀劑型。根據黏合劑種類的不同，分為水丸、蜜丸、糊丸、蠟丸、濃縮丸等五種。顆粒較小者，直接用溫開水送服。大蜜丸者，可以分成小粒吞服。若水丸質硬者，可用開水溶化後服。丸劑在腸胃中吸收緩慢，但藥效持久，作用緩和，經常應用於慢性疾病及藥物具有大毒難入湯、酒者；其服

<hr>

〔註49〕《道藏》第26冊（天津：古籍出版社，1988年），頁34。
〔註50〕《道藏》第26冊（天津：古籍出版社，1988年），頁28。

用及攜帶比較方便，是一種常用劑型。〔註51〕凡是藥物不耐高熱、難溶於水、容易發揮、毒性較劇烈的，多適合作成丸劑。三、散劑：將一種或多種藥物粉碎均勻，混和而製成的乾燥粉末狀劑型，既可內服又可外用。可用蜂蜜調和送服，避免直接吞服，以免嗆入咽喉。散劑有製作簡便，便於服用等優點，但是吸收較湯劑爲慢。四、膏劑：將藥物煎煮取汁，濃縮成半固體，稱爲膏劑。分爲內服和外用二種。內服膏劑，是將藥物加水，再三煎熬，去渣後再慢火濃縮，加入冰糖或蜂蜜熬成濃稠的藥膏，具有補養治療作用，常用於慢性疾病或身體虛弱者。外用膏劑，是把蜂蠟加入植物油中，加熱融化，乘熱加入藥末，不斷攪拌，待冷凝即成。外用膏劑，貼於局部，具有祛風、化濕、行氣、活血、去腐、生肌收口、護肉等作用。五、酒劑：是以白酒或黃酒爲溶媒，浸泡藥物中的有效成分，所得到的澄清液體稱爲醴，俗稱藥酒；製作簡單，久貯不壞，內服外用均可。〔註52〕由於酒性善行，可助藥力行遍全身，通常應用於宣通血脈，治療風濕痹痛等症。優點是可以長久保存，易於服用；缺點是要經過一段較長時間浸漬，才能使用。

（二）服藥時間與限制

　　用藥的時間，要根據疾病的種類，而有所差異。並且用藥時間又和用餐的先後有關。葛洪則認爲：服治病之藥，要在飯前服之；服養性之藥，要在飯後服之。他認爲服用藥物，也同時必須按照個人本命的五行特質，以規分服藥的限制，這是承續漢人的說法。例如屬火之人，不宜服黑色藥，因爲水剋火。由此觀之：葛洪的服藥理論和他的道教神學體系相輔相成服食藥物有許多禁忌，反映道教醫學中的神秘特色。

1. 服藥時間

　　葛洪的老師鄭隱認爲：服治病之藥物，要在吃飯前服用；服養性之藥物，要在吃飯後服用。有人問葛洪服食藥物，是否有因服食前後不同的時間次序，而產生不同的效果呢？抱朴子回答說：按照《中黃子服食節度》上的說法認爲「服治病之藥，以食前服之；養性之藥，以食後服之。」說明如下：

　　筆者將藥物種類與服法整理成表 4-2。

〔註51〕莊兆祥、關培生、江潤祥編著：《本草研究入門》，（香港：中文大學出版社，1983 年），頁 94。

〔註52〕高學敏：《中藥學》（上）（北京市：人民衛生出版社，2000 年），頁 128。

表 4-2 藥物種類與服法

藥之種類	服　法	藥性之理	結　果
服治病之藥	食前服之。	欲以藥攻病，既宜及未食，內虛，令藥力勢易行。	若以食後服之，則藥但攻穀而力盡矣。
服養性之藥	食後服之。	若欲養性，而以食前服藥，則力未行，而被穀驅之下去不得止。	無益也。

想要用藥來治病，就應趁著尚未吃飯之前，那時體內空虛，容易使藥物的效力，順勢容易地通行於體內。如果在飯後服用的話，那麼藥力，就只會針對穀物發生作用，因而耗散、減低它的藥力。如果想要養性，但是卻在飯前服藥的話，那麼藥力尚未發揮，就被接著而來的穀物壓制下去，無法停留在體內，所以無法產生助益。

《黃帝九鼎神丹經訣》卷二十，針對此問題，也作了詳細的說明：

> 凡服療病之藥，以食前服之。若服養性之藥，以食後服之。
> 是知以藥攻病者，宜及未食內虛，令毒氣未行。若行後服之，則
> 藥但攻穀力而盡矣。若欲食養性，而食前則藥力未，穀驅之以下
> 去矣。不得除上，無益。神丹雖有大益，當依正經節度，不拘常
> 塗小禁也。〔註53〕

《黃帝九鼎神丹經訣》分成「療病」和「養生」二個層次，來談論服藥的時間，注意到藥力和穀力之間的關係，此說法承繼葛洪的觀點，符合醫藥養生方面的依據。

中醫用藥的時間，要根據疾病的種類，而有所差異。並且用藥時間又和用餐的前、後有關。《神農本草經‧序錄》說：

> 病在胸膈以上者，先食後服藥。病在心腹以下者，先服藥而
> 後食。病在四肢血脈者，宜空腹而在旦。病在骨髓者，宜飽滿而在
> 夜。〔註54〕

病在胸膈以上的，先用餐再服藥。病在心腹以下的，先服藥再用餐。病在四肢、血脈的，早晨天亮起來，還沒有用餐前服藥；病在骨髓的，晚上用餐後再服藥。其理由，學者陳岱全認為：

> 人體吸收能力最強的時刻，是胃及小腸上部，空無食物的時期，

〔註53〕《正統道藏》第18冊，（天津：古籍出版社，1988年）頁859。
〔註54〕（日本）森立之重輯：《神農本草經》（上海：群聯書局，1955年），頁135。

同等量之內服藥，在飯前服用的效果，要比飯後服用，來得有效得多。但是對腸胃道有刺激性的藥物，則以飯後服用為較佳。〔註55〕從上述兩則得說明可以歸納為：服藥時間必須衡諸病位的遠近而論，病位在上的、較近的，所以飯後服；病位在下的、較遠的，所以飯前服，這就是學者波丹元堅所說的：「食後飯飽，留戀於上；食前腹饑，迅達於下。」〔註56〕

這是因為「人身營衛之氣，晝則行於陽分」、「（平旦）陰氣正平而未動，陽氣將盛而未散，飲食未進，虛實易明，經脈未盛，絡脈調勻，氣血未常因動作而擾亂」。〔註57〕早飯前服藥，療效較大，有助於四肢血脈之氣血循環。「人身營衛之氣，夜則行於陰分」，晚飯後服藥，則藥力徐徐進入陰分，以濡養之。若依十二經脈時辰流注，足少陰腎經經氣行於下午五點至七點，「腎主骨」、「腎充則髓實」，此時服藥，當有助於骨髓疾病的痊癒。

2. 服藥限制

此外葛洪認為服用藥物，也必須按照個人本命的五行特質，以規分服藥的限制，這是承續漢人的說法，出於《玉策記》及《開明經》。例如本命屬土的人，不能服用青色的藥物，因為青色屬木，而木會剋土的緣故。至於服藥的時間，應該在飯前，才能使藥性運行於個人機體之內，達到醫療效果。但是若是神丹大藥，則無此限制。

有人問：「人服藥以養性，云有所宜，有諸乎？」服食藥物來養性，有所謂適宜與不適宜的道理嗎？抱朴子答曰：「按《玉策記》及《開明經》，皆以五音六屬，知人年命之所在。」子午屬庚，卯酉屬己，寅申屬戊，醜未屬辛，辰戌屬丙，巳亥屬丁。筆者將五音六屬排列表整理成表 4-3。

表4-3　五音六屬排列表

五　音	六　　　　屬
一言宮	庚子庚午，辛未辛丑，丙辰丙戌，丁亥丁巳，戊寅戊申，己卯己酉
三言徵	甲辰甲戌，乙亥乙巳，丙寅丙申，丁酉丁卯，戊午戊子，己未己丑
五言羽	甲寅甲申，乙卯乙酉，丙子丙午，丁未丁丑，壬辰壬戌，癸巳癸亥
七言商	甲子甲午，乙丑乙未，庚辰庚戌，辛巳辛亥，壬申壬寅，癸卯癸酉
九言角	戊辰戊戌，己巳己亥，庚寅庚申，辛卯辛酉，壬午壬子，癸丑癸未

〔註55〕 史仲序：《中國醫學史》（台北：正中書局，1993 年），頁 28。

〔註56〕 （明）徐春甫：《古今醫統大全卷》（台北：新文豐書局，1978 年），頁 92。

〔註57〕 （明）李中梓：《內經知要》（台北：新文豐書局，1989 年），頁 36。

六屬與五音中的其中一宮相配，從這個類比來說，在一言中得到的，從五音上說是宮，五行上是土；在三言中得到的則是徵與火，在五言中得到的則是羽和水，在七言中得到的則是商與金，在九言中得到的則是角與木。

表4-4　五音六屬與服藥之限制

五　音	相應之五行	不宜服何色藥物	五行相剋之理
一言宮	土	青色藥	木剋土
三言徵	火	黑色藥	水剋火
五言羽	水	黃色藥	土剋水
七言商	金	紅色藥	火剋金
九言角	木	白色藥	金剋木

因為若本命屬土（即生年月日時以戊己占主要地位者），不宜服青色藥，因為木剋土；屬金，不宜服赤色藥，因為火剋金；屬木，不宜服白色藥，因為金剋木；屬水，不宜服黃色藥，因為土剋水；屬火，不宜服黑色藥，因為水剋火。但願金丹大藥，就不復論宜與不宜也。以五行生剋、五音六屬來解說人年命之所在，作為服藥之依據，屬於笛卡兒「機械論」之說法，從此處可以看到葛洪與漢代舊學之間的承繼關係。

由此觀之葛洪的服藥理論和他的道教神學體系相輔相成，採五芝有一套宗教儀式，服食藥物也有許多禁忌，反映道教醫學中的神秘特色。若是神丹大藥，則無此限制。因為《黃帝九鼎神丹經訣》說：「人之年命各有所屬，若命屬土者，不宜服青色藥。他皆放此。並以拘忌剋順之小禁。若丹金大藥，神化奇妙，不復論宜與不宜也。」〔註58〕金丹大藥因為是石之精華，被真人所珍視。服食者，可以神仙變化，長生久視，役使百靈，上昇太清，成為天仙，所以沒有宜與不宜的問題。

道教服食藥物之後，為了保證藥效，在生活、飲食等方面，都有一些相應的限制與禁忌，這些限制與禁忌，往往是根據藥物的藥性來制定的。例如：凡服藥，皆斷生冷、酢滑、豬、犬、雞、魚、油、麵、蒜及果實等。其大補丸散，切忌陳臭宿滯之物。有空青忌食生血物，天門冬忌鯉魚，白木忌桃李及雀肉、葫荽、大蒜、青魚、酢等物，地黃忌蕪荑，甘草忌菘菜、海藻，細辛忌生菜，菟絲子忌兔肉，牛膝忌牛肉，黃連、桔梗忌豬肉，牡丹忌葫荽，

〔註58〕《正統道藏》第 18 冊（天津：古籍出版社，1988 年），頁 859。

藜蘆忌狸肉，半夏、菖蒲忌飴糖及羊肉，恆山、桂心忌生蔥、生菜，商陸忌犬肉，茯苓忌醋物，柏子仁忌濕麵，巴豆忌蘆笋羹及豬肉，鱉甲忌莧菜。從上所述，可知服食藥物的限制與禁忌，內容是非常豐富的。

第三節　礦物類仙藥

　　《抱朴子‧內篇‧仙藥》將重點放在服藥成仙的內容上，主要在說明上藥、中藥、下藥對於人體的效用，重點放在石芝、木芝、草芝、菌芝一類的植物性藥物上，這些雖然都是成仙的上藥，但是基本上與〈金丹〉的「還丹金液」是有差別的。在葛洪藥物養身醫療觀中，人工煉製的「神丹金液」爲天仙藥即上品藥的最高層次，直接服食的金石礦物類藥和有滋補作用的草木藥是成爲地仙藥，即上品藥中的第二、第三等級。

　　單服的金石礦物類藥，主要是丹砂、黃金、水銀，此三種金石礦物類藥，屬於煉丹必備的物質，又稱「丹煉方」，基本上與第二章的金丹大藥有所重複。其他單服的金石礦物類藥，主要是玉屑、雲母、明珠（珍珠）、雄黃、太乙餘糧、鍾乳、曾青、石英、赤石脂等金屬礦物，又稱「金石方」。不論是「丹煉方」還是「金石方」，都屬於金石礦物類仙藥，包括貴重的金、銀、珠、玉，大都列爲上品。這是由於道教醫學和外丹黃白術，本爲一體，神仙道派的葛洪以還丹金液，爲升仙之要，自然非常相信這些煉丹家經常使用金石藥的藥理作用。

一、「假外固內」理論

　　礦物類藥爲當時的道教多用，是因爲從秦皇、漢武以降的煉丹服餌之風盛行，許多煉丹的原料藥，得以趁機進入本草，由於這些藥物多爲金屬礦石，因此很少被醫家所用。爲什麼無法食用的金屬、礦石會被視爲仙藥，甚至看得比植物仙藥還要重呢？這是因爲當時道教思想中，有一種「假外固內」的理論。「假」就是「借」，意思是借用外物來牢固人的身體。使用金石藥讓人長生不老，在道士、方士眼中，金石礦物藥的確勝過植物藥。因爲《抱朴子‧內篇‧金丹》說：「草木之藥，埋之即腐，煮之即爛，燒之即焦，不能自生，何能生人乎？」〔註59〕意即自己都保不住長生的草木，更別想使人長生了。

〔註59〕《抱朴子‧內篇‧金丹》引自葛洪著、王明校釋：《抱朴子內篇校釋》（北京：中華書局，1985 年 3 月），卷 4，頁 74。是書據清孫星衍「平津館校刊本」爲底本點校，本文後面所引《抱朴子‧內篇》皆據此本，以下引用同書，僅註明卷數及及頁碼。

但是雲母之類的礦物藥則不然,《抱朴子·內篇·仙藥》說:「又他物埋之即朽,著火即焦,而五云以納猛火中,經時終不然,埋之永不腐敗,故能令人長生也。」〔註60〕雲母納入烈火很久,都無法使之燃燒,埋多久都不腐敗,引起道教的聯想,使用「援物比類」相似律的思維方式去解釋藥效,認為把它們充實到體內,豈不是也可以令人長生不死嗎?

葛洪在《抱朴子·內篇·金丹》中提出詳細說明:「夫金丹之為物,燒之愈久,變化愈妙。黃金入火,百煉不消,埋之,畢天不朽。服此二物,煉人身體,故能令人不老不死。」〔註61〕道醫認為:金石通過煉製,可以變性,愈煉愈神妙。煉丹家認為服食金玉,可以使人體吸收金玉那種「不朽」的靈氣。人們服食這些丹藥,丹藥的藥性,就會轉移到人的身上,使人長生不死。金丹的奧秘,可歸結「變化」二字,來自「物類變化觀」。服食金丹的長生觀念與科學無關,是建立在神仙可成的宗教理論上以及建立在「假求於外物以自堅固」的需求上,可以「令人不老不死」,這是把人攝取藥物的認知,作機械性的推理與延伸,用「援物比類」的思維方式,來解釋金石方藥材神聖醫療的藥效,認為人服食這些藥餌,可以使人吸收「不朽」的靈氣,使人得到「返還」的變化性質,因為靈性的淨化,而合道成仙。正是基於這種認識,道醫認為丹藥比一般動植物藥更有效,所以也投入更大的熱情去探究。

二、丹煉方之內涵

葛洪在〈仙藥篇〉有提到:「仙藥之上者丹砂,次則黃金,次則白銀,次則諸芝,次則五玉,次則云母,次則明珠,次則雄黃,次則太乙禹餘糧,次則石中黃子,次則石桂,次則石英,次則石腦,次則石硫黃,次則石粘,次則曾青」〔註62〕從這段引文中,可知葛洪認為最上等的仙藥是丹砂,其次是黃金,其次是白銀,其次是諸芝,其次是五玉,其次是雲母,其次是明珠,其次是雄黃,其次是太乙禹餘糧,其次是石中黃子,其次是石桂,其次是石英,其次是石腦,其次是石硫黃,其次是石粘,其次是曾青。

(一)丹砂

丹砂,也就是硃砂,顏色朱赤,是煉丹術的主要原料,故煉製出來的藥

〔註60〕《抱朴子·內篇·仙藥》,卷11,頁203。
〔註61〕《抱朴子·內篇·金丹》,卷4,頁71。
〔註62〕《抱朴子·內篇·仙藥》,卷11,頁196。

物，也稱之爲「丹」（顆粒或粉末狀）。此時「丹」已成爲一種劑型（丹劑）的簡稱。丹砂在《神農本草經》中列爲上品藥第一位，《神農本草經》說：「味甘、微寒。主身體五臟百病，養精神，安魂魄，益氣，明目，殺精魅邪惡鬼。久服，通神明不老。能化爲汞，生山谷。」〔註63〕《列仙傳》說：赤斧能作水澒，煉丹，與消石服之，按金石之藥。古人云久服輕身延年者謂當避谷，絕人道，或服數十年乃效耳。今人和肉食服之，遂多相反，轉以成疾，不可疑古書之虛証。

丹砂的產地是生符陵山谷，採無時。一般療效是：主身體五臟百病，養精神，安魂魄，益氣，明目。特殊療效是：殺精魅邪惡鬼。久服，通神明不老。

（二）黃金

黃金持久而燦爛的黃色、穩定的化學性質，自古爲人所重視。《抱朴子‧內篇‧金丹》說：「丹之爲物，燒之愈久，變化愈妙。黃金入火，百煉不消，埋之，畢天不朽。服此二物，煉人身體，故能令人不老不死。此蓋假求於外物以自堅固」〔註64〕這是說丹砂神奇的變化，黃金不怕朽煉的特質，使葛洪堅信借助這樣的外物，進入人體，就可以使人長生。

（三）銀

葛洪認爲：「又銀但不及金玉耳，可以地仙也」，銀的藥物養身效果比不上金、玉，但是服食之後，也可以使人成爲地仙的。銀，主要化學成分是Ag，特質是白色，質軟而富延展性。也是珍貴的仙藥，只不過比不上金玉罷了。

《抱朴子‧內篇‧仙藥》有提到服法，「服之法，以麥漿化之，亦可以朱草酒餌之，亦可以龍膏煉之，然三服，輒大如彈丸者，又非清貧道士所能得也。」〔註65〕服食的方法是：用麥漿溶解，也可以用朱草酒餌製，也可以用龍膏煉製。可知銀的服用劑型有酒劑與膏劑二種。服食時間是：每天要服三次，每次服食藥量像彈丸大那麼多的量，這不是一般清貧道士能做到的。筆者將《抱朴子‧內篇‧仙藥》中丹煉方之內涵，製作成表4-5。

〔註63〕（魏）吳普等述、（清）孫星衍、孫馮翼同輯：《神農本草經》卷一（台北：中華書局，1994年3月），頁3。

〔註64〕《抱朴子‧內篇‧金丹》，卷4，頁71。

〔註65〕《抱朴子‧內篇‧仙藥》，卷11，頁204。

表4-5　丹煉方之內涵

序號	名 稱	生長地、形狀	服 法	一般療效	特殊療效
1	丹砂	生符陵山谷，採無時。		主身體五臟百病，養精神，安魂魄，益氣，明目。	殺精魅邪惡鬼。久服，通神明不老。
2	黃金		金或太剛者，以豬膏煮之，或太柔者，以白梅煮之。		
3	白銀		1. 以麥漿化之。 2. 以朱草酒餌之。 3. 以龍膏煉之。	1. 銀雖不及金、玉的療效，有很強的殺菌能力。 2. 用銀片作外科手術的良藥、用銀煮水治病。	日三服，輒大如彈丸者，服之可以地仙。

序號 1 的丹砂，是紅色硫化汞，有天然的與人造的二種，天然的稱為丹砂或辰砂（因湖南辰州所產得名），人造的稱為「銀朱」或「靈砂」，二者實質相同。這樣做出來的硫化汞，是煉丹術的第一步；因為它的顏色是黑色不是紅色的，要得到紅色的硫化汞，還需進行一道昇華的手續。紅色硫化汞就是後期丹家所稱的「靈砂」。所以葛洪說：「丹砂燒之成水銀，積變又還成丹砂。」

　　《抱朴子‧內篇‧金丹》有提到化黃金白銀的方法，「綺裏丹法」，「先飛取五石玉塵，合以丹砂汞，內大銅器中煮之，百日，五色，服之不死。以鉛百斤，以藥百刀圭，合火之成白銀，以雄黃水和而火之，百日成黃金，金或太剛者，以豬膏煮之，或太柔者，以白梅煮之。」〔註66〕先飄取五石玉的塵末，跟丹砂、水銀混合一起，納入大銅器中，煮了一百天，就會變成五色的丹藥，服食之後就能長生不老了。又用鉛一百斤與丹藥一百刀圭，混和燒煉，就會變成白銀。再用雄黃水調和，繼續燒煉，過了一百天，就會變成黃金。黃金有時太硬的，拿豬的膏油來煮，或者太軟的，就用白梅一起煮，增強它的硬度。

　　序號3的銀，主要化學成分是 Ag，特質是白色，質軟而富延展性。也是珍貴的仙藥，只不過比不上金玉罷了，服食銀則可以使人成為地仙，只不過每天要服三次，每次藥量像彈丸大，這不是一般清貧道士能做到的。服食較硬之物，均需化為水液，道士大抵已能運用一些溶液，引起化合作用。例如序號3的銀可以「以麥漿化之」、「以朱草酒餌之」、「以龍膏煉之」，雖然所引

〔註66〕《抱朴子‧內篇‧金丹》，卷4，頁81。

起的化學變化，當時的道士不易瞭解，卻相信其藥效如「殺精魅邪惡鬼」、「通神明不老」、「可以地仙」等。

（四）丹砂汁

《抱朴子‧內篇‧仙藥》有提到二則特殊的飲水，足以延壽，其一爲丹砂水。在葛洪的眾多成仙藥物之中，「仙藥之上者丹砂，次則黃金。」丹砂爲天然礦物，功效奇特，因此丹砂水也有妙用。葛洪認爲飲丹砂汁可長壽，筆者將其相關內容整理成表 4-6。

表 4-6　丹砂汁

名　稱	生長地	特　徵	服　法	功　效
丹砂汁	臨沅縣，有廖氏家。	其井水殊赤，乃試掘井左右，得古人埋丹砂數十斛，去井數尺，此丹砂汁因泉漸入井。	飲其水。	世世壽考，或出百歲，或八九十。

服食案例是傳聞爲「余亡祖鴻臚少卿曾爲臨沅縣令」所得的，有廖氏家，世世壽考，後來搬走後，子孫大多短命。後來他人居其故宅，復如舊，接連幾代都累世壽考。才知道是這所房子的作用，因爲井水特別紅，試著挖掘得到古人埋在裡面的數十斛丹砂，這些丹砂汁隨著泉水慢慢進到井中，因此喝那兒的水就能長壽。是以「飲其水而得壽，況乃餌煉丹砂而服之乎」因此丹砂汁也有妙用，何況是服用丹砂做成的藥餌呢？

古代墓葬使用朱砂，從新石器時代到戰國秦漢極爲普遍。〔註 67〕屬於龍山文化陶寺類型的墓葬，幾乎都有朱砂，它是古代最有傳統的屍體防腐劑。在葛洪的服食之物中，他認爲「仙藥之上者丹砂，次則黃金」，丹砂爲天然礦物，功效奇特。

三、金石方之內涵

金石方礦物類藥物，質地墜重，難以吞服，且多爲溫熱燥烈之品，有補陽之功。在葛洪的藥物養身醫療觀中，服食金液還丹、服食上藥，可以「養命」，而成爲「仙人」，是醫療養生的最高步驟，也是道教醫學的主要內涵。《抱朴子‧內篇‧仙藥》說：「抱朴子曰：《神農》四經曰，上藥令人身安命延，

〔註67〕李零：《中國方術考》（北京：東方出版社，2001 年），頁 310。

昇爲天神，遨游上下，使役萬靈，體生毛羽，行廚立至。」〔註68〕葛洪引述《神農四經》的記載，說明上等仙藥，可以使人身體安適、壽命延長，並且昇天爲神仙，遨遊於上下四方，能夠役使萬物，身體長了羽毛，心中想到什麼飯菜，食物就會自動地出現。這是凡人經過努力修道，藉由以藥物養身和以術數延命，來追求生命超越的自我永生。

《抱朴子‧內篇‧仙藥》又說：「五芝及餌丹砂、玉札、曾青、雄黃、雌黃、云母、太乙禹餘糧，各可單服之，皆令人飛行長生。」〔註69〕這裡說明在葛洪心中，除了五芝一類的植物性仙藥、丹煉方的餌丹砂外，其他的玉札、曾青、雄黃、雌黃、云母、太乙禹餘糧等可單服的金石方藥材，也都是可以使人成仙的上藥，都能使人飛行天上、長生不老。

這是因爲漢晉時期的本草思想，是將金石方置於上品，六朝的煉丹士，多兼擅醫術，但是醫藥的運用，爲醫家共通的專業技術；而道士所得意、在乎的是金石藥及一些較奇特的仙藥，自然特別推崇一般醫生所不能燒煉的金丹大藥。

（一）玉札

服玉之風，源於先秦。《山海經‧西山經》部分，凡產玉地區，都強調玉可服食。漢代墓葬制度中，王侯死後爲保肉身不朽，屍身用黃金塞九竅，口中含珍珠，身穿金縷玉衣，此即所謂「珠襦玉匣」。現代考古發現的金縷玉衣，證實漢代確有其事。這種墓葬習俗，也爲道教服食金玉提供了依據，就是當時流行「假求外物以自堅固」的思想。先秦時人們認爲最寶貴的東西是「美玉」，《抱朴子‧內篇‧對俗》說：「金玉在九竅，則死人爲之不朽。鹽滷沾於肌髓，則脯腊爲之不爛，況於以宜身益命之物，納之於己，何怪其令人長生乎？」〔註70〕意思是用金玉塞九竅，可以保持肉身不朽，用鹽滷醃製乾肉臘肉，可使其不腐爛，這都是借助外物的作用。用「援物類比」相似律的思維方式去推演，神仙道教深信讓金、玉等「宜身益命」之物進入人體，必定可以讓人長生。這也是道教爲何將無法食用的金屬礦物類藥，視爲仙藥，並且看得比植物藥還重的原因所在。上述在些理論，促使道教採用金石，作爲長生之藥。

晉以前的《玉經》說：「服金者壽如金，服玉者壽如玉。」〔註71〕所以在

〔註68〕《抱朴子‧內篇‧仙藥》，卷11，頁196。
〔註69〕《抱朴子‧內篇‧仙藥》，卷11，頁196。
〔註70〕《抱朴子‧內篇‧對俗》，卷3，頁51。
〔註71〕《抱朴子‧內篇‧仙藥》，卷11，頁204。

漢魏六朝時，道士們處心積慮地研究如何讓這些堅硬的東西進入人體，由此發明了許多柔金、化玉、消石的方法。筆者將《抱朴子‧內篇‧仙藥》中金石方－玉之內涵，製作成表4-7。

表4-7　金石方－玉之內涵

序號	名稱	生長地、形狀	服法	一般療效	特殊療效
1	玉（別名玄真）	1. 于闐國白玉尤善。 2. 南陽徐善亭部界中玉及日南盧容水中玉亦佳。	1. 以烏米酒及地榆酒化之為水。 2. 以蔥漿消之為飴。 3. 餌以為丸。 4. 可燒以為粉。 5. 磨成玉屑服之與水餌之。	令人「不饑渴」，具有防腐的功效。	1. 服之一年已上，入水不霑，入火不灼，刃之不傷，百毒不犯。 2. 令人身飛輕舉，不但地仙而已。 3. 然其道遲成，服一二百斤，乃可知耳。 4. 長生不死。

煉丹家認為服食金玉，可以使人體吸收金玉那種「不朽」的靈氣；序號1的玉泉，《神農本草經》說：「味甘平。主五臟百病，柔筋強骨，安魂魄，長肌肉，益氣，久服耐寒暑，不饑渴，不老神仙。人臨死服五斤，死三年色不變。一名玉札，生山谷。」〔註72〕《周禮》已有「玉府王齋，則共食玉」之說，鄭玄認為：玉是陽精之純者，食之以御水氣。玉主要化學成分是 $Ca_2Mg_5[Si_4O_{11}]_2(OH)_2$，是古人追求「金石之壽」、「假外物以自堅固」的「仙藥」之一，除了常常佩玉，還常常餌玉，或化其屑而為漿，或搏其粉而為丸。如漢鏡銘文屢見「上有仙人不知老，渴飲玉泉饑食棗」，「玉泉」就是用玉屑製成的飲料，能令人「不饑渴」，同時具有防腐的功效。玉器與防腐的觀念有關，到漢代才比較明朗，學者多已承認應與當時認為玉能防腐的信仰有關。〔註73〕

　　玉也是仙藥，只是難以獲得罷了。《山海經》在西山經部分，凡產玉地區都強調玉可以服食。《山海經‧西山經》記載峚山有「玉膏」，乃黃帝所服，「瑾瑜之玉為良，堅粟精密，濁澤有而光。五色發作，以和柔剛。天地鬼神，是食是饗；君子服之，以禦不祥。」《河圖玉版》說：「少室山，其上有白玉膏，一服即天地鬼神，是食是饗；君子服之，以御不祥」。《抱朴子》佚文說：「昆崙及蓬萊，其上鳥獸飲玉井，皆長生不死」這是古來的服玉之說。葛洪引《玉

〔註72〕 （魏）吳普等述、（清）孫星衍、孫馮翼同輯：《神農本草經》卷一，頁3。
〔註73〕 王仲殊：《漢代考古學概論》（北京：中華書局，1984年），頁91。

經》曰:「服金者壽如金,服玉者壽如玉也。」又曰:「服玄眞者,其命不極。」
玄眞就是玉之別名也。煉丹家認爲服食金玉,可以使人體吸收金玉那種「不
朽」的靈氣;服食還丹,是想得到那種「返還」的性質。

　　服玉的禁忌爲,要服食直接獲得的璞玉,「不可用已成之器,傷人無益」。
不可服已製成器物的玉,否則不但無益,又會傷人。因爲「有吳延稚者,志
欲服玉,得玉經方不具,了不知其節度禁忌,乃招合得珪璋環璧,及校劍所用
甚多,欲餌治服之,後余爲說此不中用,乃歎息曰:事不可不精,不但無益,
乃幾作禍也。」〔註74〕所以只有服食當得璞玉,乃可用也。凡用於墓葬皆可稱
爲「斂玉」,古代以玉器斂屍,新石器時代的良渚文化最有代表性,學者稱爲
「玉斂葬」,學者推測是巫師溝通天人的法器。〔註75〕服玉的例證有二,一爲
赤松子以玄蟲血漬玉爲水而服之,故能乘煙上下也。二爲董君異嘗以玉醴與盲
人服之,目旬日而愈。服玉的缺點爲:「所以爲不及金者,令人數數發熱,似
寒食散狀也。若服玉屑者,宜十日輒一服雄黃丹砂各一刀圭,散發洗沐寒水,
迎風而行,則不發熱也。」〔註76〕服食玉藥,不及服食金液,因爲玉使人頻頻
發熱,很像服食寒食散的樣子。如果服食玉屑,每隔十天要服食一次雄黃、丹
砂,各一刀圭的量。披頭散髮在冷水中沐浴,迎著風行走,就不會發熱了。從
上所述可以知道服玉的反應,與魏晉盛行服食寒食散相似,這應與其所含的藥
性有關。葛洪強調只有當得璞玉,並且指明地區如于闐國白玉,與《山海經》
的產玉地區相似,這是因爲新出的玉具有礦物藥的特性,但是需要經過指點始
可服食,如同五石散一樣,服食都有禁忌與良法,如此始可達到以藥代食的治
療效用,到六朝時期服五石散者多,服玉之風已日漸減少。

　　按照現代礦物學,遇分爲硬玉、軟玉,硬玉即翡翠,道是煉丹,基本上
是用軟玉,呈白色、乳黃色、乃至各種淺色調,具有蠟狀及油脂狀光澤。玉
醴的製作方法,《抱朴子‧內篇‧金丹》提到《立成丹》法時,有說明:「此
丹和以朱草,刻之汁流如血,以玉及八石〔註77〕金銀投其中,立便可丸如泥,
久則成水,以金投之,名爲金漿,以玉投之,名爲玉醴。」〔註78〕朱草形狀

〔註74〕《抱朴子‧內篇‧仙藥》,卷11,頁204。

〔註75〕張光直:〈談「琮」及其在中國歷史上的意義〉《文物與考古論集》(北京:文
　　　　物出版社,1986年),頁45。

〔註76〕《抱朴子‧內篇‧仙藥》,卷11,頁04。

〔註77〕八石:只煉丹時常用的八種藥石,諸如硃砂、雲母、空青、硫黃、戎鹽、硝
　　　　石、雌黃、雄黃等。

〔註78〕《抱朴子‧內篇‧金丹》,卷4,頁79。

像小棗樹，栽後長到三四尺，枝葉都是紅色的，莖幹如珊瑚的形狀，喜歡生在名山的石巖下面，將朱草刻破後汁流如血，再拿玉與八石、金銀投在其中，立刻就能作泥丸，久而久之，又變爲水。如果把金投入其中，溶化成新的汁水，就稱作是金漿，如果把玉投入其中，溶化成新的汁水，就稱作玉體。

（二）雲母

雲母凡有五種，爲雲英、雲珠、雲液、雲母、雲沙，屬於礦物藥，因其顏色不同，所以服食者宜按照季節所屬的顏色來服用，是來自氣化生命觀中的「五行生剋觀」的具體運用。普通人大多不能分辨，方法是「當舉以向日，看其色，詳占視之，乃可知耳。正爾於陰地視之，不見其雜色也。」按照道法，應當拿起來對著太陽，觀察它的色彩，只有詳細觀察推斷，才能知道眞相。正因爲這樣，在陰暗的地方觀察，是看不出有雜色的。

對於當時藥材品種的混淆，葛洪提出了鑑別方法，對雲母的種類，根據顏色的差異，將雲母分成雲英、雲珠、雲液、雲母、雲沙和磷石。煉丹家常使用口含、目視、火燒等方法，來進行鑑定，屬於技能性很強的工作。因爲藥物的鑑別著實不易，道門先賢常常將他們的經驗記載下來，傳授給後人。《抱朴子‧內篇》列舉這些金石藥物的名稱、特性、服用季節、服法、功效以及服食人物事蹟，反映了道門對仙藥（天地間靈藥）的重視。筆者將《抱朴子‧內篇‧仙藥》中金石方－雲母之內涵，製作成表 4-8。

表 4-8 金石方－雲母之內涵

名稱	特性	服用季節	服法	功效	服食人物
雲英	五色並具而多青者	宜以春服之	1. 以桂蔥水玉化之以爲水。	1. 服之一年，則百病除。	1. 中山衛叔卿服之，積久能乘云而行，以其方封之玉匣之中，仙去。
雲珠	五色並具而多赤者	宜以夏服之	2. 以露於鐵器中，以玄水熬之爲水。	2. 三年久服，老公反成童子。	
雲液	五色並具而多白者	宜以秋服之	3. 以硝石合於筒中埋之爲水。	3. 五年不闕，可役使鬼神，入火不燒，入水不濡，踐棘而不傷膚，與仙人相見。	
雲母	五色並具而多黑者	宜以冬服之	4. 以蜜搜爲酪。	4. 服之十年，雲氣常覆其上，服其母以致其子，理自然也。	2. 其子名度世，及漢使者梁伯，得而按方合服，皆得仙去。
雲沙	但有青黃二色者	宜以季夏服之	5. 以秋露漬之百日，韋囊挻以爲粉。		
磷石	晶晶純白	四時長服之	6. 以無巓草樗血合餌之。		

這些雲母石具有「不敗不朽」的屬性，服食五雲之理爲：「又他物埋之即朽，著火即焦，而五雲以納猛火中，經時終不然，埋之永不腐敗，故能令人長生也。」其他物品埋在地下會腐朽，在火上會燒焦，但是把五種雲母放入猛火中，經歷很久都不會燃燒，埋入地底也永不腐敗，故服食它能令人長生。這是來自巫術性的思考，屬於接觸律，認爲「假外物以自堅」。服食禁忌有二：一「又向日看之，晻晻純黑色起者，不中服，令人病淋發瘡」〔註79〕對著太陽觀察，其中有曚曚純黑氣色騰起的雲母，不適宜服食，若誤服會使人病淋發瘡。二「雖水餌之，皆當先以茅屋霤水，若東流水露水，漬之百日，淘汰去其土石，乃可用耳。」〔註80〕縱然是用水餌製，都應該用茅草屋溜水，或是東流水、露水，浸漬雲母一百日，淘汰掉土石雜質後才可服食。例證有：中山衛叔卿服食後，經過一段時間，就能乘雲飛行了，他把自己的藥方封存在玉匣中後仙去。他的兒子和漢使者梁伯，得到藥方後依法炮製服食，也成仙去了。

不燃不腐的雲母，要服用時，需要化爲液體，可以「以桂蔥水玉化之」、「以玄水熬之」、「以硝石合於筒中埋之」、「以秋露漬之」或「以無巔草樗血合餌之」，就可以服用了。一般療效有百病除，特殊療效有：老公反成童子、入火不燒，入水不濡，踐棘而不傷膚，與仙人相見等。這是屬於靈性醫療，因爲「服其母以致其子，理自然也」——此是巫術性思考的方式。

道教服藥時，常有宜忌。《三洞道士居山修煉科‧建志學道養神求仙所忌品》說：「諸服雲母，宜先服胡麻一年。不爾者，不損人，亦可後服。」〔註81〕唐齊推編撰的《靈飛散傳信錄》中，就有詳細對服食雲母的禁忌說明。例如：

> 服藥後，禁食鯉魚，能斷一切魚爲上，恐刀砧所相染害不輕。
> 又禁食血，是生肉、生乾脯之類，血羹是熟血，卻非所忌禁。生蔥、蒜，生韭、釅醋、桃、李、木瓜、酸物並等不宜食。又忌流水，若江行及溪澗無井處，但煎熟食之亦得。大麥損雲母力，亦宜慎之。
> 服此藥能斷葷血，兼靜修心氣，得效尤速。〔註82〕

〔註79〕《抱朴子‧內篇‧仙藥》，卷11，頁202。
〔註80〕《抱朴子‧內篇‧仙藥》，卷11，頁203。
〔註81〕《道藏》第32冊（天津：古籍出版社，1988年），頁591。
〔註82〕《道藏》第19冊（天津：古籍出版社，1988年），頁365。

由此可知，煉丹經書中，有關服食丹藥的禁忌內容，非常豐富，不勝枚舉。從以上所述可知，道教醫療的服食之藥是以金石爲主，而中國傳統醫學的醫術之藥是以本草爲主，這是道教醫療與中醫的一個基本區別。中醫是以治病爲出發點，進而追求養生與延年；而道教醫療的服食則是以追求長生、不死和成仙爲目標，退而求其次，才求諸醫藥養生。

（三）其他礦物類藥材

歷史上從秦漢時代開始，社會上廣泛流傳著服食丹藥之風氣。《神農本草經》中收錄了不少其他礦物類藥材，筆者將《抱朴子‧內篇‧仙藥》中其他礦物類藥材之內涵，製作成表 4-9。

表 4-9　其他礦物類藥材

序號	名稱	生長地、形狀	服法	一般療效	特殊療效
1	眞珠	徑一寸以上可服。 淳漆不沾者。	1. 以酪漿漬之皆化如水銀。 2. 以浮石水蜂窠化，包彤蛇黃合之，可引長三四尺，丸服之。 3. 餌之法，以大蟹十枚投其中。 4. 以云母水。 5. 以玉水合服之。	長壽 九蟲悉下，惡血從鼻去。	絕穀服之，不死而長生。 通神長生。 一年六甲行廚至也。
2	雄黃	當得武都山所出者，純而無雜，其赤如雞冠，光明曄曄者，乃可用耳。	1. 以蒸煮之。 2. 以酒餌。 3. 或先以硝石化爲水乃凝之。 4. 以玄胴腸裏蒸之於赤土下。 5. 以松脂和之，溶解後服食。 6. 以三物（金銀銅）煉之。	1. 百病除。 2. 三尸下。 3. 瘢痕滅。 4. 白髮黑，墮齒生。	1. 令人長生。 2. 服千日則玉女來侍，可得役使，以致行廚。
3	禹餘糧	生池澤及山島中。	煉餌服之	主咳逆寒熱，煩滿下痢，赤白，血閉，症瘕，大熱。	不飢，輕身延年。

4	太一禹餘糧（禹餘糧）	1. 一名石腦，生山谷。 2. 生太山上，有甲，甲中有白，白中有黃，如雞子黃色，九月采，或無時。		主咳逆上氣，症瘕，血閉，漏下，餘邪氣。	久服耐寒署，不飢，輕身，飛行千里，若神仙。
5	石鍾乳	1. 生山谷，少室及太山。 2. 出武都、黃白者善。	二月三月採，陰乾。	主欬逆上氣，名目益精，安五臟，通百節，利九竅，下乳汁。	
6	曾青	生山谷。 生蜀中及越巂，采無時。	能化金銅。	主目痛止淚，出風痺，利關節，通九竅，破症堅積聚。	久服輕身不老。
7	石英	生山谷。 生太山，采無時。		主心腹咳逆，邪氣，補不足。	久服，輕身延年。
8	赤石脂	生山谷中。 出河東，色赤者善。		主黃疸，泄利，腸癖，膿血，陰蝕，下血，赤白，邪氣，癰腫，疽痔，惡創，頭瘍，疥搔。久服補髓益氣，肥健。	久服，不飢，輕身延年。

序號 1 的真珠，要服食直徑在一寸以上，那種不沾不黏純漆的真珠，才有仙藥的療效。服法有「酪漿漬之皆化如水銀，亦可以浮石水蜂窠化，包形蛇黃合之，可引長三四尺」，可以用經時歷久的酪漿浸漬，使它全化成水銀，也可以用浮石水蜂窠溶化，用形蛇黃包起來合製，可以拉長至三四尺。在絕穀斷糧的情形下，可以丸服，則長生不死。餌製的方法有：「或以大無腸公子，或云大蟹，十枚投其中，或以云母水，或以玉水合服之」可以用大的螃蟹十隻，投入純漆中；或用雲母水、或用玉水吞服。一般療效則是可以打下體內各種害蟲，惡血從鼻孔中流出的。特殊療效是：一年後的六甲日，想要什麼，就叫什麼，一切都可以一招自來。此即為「行廚至也」。

序號 2 雄黃隱名、異名極多，主要化學成分是 As2S2，雄黃行辛，溫，

有毒。入心、肝經。能燥濕，解毒，殺蟲。治癰疽腫毒、蛇蟲咬傷，疥癬、神經性皮炎、帶狀疱疹、瘰疾、蟲積腹痛。葛洪認為由武都山所出者，純而無雜，特徵是「其赤如雞冠，光明曄曄者」，雄黃要色如雞冠，光亮閃爍的，才可以使用。「其但純黃似雄黃色，無赤光者，不任以作仙藥，可以合理病藥耳。」如果只是純黃，類似雌黃的顏色，並沒有紅光的雄黃，就沒有仙藥的使人長生及役使玉女行廚的特殊療效，只可配製為治病的用藥罷了，只有百病盡除、瘢痕平復等的一般療效。《神農本草經》將「雄黃」列為中品之藥的第一位，說：「雄黃，味苦平寒，主寒熱，鼠瘻惡創疽痔死肌」。中品藥一般是補養而兼有攻治疾病作用的藥物，服食雄黃的特殊療效有「千日則玉女來侍，可役使，以致行廚」他有提到如何辨別是否為玉女的方法，例如「玉女常以黃玉為志，大如黍米，在鼻上，是真玉女也，無此志者，鬼試人耳。」玉女常用黃玉作為標誌，大小如黍米，長在鼻子上，故道教服藥時，常有宜忌。

序號 3 禹餘糧，《神農本草經》說：「味甘寒。主咳逆寒熱，煩滿下痢，赤白，血閉，症瘕，大熱。煉餌服之，不飢，輕身延年。生池澤及山島中。」〔註83〕《列仙傳》云：赤斧，上華山取禹餘糧；《博物志》云：世傳昔禹治水，棄其所餘食於江中，而為藥也，按此出神農經，則禹非夏禹之禹，或本名白餘糧，《名醫》等移其名耳。序號4的太乙餘糧，藥物來源是：褐鐵礦石經氧化分解後，再經水解匯集沉積而成。太一禹餘糧和禹餘糧，乃一物而以精粗為名。《神農本草經》說：「太一餘糧，味甘平，主欬逆上氣，癥瘕，血閉，漏下餘邪氣，久服耐寒暑，不飢、輕身、飛行千里、若神仙。一名石腦，生山谷。」〔註84〕此藥明顯有道教的內涵，例如「久服耐寒暑，不飢、輕身、飛行千里、神仙」。「太乙」即「太一」（泰一、泰壹），《証類本草》「太一禹餘糧」條引陳藏器云：「太一者，道之宗源，太者大也，一者道也。」〔註85〕「太一」早期為「道」之稱，後神格化為「太一」神。唐《藝文類聚‧藥香草部》引《神農本草經》，有太一子曰「凡藥上者養命，中者養性，下者養病。」其養命、養性說出於「太一」，此引文亦見於《太平御覽‧藥部》。例如《路

〔註83〕（魏）吳普等述、（清）孫星衍、孫馮翼同輯：《神農本草經》卷一，頁8。
〔註84〕（魏）吳普等述、（清）孫星衍、孫馮翼同輯：《神農本草經》卷一，頁8。
〔註85〕（宋）唐慎微：《重修政和經史証類備用本草》（北京：人民衛生出版社，1982年），頁92。

史‧后紀炎帝紀》注引《神農本草》有「神農稽首，拜問太一，人壽過百之道」，及從其嘗藥的記載，都影射了「太一」與長生不老及藥物的關係，同時也說明了《神農本草經》與道家、道教養生的密切關係。《抱朴子‧金丹》云：靈丹經，用丹沙，雄黃，雌黃，石硫黃，曾青，礬石，磁石，戎鹽，太一禹餘糧，亦用六一泥，及神室祭醮，合之，三十六日成。

序號 5 石鐘乳，《神農本草經》說：「味甘溫。主咳逆上氣，明目益精，安五藏，通百節，利九竅，下乳汁。生山谷。」〔註 86〕生太山山谷。陰處岸下，溜汁成，如乳汁，黃白色，空中相通。二月三月采，陰乾。序號 6 曾青，又稱樸青，是天然的硫酸銅。《神農本草經》說「味酸小寒。主目痛止淚，出風痹，利關節，通九竅，破症堅積聚。久服輕身不老。能化金銅，生山谷。」〔註 87〕主治明目、鎮驚、殺蟲。序號 7 石英，《神農本草經》說白石英：「味甘，微溫。主消渴，陰痿，不足，咳逆，胸膈閒久寒，益氣，除風濕痹。久服，輕身，長年。生山谷。」〔註 88〕石英的種類有很多，無色全透明的石英稱爲水晶。序號 8 赤石脂，《神農本草經》說：「味甘平。主黃疸，泄利，腸癖，膿血，陰蝕，下血，赤白，邪氣，癰腫，疽痔，惡創，頭瘍，疥搔。久服，補髓益氣，肥健，不飢，輕身延年。五石脂，各隨五色補五臟。生山谷中。」〔註 89〕《列仙傳》云，赤須子好食石脂。具有澀腸、止血、生肌歛瘡的療效。

礦物類藥材比較講究產地，大多可以隨時採收。《抱朴子‧內篇‧仙藥》對於藥用礦物的產地、形狀、異名、採集、性能、鑑別品質美惡之法以及服餌法，如餌雲母、雄黃、玉、珍珠、金、銀之法，都有細緻的闡述。從以上所述可知，不論是丹煉方的礦物類藥材，還是金石方的礦物類藥材，這些可單服的礦物類藥材，都是可以成仙的「上藥」，廣義上是與「還丹金液」相關的。葛洪對仙藥的排列次序，顯然出於他的金丹思想，這是一種煉丹家醫藥學觀。

學者鄭金生認爲這是秦漢煉丹術的影響，《神農本草經》及《抱朴子‧內篇‧仙藥》中，某些金石方藥材被列入上品，例如：玉泉、丹砂、水銀、曾

〔註 86〕 （魏）吳普等述、（清）孫星衍、孫馮翼同輯：《神農本草經》卷一，頁 5。
〔註 87〕 （魏）吳普等述、（清）孫星衍、孫馮翼同輯：《神農本草經》卷一，頁 8。
〔註 88〕 （魏）吳普等述、（清）孫星衍、孫馮翼同輯：《神農本草經》卷一，頁 9。
〔註 89〕 （魏）吳普等述、（清）孫星衍、孫馮翼同輯：《神農本草經》卷一，頁 10。

青等，但這卻不是醫家治病的經驗總結。〔註 90〕根據梁朝陶弘景《本草經集注》的解說，《神農本草經》、《名醫別錄》所記載這些成仙藥物，實際上是來自《仙經》（道教之書）和世方（醫家之方）用藥的集合體，很大部分是屬於道教用藥。屬於宗教醫療的部分，主要作用是醫治「神」，屬於追求養生延命的精神修煉，將個人身內的靈性、精神藉由成仙藥物與「道」合爲一體，以追求個人存有的不朽性與神聖性。

第四節　植物類仙藥

　　這類仙藥，是一些具有滋補作用的草木藥，現代中醫經常在健身補腦、延年益壽的方劑中採用。這類藥有：茯苓、地黃、麥門冬、木巨勝、重樓、黃連、石韋、楮實、枸杞、天門冬、黃精、甘菊、松柏脂、松實、朮、九節石菖蒲、桂、桃膠、胡麻、槐子、遠志、五味子等，大致是《神農本草經》中具有滋補強壯作用的植物藥。《抱朴子‧內篇‧仙藥》說：「玄中蔓方，楚飛廉、澤瀉、地黃、黃連之屬，凡三百餘種，皆能延年，可單服也。靈飛散、未央丸、制命丸、羊血丸，皆令人駐年卻老也。〔註 91〕」以上所述的玄中蔓方，楚飛廉、澤瀉、地黃、黃連之類的草木藥，共三百多種，都能延長壽命，可以單獨服用。靈飛散、未央丸、制命丸、羊血丸，都使人常保青春、防止衰老。

一、仙藥的服食及其傳說

　　仙藥的傳說，自古就有。弗萊哲研究巫術，發現原始民族特殊的石頭，其形狀奇特，色彩鮮艷的，都具有特殊的咒術威力。威伯司特（Webster）論巫術一書，也說明了原始社會的咒術者，會收集藥用植物，依其形狀、色彩分類，可做醫藥的用途。《抱朴子‧內篇‧仙藥》將重點放在服藥成仙的內容上，〈仙藥〉篇較諸〈金丹〉、〈黃白〉篇，尤具巫術特色。古代本是巫醫不分的，所謂的醫巫（Medicinemam）與薩滿（Shamam），即以其秘傳的醫術來爲人治病療疾。《抱朴子‧內篇‧仙藥》說：

　　　　神農四經曰，上藥令人身安命延，昇爲天神，遨游上下，使役
　　萬靈，體生毛羽，行廚立至。又曰，五芝及餌丹砂、玉札、曾青、

〔註90〕鄭金生：《藥林外史》（台北：東大圖書，2005 年），頁 133。
〔註91〕《抱朴子‧內篇‧仙藥》，卷 11，頁 205。

> 雄黃、雌黃、云母、太乙禹餘糧，各可單服之，皆令人飛行長生。
> 又曰，中藥養性，下藥除病，能令毒蟲不加，猛獸不犯，惡氣不行，
> 眾妖並辟。又孝經援神契曰，椒姜禦濕，菖蒲益聰，巨勝延年，威
> 喜辟兵。皆上聖之至言，方術之實錄也。〔註92〕

葛洪說明上藥、中藥、下藥對於人體的效用，上品仙藥使人身體安適，壽命延長，昇天為天仙，具有遨遊上下四方，役使萬靈，遍體生羽毛，想要甚麼，什麼就來到面前的超能力。因此上藥的作用是「養命」，中藥的作用是「養性」，下藥的作用是「除病」。《孝經援神契》記載：椒薑可以禦濕，菖蒲可以增加聽力，巨勝可以延年，威喜可以辟兵，這些都是方術的實際記錄。漢代醫書《神農》四經，乃是漢代總輯的醫籍託諸黃帝者，為醫書總彙，歷代養生家多所徵引此說，其中記載頗多的神奇藥物及其特殊療效。這些能成仙的上藥，是天地間的靈藥，從以上所述，反映出自古以來即流行服食藥方的現象。

　　葛洪在《抱朴子・內篇・仙藥》敘述的植物性仙藥不多，並且多以服食傳說為主，同時引述的藥方也比較少，這是因為葛洪屬於神仙道教，站在金丹大道的立場，認為草木之藥的治療效果不如還丹金液，比較屬於「消體疾、救虧損」的生理醫療，並非可直接升為天仙的靈丹大藥，並且醫家常用，故不宜將其神話。其中所舉的事例，有些也見於魏晉筆記中，可以據以考察二者之間資料的襲用，以瞭解仙道思想對於筆記小說的影響力。

　　葛洪認為中藥的主要作用是「養性」，目的是生命的「養生」。下藥的作用是「除病」，目的是醫學上的「醫療」。中藥和下藥主要在「消體疾、救虧損」，來自生理醫療（世俗醫療），屬於醫身「形」的養護。屬於醫家用藥，藥效的發現，來自「經驗性」，具有藥理系統，在「性味理論」指導下用藥，去除人體內的各種疾病，是道教醫療的第一階段。葛洪認為上藥主要作用是「養命」，最終目的是「長生、成仙」。來自宗教醫療（靈性醫療），屬於醫心「神」的修煉，因為神是形的主宰，可以操控「氣」的流轉。屬於道教用藥，藥效的發現，引自《仙經》或仙方，經常使用「援物比類」聯想法的思維方式，來解釋藥效，具有宗教文化的社會性，養生技術以「道」為最高信仰，追求成仙的生命。也就是以心靈作主宰的生命體驗，追究存有的神聖性與不朽性，其目的在於「仙人」的靈性。實踐上，是將生命推向終極的超越境界。在葛洪藥物養身醫療觀中，服中藥、下藥，屬於形體的養護，只是成仙的預備修養、入門功夫。服上

〔註92〕《抱朴子・內篇・仙藥》，卷11，頁196。

藥，屬於醫療養生的最高步驟，也是道教的宗教理想。

由此可知道教醫療，不同於其他的生理醫療，除了養生之外，還要成仙；此醫療體系是建立在宗教醫療的「永生」需求上，在葛洪獨特的藥物養身醫療觀中，醫療、養生、成仙是三位一體的理論，顯示出醫學、生命與宗教是密不可分的。服食這些成仙的上藥，展現了生命是掌握在自己手中，「我」才是「形骸」與「壽命」的主體，「我命在我不在天」取決於自身修道的意志與實踐工夫。

二、秦漢以來的療病草

秦漢以來流行哪些神仙服食的療病草呢？按照葛洪排列的順序，《抱朴子‧內篇‧仙藥》說：

> 仙藥之上者丹砂，……次則松柏脂、茯苓、地黃、麥門冬、木巨勝、重樓、黃連、石韋、楮實、象柴，一名托盧是也。或云仙人杖，或云西王母杖，或名天精，或名卻老，或名地骨，或名苟杞也。〔註93〕

從上述引文可知，這些是秦漢以來流行服食的成仙草木藥。這些藥物，大部分在《神農本草經》中，是屬於主養命、輕身益氣、不老延年的上品草木藥。在《抱朴子‧內篇‧仙藥》中，葛洪沒有提到特殊療效，只有說明一般療效；顯然在葛洪的藥物養身醫療體系中，此「療病草」屬於醫療的第一個層次——「身體的長壽延年」，此形體的生理養護，有助於修道者身體延年益壽，達到去疾養身的現實利益。屬於肉體的養身與醫療，只是「成仙」階段性的手段，顯示出葛洪肯定肉體保全的醫療功效。

在道教徒服食修身術中，所食用最多的還是草木類藥。道教徒所服食的草木類藥，主要有靈芝草、白朮、蒼朮、天門多、黃精、茯苓、松柏、柏實、胡麻、松脂、杏仁、菖蒲、肉桂、地黃、枸杞根、黃連、甘菊、黃芪、山藥等等，直至今天，還是中醫藥學的重要內容之一。《抱朴子‧內篇‧仙藥》中詳細介紹了這些上等草木藥的性味、一般療效（世俗醫療）以及特殊療效（靈性醫療）。植物類藥材採收時節和方法，通常以入藥部位的生長特性為依據。在《抱朴子‧內篇》中，而其「地仙」服食方法，也以草木方居多。筆者將《抱朴子‧內篇‧仙藥》中成仙上藥－療病草之內涵，製作成表4-10。

〔註93〕《抱朴子‧內篇‧仙藥》，卷11，頁196。

表4-10　成仙上藥－療病草之內涵

序號	名稱	分類	性味	一般療效（世俗醫療）
1	麥門冬 即麥冬	草本	性寒味甘微苦	養陰生津，潤肺止咳。
2	木巨勝 又稱巨勝，一名胡麻。	草本	味甘性平	餌服之耐風濕，補衰老。 《神農本草經》說，胡麻主治「傷中虛羸，補五內、益氣力、長肌肉、填精益髓。」
3	重樓 即黃精	草本	性微寒味苦	散熱解毒，散結消腫。
4	黃連	草本	性寒味苦	清熱解毒。 主治瀉火，燥濕，解毒，殺蟲。
5	石韋 即石皮	草本	性平味苦	利水通淋，清肺泄熱。
6	象柴又稱托盧、仙人杖、西王母杖、天精、卻老、地骨、苟杞。	木本果實叫枸杞子，可供藥用。	味甘性平	1. 味苦寒，主五內邪氣，熱中，消渴，周痹，久服堅筋骨。 補腎益精，養肝明目。 2. 枸杞之根皮，叫地骨皮，功能清虛熱，涼血。
7	菊花	草本	味苦平	頭眩腫痛，目欲脫，淚出，皮膚死肌，惡風濕痹。久服，利血氣。

　　序號1的麥門冬，《神農本草經》說：「味甘平。主心腹，結氣傷中傷飽，胃絡脈絕，羸瘦短氣。久服輕身，不老不飢。生川谷及隄阪。」〔註94〕麥門冬又名麥冬，為多年生草本植物，塊根乾燥後即能生用，味甘、微苦。一般療效是「養陰生津，潤肺止咳」。《本草綱目》記載：麥門冬可補髓、通腎氣、定喘促，使人肌膚滑澤，現代藥理學還顯示，有降血糖與降血壓之效，但性質較寒涼，氣弱胃寒的人不適合使用。臨床上常使用麥門冬滋陰潤肺，無論是乾咳、久咳、肺結核、肺氣腫、肺衰竭等，只要呼吸道疾病非屬發炎階段，此時就適合使用麥門冬。可取三至五錢，適量搭配杏仁、枇杷葉或沙參，以熱開水煮滾後，就是一杯能滋陰潤肺的養生飲品。

　　序號6的象柴又稱托盧、仙人杖、西王母杖、天精、卻老、地骨、苟杞。

〔註94〕　（魏）吳普等述、（清）孫星衍、孫馮翼同輯：《神農本草經》卷一，頁17。

《太玄寶典》《木氣養氣章》說：

> 東方生風，風生木，木生萬物，故能生氣。木之生氣，枸杞是
> 也。四時之精，各有所在。春采葉，夏採花，秋采子，冬采根。今
> 人之用推四時取之，以服有十應。其真人《洞天祕訣》：四時各取采，
> 候四季周足，揀擇，洗了，銼之，用糯米拌之炊，入瓷，藥一斤、
> 米一斗，自冬至前下，驚蟄出之，已成如黑金色。且服之百日外，
> 髭鬢如漆色，若處子，行步如飛，登山涉險終日不倦，肌膚潤澤，
> 目有神光，惟少思慮絕愛欲爲上。〔註95〕

道教服食藥物、辟穀中常見的植物，皆因爲聚天地靈氣，而能使服食者康強
長命。道教認爲四時之精，各有所在，而木之生氣，枸杞是也。服食枸杞的
療效有：髭鬢如漆色，若處子，行步如飛，登山涉險終日不倦，肌膚潤澤，
目有神光。

序號7的菊花，《神農本草經》說：「味苦平。主風，頭眩腫痛，目欲脫，
淚出，皮膚死肌，惡風濕痺。久服，利血氣，輕身，耐老延年。一名節華，生
川澤及田野。」〔註96〕菊花因其可輕體延年的藥用價值，而被賦予「神仙食也」
的美德，魏晉之後菊花的藥用保健作用，在醫學和道教養生術以及民俗中繼續
受到重視。菊花以象徵方式傳達吉祥意義，具有「五美」，飽含生活風韻、崇
文雅趣、所求精神和自然胸襟。菊花有「日精」、「節花」、「延年」、「陰成」、「周
盈」、「帝花女」、「延壽客」之稱謂，被視爲「養生上藥」。〔註97〕

三、甘谷水

《抱朴子‧內篇‧仙藥》有提到二則特殊的飲水，足以延壽，其二爲甘
谷水。葛洪在《抱朴子‧內篇‧仙藥》中特別提出，菊花水與長壽的關係。
菊可服食，漢魏以下，菊花亦爲服食品之一。漢末時陽九與菊服以聯結成爲
民俗，菊花延年，壽居耄耋，與重陽逃避死亡、祈求長壽的心理機制有關。
其別名也稱「日精」、「延壽客」，其食法爲甘菊水、菊花酒。魏文帝認爲菊花
「含乾坤之純和，體芬芳之淑氣」，引用「屈平悲冉冉之將老，思餐秋菊之落
英」爲例證，說明其可「輔體延年，莫斯之貴，謹奉一束，以助彭祖之術。」

〔註95〕《道藏》第22冊（天津：古籍出版社，1988年），頁872。
〔註96〕（魏）吳普等述、（清）孫星衍、孫馮翼同輯：《神農本草經》卷一，頁11。
〔註97〕陶思炎：〈牡丹梅花菊花──中國名花祥物摭談〉《藝術探索》，2008年第 2
期，頁62～65。

服食菊花傳達純和、淑氣，爲一種巫術性思維，然而菊花本身也具有藥效。在漢晉之際有關菊花的各種服食，又增添了「仙道意象」，所以菊花的服食成爲歲時節日中極富詩情畫意的節日。

　　菊可服食，漢魏以下，菊花亦爲服食品之一。〈仙藥〉篇還記錄了具有滋補功效的草木藥生長地帶爲水源地的人們健康健康長壽的實例，此爲南陽地區的傳聞。《抱朴子・內篇・仙藥》說：

　　　　南陽酈縣山中有甘谷水，谷水所以甘者，谷上左右皆生甘菊，
　　　菊花墮其中，歷世彌久，故水味爲變。其臨此谷中居民，皆不穿井，
　　　悉食甘谷水，食者無不老壽，高者百四五十歲，下者不失八九十，
　　　無天年人，得此菊力也。故司空王暢太尉劉寬太傅袁隗，皆爲南陽
　　　太守，每到官，常使酈縣月送甘谷水四十斛以爲飲食。此諸公多患
　　　風痺及眩冒，皆得愈，但不能大得其益，如甘谷上居民，生小便飲
　　　食此水者耳。〔註98〕

南陽酈縣山中有甘谷水，谷水會甘甜是因爲谷上左右都長滿甘菊，菊花落入水中，年代久了水味發生變化。那些靠近甘谷水的居民，都不用鑿井，而飲用此甘谷水。飲用甘谷水的人，沒有不長壽的。長壽的可以活到一百四五十歲，短壽的至少也有八九十歲，從來沒有夭折的人，全得力於甘菊的效力。

　　甘谷水爲南陽地區的傳聞，敘述的筆調及其平實，並且引南陽太守服食其水作證，屬於事實。這則事蹟與當時流傳的仙境小說，可以相互啟發。東晉陶潛《桃花源記》有落英繽紛於溪水的情境，此可與菊花墮落谷水相互媲美，江南地區多川谷，易於產生類似甘谷中人的服食傳說。所以司空天暢、太慰劉寬、太傅袁槐，都作過南陽太守，一到官府，就要酈縣每月送上四十斛甘谷水飲用，這幾位太守都患了風痺和暈眩的病，都因此痊癒。只是他們不能有更大的助益罷了，無法像甘谷附近的居民，從小飲用這種水。從上所述可知菊花水可以治療風痺和暈眩的病，長期服用，能使人長壽。此處紀錄了以具有滋補功效的草木藥生長地帶爲水源地的人們，健康長壽的實例。

　　甘菊這種草木藥內涵刺槐素、鼠李糖、葡萄糖苷、野菊花內脂、苦味素、維生素 A、B 等成分，具有清熱解毒的功能，有抗炎、滋補的作用。〔註99〕

〔註98〕《抱朴子・內篇・仙藥》11，頁205～206。
〔註99〕魏先斌：〈《抱朴子・內篇》醫學思想初探〉《錦州醫學院學報》，2006 年第 4
　　　　卷第 1 期，頁36～38。

甘菊影響「甘谷水」，人們飲之，可以壽比南山。菊花和薏花相似，差別在於甘苦不同。《抱朴子‧內篇‧仙藥》說：

> 又菊花與薏花相似，直以甘苦別之耳，菊甘而薏苦，諺言所謂
> 苦如薏者也。今所在有眞菊，但爲少耳，率多生於水側，緱氏山與
> 酈縣最多，仙方所謂日精更生，周盈皆一菊，而根莖花實異名，其
> 說甚美，而近來服之者略無效，正由不得眞菊也。〔註100〕

又菊花和薏花長得很像，只是甘苦有別。菊花味甘，薏花味苦，俗語有所謂「苦如薏」的話。現在到處都有眞菊，只是很少罷了，它們大多生在水邊，緱氏山與酈縣最多。仙方上所說的日精、更生、周盈，都同是菊，只是指的菊根、菊莖、菊花、菊實的不同名稱。這種說法很美，但是近來服食的人大多不見效，正是因爲他們大多得不到眞菊。

　　《圖經衍義本草》記載：「薏苡仁，味甘微寒，無毒……令人能食，久服輕身益氣。」《食醫心鏡》有提到服用之法，說薏苡仁，久服輕身益氣。薏苡仁一升，搗爲散。每服，以水二升煮二匙末，作粥，空腹食之。薏苡仁爲禾本科植物薏苡的種仁，主要含蛋白質、脂肪；維生素 B1 及多種氨基酸等；具有健脾、補肺、清熱、利濕等功效。此物在食療中占有一定的地位，常以其熬粥，用於大病後體虛或慢性病體弱的病人，且有令人滿意的療效。〔註101〕

四、秦漢以來的長生草

　　這些上品長生草，在《抱朴子‧內篇‧仙藥》中，葛洪特別提到服食方法、服食人物、一般療效以及特殊療效，尤其在特殊療效中，與長生不死，靈性的超能力有關；顯然在葛洪的藥物養身醫療體系中，此「長生草」屬於醫療的第二個層次——「生命的長生不死」，此「精神」的「心靈淨化」，有助於修道者追求養生延命的精神修煉。主要在醫心「神」的修煉，屬於神聖醫學中的靈性醫療。葛洪認爲服食這些長生草，可以淨化心靈，擴充修道者肉體的精、氣、神能量。對修道者生命型態的轉化，能有所幫助。筆者將《抱朴子‧內篇‧仙藥》中，有特別說明服法的長生草，製成表4-11。

〔註100〕《抱朴子‧內篇‧仙藥》，卷11，頁206。
〔註101〕譚電波等編著：《道教養生》（長沙市：嶽麓書社，1993年），頁265～266。

表 4-11　特別說明服法的長生草

序號	名稱	分類	性味	服法 服食人物	一般療效	特殊療效
1	桂	木本 上品	性溫味辛	1. 以蔥涕合蒸作水。 2. 以竹瀝合餌之。 3. 以先知君（龜）腦，和服之七年。趙他子服二十年。	1. 花入藥有散寒破結、化痰生津的功效。 2. 主上氣咳逆，結氣喉痺，利關節，補中益氣。	1. 步行水上。 2. 長生不死。
2	巨勝（胡麻即黑芝麻，又稱木巨勝）（山之精）		性溫味苦	餌服之。	耐風濕，補衰老。 主治傷中虛羸，補五內、益氣力、長肌肉、填精益髓。	久服輕身不老。
3	桃膠	木本 汁液	性平味甘苦	以桑灰汁漬服之。	1. 百病癒。 2. 多服可斷穀。	1. 久服身輕。 2. 有光明，在晦夜之地如月出。
4	楮木實（楮木果實）	木本 果實	性寒味甘	餌之一年。 道士梁須服之。	滋腎，清肝，明目。 1. 年百四十歲能夜書。 2. 行及奔馬。	1. 老者還少。 2. 令人徹視見鬼。
5	槐子	木本 果實	性寒味苦	以新甕合泥封之，二十餘日，其表皮皆爛，乃洗之如大豆。	1. 日服補腦。 2. 久服令人髮不白。	長生。

例如序號 1 的桂，服食方法有三種：「桂可以蔥涕合蒸作水，可以竹瀝合餌之，亦可以先知君腦，或云龜，和服之」，桂可以用蔥涕合蒸成水，可以用竹瀝配合著餌製，也可以用先知君腦（龜腦）拌合服食。這是屬於以藥配食的服用方法。序號 2 的巨勝，又稱胡麻、黑芝麻，服之，可以有「主傷中虛羸，補五內，益氣力，長肌肉，填腦髓」的療效。序號 3 的桃膠，服食之法比較特別「以桑

灰汁漬服之」，一般療效有治百病，多服可「斷穀」，這在荒年亂世之中，對修道者保命來說，特別重要。特殊療效爲：久服身輕，這是成仙的象徵。此外還有「有光明，在晦夜之地如月出」。序號4的楮木實，是一種紅色的楮木果實，服餌一年，特殊療效爲：可以返老還童，令人夜間洞察鬼神。服餌人物有道士梁須，「年七十乃服之，轉更少，至年百四十歲，能夜書，行及奔馬，後入青龍山去。」七十歲才服用木楮實這種仙藥，變得更年輕了，到一百四十歲，能在夜裡看書，走路快似奔跑的馬，後來進入青龍山成仙去了。

序號 5 的槐子，炮製方法特別「以新瓷合泥封之，二十餘日，其表皮皆爛，乃洗之如大豆」，用新甕合泥封存，經二十餘日，表皮全爛掉，然後清洗出來，向大豆粒一樣。服法是每日服食，一般療效是「主補腦」，特殊療效是「久服之，令人髮不白而長生」長期服食，可使人頭髮不白，長生不死。《抱朴子·內篇·仙藥》所記載的植物尚有多種，例如：

> 玄中蔓方，楚飛廉、澤瀉、地黃、黃連之屬，凡三百餘種，皆能延年，可單服也。靈飛散、未央丸、制命丸、羊血丸，皆令人駐年卻老也。〔註102〕

以上所述的玄中蔓方，楚飛廉、澤瀉、地黃、黃連之類的草木藥，共三百多種，都能延長壽命，可以單獨服用。靈飛散、未央丸、制命丸、羊血丸，都使人常保青春、防止衰老。現代中醫證明：澤瀉主要含澤瀉萜醇 A、B、C，揮發油、樹脂等，是利水、消腫、滲溫、泄熱的良藥。地黃有生、熟之分，主要含有鋅醇、二氫鋅醇、多種氨基酸以及微量元素，具有清熱涼血、養陰生津的功效。黃連含有小檗鹼、黃連鹼等多種生物鹼，並含有黃柏酮、黃柏內脂等，有清熱燥濕、瀉火解毒的功效。上述草木藥確實可以起到防病、治病的作用。這些以食配藥的治療法，在醫學理論及臨床經驗上，是通過飲食來建構治病護身與延年益壽的治療方法，一些確實可行的方子，則是本草醫學的知識。蘇聯學者用電子計算機對東方醫學複方及其成分進行了科學研究，按「出現指數」、「藥理指數」、「治療指數」及「累計指數」等指標，篩選出最有價值的三十種中藥，有茯苓、地黃、人參、麥冬、北五味子、薑、棗、東當歸、枸杞、山藥、黃耆、菟絲子、天門冬、遠志、黃岑、香附等。〔註103〕

以上所介紹的上等草木藥，屬於葛洪仙藥中的第三類，是一些具有滋補

〔註102〕《抱朴子·內篇·仙藥》，卷 11，頁 205。

〔註103〕請參閱薛愚主編：《中國藥學史料》（北京市：人民衛生出版社，1984 年），頁 113。

作用的草木藥，現代中醫常在健身補腦、益壽延年的方劑中採用。甘菊就是其中之一，這些草木藥，大致是《神農本草經》中有滋補強壯作用的植物藥，這些藥的被發現，多是集中一些長壽老者的服食經驗而來。葛洪的藥學理論和他的道教神學體系，是相輔相成的，不僅採集有一套宗教儀式，服食時也要按照陰陽五行學說，充分反映出道教醫藥學的神祕特色。〔註104〕葛洪一生飽覽前代的醫藥圖籍，並且有能力批判其優缺點，因而自己撰述整理多種醫書，在醫學理論以及臨床經驗上俱極豐富，也因此他能深知藥性。在論服食藥方時，神話其特殊療效至於長生，這是神仙家的通說，但是一些確實可行的方子，則是來自本草醫學的知識，例如服胡麻，可「耐風溼，補衰老」的敘述筆法，就平實可信。

第五節　植物仙藥服食傳說

在本草中講述這些服藥成仙的故事，是為了增加藥效的信服程度，始之可以深入人心。這些故事曾經豐富了中國古代的神話世界，同時又給這些仙藥增添了色彩。幾乎每一個具有長生不老的藥物之後，都有相應的神話故事作為憑證。道教藥學將草木藥的醫療作用神話成仙藥，而神丹金液則是仙藥的極點。葛洪認為仙藥雖有延年的奇效，但只有服用神丹，才能達到道教不死天仙的最高境界。據說連服草木藥得神效的八公，最後也是合神丹金液而昇太清的。

一、八種地仙植物藥

服食仙草，成為成仙故事中的重要母題。這類藥品的發現，多是集中一些長壽老者的服食經驗而來。古代有人（如八公），服了這八種仙藥，結果產生神效。葛洪列舉仙人淮南八公，每人各服一種仙藥，而成為地仙的事蹟。《抱朴子‧內篇‧仙藥》說：

> 昔仙人八公，各服一物，以得陸仙，各數百年，乃合神丹金液，
> 而昇太清耳。人若合八物，煉而服之，不得其力，是其藥力有轉相
> 勝畏故也。〔註105〕

仙人八公，是指淮南八公，即蘇飛、李尚、左吳、田由、雷被、毛被、伍被、晉昌。他們每人各服一種仙藥，因此能夠成為地仙。他們各自經歷了幾百年

〔註104〕胡孚琛：《魏晉神仙道教》（北京：人民出版社，1989年），頁278。
〔註105〕《抱朴子‧內篇‧仙藥》，卷11，頁208。

之後，材進而合煉神丹金液，進而升入太虛仙境成為天仙。人們如果混合這八種種藥物，煉製後服食，卻不能得到它的藥力效果，這是因為它們的藥力，會轉相抵銷的緣故。

這些具有滋補作用的八種仙藥的傳奇，尤其是一些名藥的神話，更是引人入勝。筆者將其整理成表 4-12 來做說明，以呈顯抱朴子上品仙藥——有滋補作用的八種地仙草木藥的內涵。

表4-12 八種上品地仙草木藥

序號	名稱	分類	性味	服食人物及服法	一般療效	特殊療效
1	菖蒲	草本	性溫味辛苦	韓終服十三年。	益聰。	身生毛，日視書萬言，皆誦之。冬袒不寒。
2	桂	木本	性溫味辛	趙他子服二十年。可以蔥涕合蒸作水，可以竹瀝合餌之，亦可以先知君腦，或云龜，和服之。	足下生毛，日行五百里，力舉千斤。	七年能步行水上，長生不死。
3	五味子	木本上品	性溫味酸	移門子服十六年。	色如玉女。	入水不沾，入火不灼。
4	地黃	草本	性寒味甘苦	楚文子服八年。	手上車弩也。	夜視有光。
5	朮	草本	性溫味苦甘	林子明服十一年。	身輕體健。	耳長五寸，身輕如飛，能超逾淵谷二丈許。
6	天門冬	草本	性寒味甘苦	杜子微服天門冬。可餌之，亦可作散，並及絞其汁作酒，以服散尤佳。	禦八十妾，有子百三十人，日行三百里。服之百日，皆丁壯倍駃於朮及黃精。	取足可以斷穀。
7	茯苓	多孔菌科	性平味甘淡	任子季服十八年。	灸瘢皆滅，面體玉光。	仙人玉女往從之，能隱能彰。
8	遠志	草本上品	性溫味苦辛	陵陽子仲服二十年。	1. 可安神化痰。 2. 有子三十七人。	開書所視不忘，坐在立亡。

序號 1 的菖蒲，服食人物是韓終仙人，「服菖蒲十三年」「益聰」，《孝經援神契》說：「菖蒲能增益人的聽力」。特殊療效為「身生毛，日視書萬言，皆誦之，冬袒不寒。」身上開始生毛，每天看書萬字都能背誦，冬天裸體不怕寒冷。《抱朴子‧內篇‧仙藥》說：「生須得石上，一寸九節已上，紫花者尤善也」，想要獲取菖蒲，必須尋找生長在石頭上的那種，每寸都要有九節以上，若能開著紫花者，效果就更好了。

序號 2 的桂，服食人物是趙他子仙人，「服桂二十年」，服食桂二十年，一般療效有「足下生毛，日行五百里，力舉千斤」，腳下生毛，可日行五百里，力能舉千斤。特殊療效為「七年能步行水上，長生不死」，服食七年後，人能在水上步行，可以長生不死。服法為「桂可以蔥涕合蒸作水，可以竹瀝合餌之，亦可以先知君腦，或云龜，和服之」，桂可以用蔥涕合蒸成水，可以用竹瀝配合著餌製，也可以用烏龜的腦拌合服食。序號 3 的五味子，服食人物是移門子仙人，《御覽》云移門子或作羨門子；「服五味子十六年」服食五味子十六年，一般療效有「色如玉女」，面色像玉女一樣，具有美顏的療效。特殊療效為「入水不沾，入火不灼也」，入水，水不沾身；入火，火不灼體。

序號 4 的地黃，服食人物是楚文子仙人，「服地黃八年」，服食地黃八年，特殊療效為「夜視有光，手上車弩也」，夜裡看起來會放光，手力大到能夠剎止強勁的車弩。《太玄寶典》《長生不死章》說：「欲不死藥，服三黃，地黃，黃精，甘菊是也」。想要長生不死，就要服用地黃、黃精、甘菊三種仙藥。《太玄寶典》《草氣生氣章》也說：

> 天地之氣，由陰陽而分。陰陽之氣則為萬物，其草中有最得其氣者，地黃是也。服之榮血脈，堅牙齒，烏髭髮，光澤四肢體人，服之各有異衛。地黃收之得多則蒸之極爛，研出滓，取膏汁雜以海鹽十分之一。勿與婦人服，血妄行也而成疾。男子生虛弱，服之七九，如麻子大，清水下，七日氣盛如嬰童，大有益耳。〔註106〕

從上所述可知，地黃是草中最得氣的「靈藥」。服食的一般療效為：榮血脈，堅牙齒，烏髭髮，光澤四肢體人。

序號 5 的朮，《神農本草經》說：「味苦溫。主風寒濕痹死肌，痙疸，止汗，除熱，消食，作煎餌。久服，輕身延年，不飢。一名山薊，生山谷。」〔註107〕

〔註106〕《道藏》第 22 冊（天津：古籍出版社，1988 年），頁 878。
〔註107〕（魏）吳普等述、（清）孫星衍、孫馮翼同輯：《神農本草經》卷一，頁 13。

《說文》云：朮，山薊也。《爾雅》云：朮，山薊；郭璞云：今朮似薊，而生山中。《列仙傳》云：「涓子好餌朮」，《抱朴子‧內篇‧仙藥》說：「朮一名山薊，一名山精，故《神藥經》曰：必欲長生，長服山精。」服食人物是林明子仙人，「服朮十一年」，服食朮十一年，一般療效「身輕體健」，特殊療效為「耳長五寸，身輕如飛，能超逾淵谷二丈許」，耳長五寸，身輕如飛，能越過兩丈多寬的峽谷。

　　序號 6 的天門冬，異名有很多，例如「天門冬，或名地門冬，或名莚門冬，或名顛棘，或名淫羊食，或名管松」。天門冬，《神農本草經》說：「味苦平。主諸暴風濕偏痺，強骨髓，殺三蟲，去伏屍。久服輕身，益氣延年。一名顛勒。生山谷。」〔註108〕服食人物是杜子微仙人，一般療效「禦八十妾，有子百三十人，日行三百里」，他一人獨享八十個妾，生了一百四十個孩子，每天走三百里路。葛洪特別說明了天門冬藥物品質好壞的鑑定方法是：

　　　　其生高地，根短而味甜，氣香者善。其生水側下地者，葉細似
　　蘊而微黃，根長而味多苦，氣臭者下，亦可服食。然喜令人下氣，
　　為益尤遲也。〔註109〕

那些生長在高地的，氣短、味甜、氣香，是品質比較高質量比較好的。那些生長在水邊低處，葉細好像蘊蓄已久地微黃，根長，味道多苦，氣臭，是品質不高的，雖然也可以服食，但是它的性質，容易令人下氣，治療效果，更為遲緩。天門冬的服食之法為「若有力可餌之，亦可作散，並及絞其汁作酒，以服散尤佳」，如果有能力，可以製成藥膳，也可以製成散藥；同時也可以搗擠汁液，配置成酒，用來和服散藥，效果特別好。一般療效為「服之百日，皆丁壯倍駛於朮及黃精」，服食一百天之後，能使人健壯起來，療效比山薊（朮）、黃精的效果更好。特殊療效是「入山便可蒸，若煮啖之，取足可以斷穀」，進入山區可以蒸煮來吃，如果採食足量，就可以斷穀了。這在亂世荒年時，不失為一個延續生命的救命藥草。

　　著名道醫孫思邈在《備急千金藥方‧養性‧服食法》中載有服天門冬方說：

　　　　蒯道人年近二百而少，常告皇甫隆云：但取天門冬，去心皮，
　　切，乾之。酒服方寸七，日三，令人不老。補中益氣，愈百病也。

〔註108〕（魏）吳普等述、（清）孫星衍、孫馮翼同輯：《神農本草經》卷一，頁12。
〔註109〕《抱朴子‧內篇‧仙藥》，卷11，頁196～197。

天門冬生奉高山谷，在東嶽名淫羊食，在中嶽名天門冬，在西嶽名
管松，在南嶽名百部，在北嶽名無不愈，在原陸山阜名顛棘。雖然
處處有之異名，其實一也。在北陰地者佳。取細切，烈日乾之，久
服令人長生，氣力百倍。治虛勞絕傷，年老衰損羸瘦，偏枯不隨，
風濕不仁，冷痹，心腹積聚，惡瘡、癰疽腫、癩疾，重者周身膿壞，
鼻柱敗爛，服之皮脫蟲出，顏色肥白。此無所不治，亦治陰痿耳聾
目暗。久服白髮黑，齒落生，延年益命，入水不濡。服二百日後，
恬泰疾損，拘急者緩，羸劣者強。三百日身輕，三年走及奔馬。又
三年心腹痼疾皆去。〔註110〕

這首服「天門冬方」，出自蒯道人（即蒯京），屬於道教服食方。文中不
僅記載了該方的組成、服用方法，還詳細說明了天門冬這味藥物的產地、別
名、炮製方法以及主治功用。

序號 7 的茯苓，服食人物是任子季仙人，「服茯苓十八年」，服食茯苓十
八年，一般療效爲「灸瘢皆滅，面體玉光」，身上原有的燒傷瘢痕全都消失，
臉面和身體像玉一樣的光潔透亮。特殊療效爲「仙人玉女往從之，能隱能彰，
不復食穀」，仙人玉女都前往追隨他，他能隱遁也能現身，不再食用人間五穀。
茯苓同爲醫家、道教所重視，在道教方面，仙經提到服食可成仙，而醫家的
世方，將它當作補藥來運用。這些有滋補作用的仙藥，其表現形式就是講述
藥效發現的故事，藉以展示來源眞實、過程可靠並且值得憑信。《抱朴子‧內
篇‧仙藥》中有列舉服食人物成仙的故事即是。

序號 8 的遠志，《神農本草經》說：「味苦溫。主咳逆，傷中，補不足，
除邪氣，利九竅，益智慧，耳目聰明，不忘，強志倍力。久服，輕身不老。
葉名小草，一名棘菀，一名棘繞，一名細草。生川谷。」〔註111〕服食人物是
陵陽子仲仙人，「服遠志二十年」，服食遠志二十年，一般療效爲「可安神化
痰，有子三十七人」，特殊療效爲「開書所視不忘，坐在立亡」，看書過目不
忘，隱身現行自如。

從表 8 來看，這八種仙藥，有二種屬於木本，一種屬於菌類，其餘五種
屬於草本。從性味來看，有五種屬於性溫，二種屬於性寒，一種屬於性平。

〔註110〕（唐）孫思邈：《孫思邈醫學全書》（北京：中國中醫藥出版社，2009 年），
　　　　　頁 495。
〔註111〕（魏）吳普等述、（清）孫星衍、孫馮翼同輯：《神農本草經》卷一，頁 20。

服食最短的是八年，最長的是二十年。茯苓傳說松脂入地千年，化爲茯苓，故有「茯苓，千歲松脂也」的說法。茯苓可供食用，並可入藥，功效十分多，可健脾、安神、鎮靜、利尿，可說是全方位的增強人體免疫力，被譽爲中藥「四君八珍」之一。從一般療效來看，序號 1 的身生毛、序號 2 的足下生毛日行五百里、序號 6 的日行三百里，這些體生長毛、疾行善趨的特徵，和「飛行」的概念有直接的關係。序號 2 的力舉千斤、序號 4 的手上車弩也，傳達強壯的概念。序號 1 的增益聽力、序號 3 的色如玉女和序號 7 的灸瘢皆滅，面體玉光，是早期的美容方。序號 8 的安神化痰，可以除病、養性，屬於肉體的生理治療。特殊療效則有：冬祖不寒、入水不沾，入火不灼，夜視有光，仙人玉女往從之，坐在立亡等，傳達的是「仙人」的生命境界，除了身安命延外，還有具有遨遊上下、使役萬靈的超能力，是修道者主要追求的藥，可使人昇天成仙，屬於神聖的靈性治療。

　　道門認爲，所服食之藥物，本身就是自然界的精華，因此藥效甚佳。例如宋代的《太玄寶典》論的〈草丹度世章〉說：

> 太上有七十二種丹，惟九華草靈丹能度人出世，眞仙之階不出
> 於法乎。天之精，天門冬是也，地之精地黃是也，日之精枸杞是也，
> 月之精鬆黃是也，陰之精遠志是也，陽之精人參是也，山之精巨勝
> 是也，水之精藕節是也，人之精菊花是也。九藥各等分，採擇精靜，
> 杵爛以百草和露包裹，用葛藤緊扎，以米五斗同蒸之，米熟出之，
> 夜撒布於月明中，五更水露陰乾，爲末蜜爲丸。日服一棗大，日一
> 用水下。不出七日可以度世，心自通神明，不飢不渴，骨堅輕體，
> 可以居山矣。〔註112〕

《太玄寶典》卷下的〈草五行丹章〉說：「草中有五行，眞人採之成丹，服之可以內五行，自聚精氣神者，皆正其藥。」〔註113〕這二段引文，都說明了選擇天地間之靈藥，也是順應自然養生保健的一種做法。服藥也不例外，道教本草、湯液、膏丸、丹藥等，原材料之採集，均講究時節、地理，其成藥的服食，亦有時宜。

　　唐宋間道士的作品《太上元寶金庭無微妙經》，該書《御氣章》提到：

> 炁者有形無形之物也，聚而爲形，散而爲風，動而爲運，結而

〔註112〕《道藏》第 22 冊（天津：古籍出版社，1988 年），頁 878。
〔註113〕《道藏》第 22 冊（天津：古籍出版社，1988 年），頁 879。

為物。使眞人御炁者，保炁已煉骨，骨輕則無聚。積精以全神，神
化而炁乘。御炁之道，先輕身也。若欲輕身，以不死爲心，而休勞
渴貪欲先焉。先身而行，炁始乘焉。身離而全神，炁自御焉。西王
母曰：御炁之術，以身則勞而難成，以神自然則可致。古人有服炁
輕骨，服藥以輕身，故身骨輕，炁可御，入水不溺，入火不焚也。
其道先服藥以絕粒爲上，服炁已無心爲最。眞人以身輕，身乃松栢
茯苓之類也。服炁者，乃子午既濟之炁也。服藥以爲虛空，虛空爲
身，炁之致也。〔註114〕

此經文開端說明炁結爲物，由氣生論導引出服氣、服藥、絕粒、飲食等養生
術。服藥的目的在「輕身」，因爲身骨輕，炁可御，就能達到「入水不溺，入
火不焚」。

這些特殊療效不論是步行水上，沉潛水中，隱現自在，來去隨心，具有
濃厚的巫術色彩，屬於巫術的「接觸律」。這就是巫藥通靈的特徵，據說它可
憑藉其超距離的感應，發揮神奇的作用。〔註115〕這是神聖醫學靈性治療的部
分，屬於精神開發與創造的領域，代表人類精神的追求。認爲人的生命體驗，
不能只著重在有形的身體，更要契合到精神的心靈境界。這些神通，強調人
格的自我完成與自我實現，是人主體的能動作用。

但是凡人若合此八物，煉而服之，也無法成仙，因爲「其藥力有轉相勝
畏故也」。後來這八位仙人，從地仙到天仙，又經過幾百年，靠的是神丹金液，
才升入太虛仙境。故仙經曰：

仙經曰：雖服草木之葉，已得數百歲，忽怠於神丹，終不能仙。
以此論之，草木延年而已，非長生之藥可知也。未得作丹，且可服
之，以自支持耳。〔註116〕

葛洪認爲草木的藥物，只能延長人的年壽而已，並非使人長生不死成爲天仙
的仙藥。在還沒有能力製作神丹之前，姑且可以服食草木的仙藥，目的是用
來支撐自己的年壽。萬萬不可因爲服用仙藥，而忽略神丹的功效，如果缺乏
神丹，那麼成仙是不可能的。

道教藥學將草木藥的醫療作用神話成仙藥，而神丹金液則是仙藥的極
點。葛洪認爲仙藥雖有延年的奇效，但只有服用神丹，才能達到道教不死天

〔註114〕《道藏》第 34 冊（天津：古籍出版社，1988 年），頁 276。
〔註115〕鄭金生：〈中藥早期藥裡考略〉，《大陸雜誌》6（1989.6），頁 257。
〔註116〕《抱朴子・內篇・仙藥》，卷 11，頁 208。

仙的最高境界。據說連服草木藥得神效的八公，最後也是合神丹金液而昇太清的。這些有滋補作用的植物藥的發現，本身具有重大的科學意義。現代學者用電子計算機篩選出三十種具有滋補強壯作用的中藥，其中絕大部分包含著葛洪所列舉出的草木類仙藥之內。

二、長青植物仙藥

　　松柏為長青植物，神仙家特別強調其所具有「千歲」的特性，因此松的葉子、果實，因為「屬性傳達」的巫術性思考原理，而被視為仙藥。長青植物仙藥的仙草崇拜敘事內容，與古代醫療病草的醫學實踐經驗，密不可分。《太玄寶典‧長生不死章》說：

　　　有生不死，謂之長生。有死不死長生者，生而煉之也，不死者

　　返生也。人欲長生，藥欲長青，松柏子葉是也。〔註117〕

在「宇宙氣化論」的思想指導下，道教經典認為：松柏子葉因為具有「長青」的特質，人若是服食，經過「援物比類」的思維方式，認為人也可以像長青的松柏子葉一般，不死返生而達到「成仙的生命」。

　　長青植物仙藥奇特的療效、甚至是起死回生的功能，增加了其「神秘感」，往往還同當事人的命運聯繫起來，成為幸運人生的開始。筆者將《抱朴子‧內篇》中長青植物仙藥，整理成表 4-13，來做說明。

表 4-13　長青植物仙藥

序號	名稱	分類	性味	一般療效	特殊療效（靈性表現形式）
1	松實、柏葉	木本	性溫味苦	1. 亦可以守中，但不及大藥。可辟穀，久不過十年以還。 2. 不飢不渴。 3. 秦之宮女，服食松葉松實，身生黑毛。	冬不寒，夏不熱。
2	松脂上黨趙瞿	木本汁液	性溫、味苦、甘	瘡都癒，顏色豐悅，肌膚玉澤。身體轉輕，氣力百倍，登危越險，終日不極，年百七十歲，齒不墮髮不白。	長生不死，夜臥，一室盡明如晝日。夜見面上有綵女二人，地仙。

〔註117〕《中華道藏》第 22 冊，頁 878。

序號 1 的柏葉、松實，服食主角是秦之宮女，因避關東賊而驚走入山，快要餓死時，有一老翁教她服食柏葉、松實，遂能不飢不渴，到漢成帝時被獵者圍捕，已有二百多歲。松柏脂的一般療效是可以辟穀，使人不飢不餓，保持體內的元氣；特殊療效是使人冬不寒，夏不熱，這樣就不容易受到熱邪寒邪的侵入而生病了，不病是長生的基礎。「服食松葉松實，身生黑毛」，「羽人」是漢代的仙人，有著肩生雙翼、大耳豎立、腿部生毛的人物藝術形象。在漢人神仙思想裏，羽人就是仙人，掌管不死之藥。這則服食仙話中，老人即是仙人，指點秦之宮女服食「松柏脂」仙藥，身生黑毛就是即將變化成羽人的象徵。〔註118〕此事與《列仙傳》中的毛女傳說相同，只有漢成帝時被人捕得，稍有不同。干寶《搜神記》也曾引述握佺的傳說，也是採自《列仙傳》：

> 握佺者，槐山採藥父也。好食松實，形體生毛，長數寸，兩目更方，能飛行逐走馬。以松子遺堯，堯不暇服。松者，簡松也。時人受服者，皆至二三百歲。〔註119〕

握佺是槐山中採藥的人，愛吃松子，遍身長毛，長達數寸，兩眼變成方形，能疾步如飛追逐奔馬。他拿松子贈給堯帝，可是堯帝沒有時間服食。握佺所採的松子，出自簡松，當時人凡是吃了這種松子的，都能活到二三百歲。《抱朴子‧內篇‧仙藥》也有類似地敘述說：

> 又漢成帝時，獵者於終南山中，見一人無衣服，身生黑毛，獵人見之，欲逐取之，而其人逾坑越谷，有如飛騰，不可逮及。於是乃密伺候其所在，合圍得之，定是婦人。問之，言我本是秦之宮人也，聞關東賊至，秦王出降，宮室燒燔，驚走入山，飢無所食，垂餓死，有一老翁教我食鬆葉鬆實，當時苦澀，後稍便之，遂使不飢不渴，冬不寒，夏不熱。計此女定是秦王子嬰宮人，至成帝之世，二百許歲，乃將歸，以穀食之，初聞穀臭嘔吐，累日乃安。如是二年許，身毛乃脫落，轉老而死。向使不為人所得，便成仙人矣。〔註120〕

又漢成帝時，有獵人在終南山中，看到一個沒有穿衣服的人，渾身長著黑毛。獵人看到想追捕時，那人卻越坑過溝，向飛騰一樣跑掉了，人們根本不可能追上他。於是大家觀察埋伏那人的行蹤，包圍著家已捕獲。經過辨認，竟然

〔註118〕楊金萍：《神農本草經》的道家養生思想與漢畫像石中的羽人仙藥圖〉，《醫學與哲學》，2006 年 2 月第 27 卷第 2 期，頁 57～58。

〔註119〕（晉）干寶撰：《搜神記》（北京：中華書局，1985 年），頁 111。

〔註120〕《抱朴子‧內篇‧仙藥》，卷 11，頁 207。

是位婦女，經過詢問才知，她本是秦朝一名宮女，傳聞關東賊攻到咸陽，秦王出城投降，宮殿被焚燒一空，就驚慌地逃到山裡。當時肚子餓，沒東西吃，幾乎餓死。有一老人教導她吃松葉松果，起初苦澀難咽，後來逐漸適應，便不再感到飢餓口渴，並且冬天不覺寒冷，夏天不覺炎熱。算起來這婦人一定是秦王子嬰的宮女，到漢成帝時，已經二百多歲了。於是帶她回去，給她吃穀物，起初她一聞到穀物的氣味變嘔吐了，過了幾天才適應。這樣過了二年左右，身上的黑毛脫落，反而變的衰老了，終於死去。如果她不被獵人捕捉，就會成仙的。

序號 2 的松脂，服食主角是上黨的趙瞿，在葛洪《神仙傳》中是第一手內容，而在《抱朴子・內篇・仙藥》中，則是採用趙瞿傳說，屬於傳聞性質。二書的內容，如出一轍。說：

> 余又聞上黨有趙瞿者，病癩歷年，眾治之不愈，垂死。或云不及活，流棄之，後子孫轉相注易，其家乃齎糧將之送置山穴中。瞿在穴中自怨不幸，晝夜悲嘆，涕泣經月。有仙人行經過穴，見而哀之，具問訊之。瞿知其異人，乃叩頭自陳乞哀，於是仙人以一囊藥賜之，教其服法。瞿服之，百許日，瘡都愈，顏色豐悅，肌膚玉澤。仙人又過視之，瞿謝受更生活之恩，乞丐其方。仙人告之曰，此是松脂耳，此山中更多此物，汝煉之服，可以長生不死。瞿乃歸家，家人初謂之鬼也，甚驚愕。瞿遂長服松脂，身體轉輕，氣力百倍，登危越險，終日不極，年百七十歲，齒不墮，髮不白。夜臥，忽見屋間有光大如鏡者，以問左右，皆云不見，久而漸大，一室盡明如晝日。又夜見面上有綵女二人，長二三寸，面體皆具，但為小耳，游戲其口鼻之間，如是且一年，此女漸長大，出在其側。又常聞琴瑟之音，欣然獨笑，在人間三百許年，色如小童，乃入抱犢山去，必地仙也。〔註121〕

我聽說趙瞿是上黨人，得癩病好多年，經許多醫生治療，都不見好，奄奄一息了。有人建議：「不如趁他還活時扔到外面，以後子孫來投胎反而會容易一些」。家人備了些乾糧把他送到山洞中。趙瞿在洞中抱怨不幸，晝夜悲嘆。幾個月後，有位仙人路經山洞，看見他非常同情，詢問了他的情形。趙瞿就叩頭自述病情，請求仙人憐憫，仙人送給他一袋藥物，並且教他服食方法。

〔註121〕《抱朴子・內篇・仙藥》，卷11，頁206～207。

　　服食一百天後，產生的一般療效有：瘡口全好了，臉色豐滿好看，肌膚光澤如玉。仙人又來看他，趙瞿拜謝仙人救命之恩，討要藥方。仙人說：「這是松脂而已，你修煉服用，可以長生不死。」趙瞿於是回到家裡，起初家人很害怕，趙瞿長期服用松脂，身體變得輕快，氣力增加百倍，登高越險，一整天都不覺得勞累。特殊療效有：一百七十歲時，牙齒未脫落，髮不變白。夜晚躺著，會看見房子裡有像鏡子那樣大的光，可是別人沒看見，時間長了逐漸變大，一間房子裡都明亮的像白天一樣。又在夜晚看見自己臉上有兩個綵女，有二三吋長，臉面身體都具備，只是很小罷了，在他的嘴巴鼻子之間遊戲，像這樣過了將近一年，這兩個女子逐漸長大，在他左右兩邊出來。又經常聽到琴瑟的聲音，高興地單獨歡笑，在人間活了三百多年，臉色像兒童一樣，後進入抱犢山，一定成了地仙。

　　松脂的藥理，松脂是由松類樹幹分泌出的樹脂，在空氣中呈粘滯液或塊狀固體。松樹一直都是長壽的象徵，松脂也是古代養生的要藥，歷代醫家都有頻多記述。松脂，樹之津液精華也。在土不朽，流脂日久，變為琥珀，食其可以辟穀延齡。李時珍在《本草綱目》中也收錄了許多服食方法。松脂經過炮製後常溫下呈不規則大小不等的半透明塊狀，表面黃色，常有一層黃白色的霜粉。質堅而脆，其性味苦、甘、溫。無毒，入肝、脾、肺經。現代醫學認為：松香有燥濕殺寄生蟲、排毒生肌、止癢止痛消炎止血等功能，是外科常用藥。

　　基於松、柏是長壽的植物，並且在戰亂中，常有被迫以松柏為食的情況，經久適應之後，個人機體產生特殊的生理現象。學者李豐楙認為：類似的傳說，毛女、宮人之類，大多是同一母題「服食長青植物仙藥」的演化，在不同的時間、地點流傳，因而形成敘事稍有不同的傳說。值得注意的是：秦宮女食穀之後二年，「身毛脫落，轉老而死」；而宮人「還食穀，齒落頭白」，雖是一事的分化，但俱可表現「仙道思想」中，還食人間之物，重作人間之人，也就會重蹈人間的老、死之命運，這在仙藥敘事的流傳中，應該是較具有深刻的象徵意義。〔註 122〕因此葛洪才會感嘆說：「向使不為人所得，便成仙人矣」，如果秦宮女不被獵人捕獲，就會成仙了。在葛洪的神仙道教體系中，地仙則被稱為「千歲翁」。例如凡人上黨趙瞿「病癩歷年，眾治之不癒，垂死」，

〔註 122〕李豐楙：《不死的探求─抱朴子》（海南省：中國三環出版社，1992 年），頁349。

幸運得到仙人的指點，長期服食序號 2 松脂，葛洪認爲趙瞿他在人間三百多年，而成爲地仙了。此外地仙也是博採「眾術之所長」而修成的仙人，也是凡人向天仙過渡的一個中間階段。

三、亂世植物仙藥

從本草學的角度來看，《抱朴子‧內篇》中收錄了大量的本草藥物，有較高的醫學文獻價值。葛洪之前，已經有《神農本草經》等本草專書在流傳，包括葛洪書中所引用的《神農四經》也在其列。但是非常可惜，這些本草專書現今大都散佚不存了。因此《抱朴子‧內篇》中的相關內容，對於吾人認識和了解當時的本草學的發展情況，具有很高的參考價值。

（一）服朮傳說

筆者將《抱朴子‧內篇‧仙藥》中，亂世植物仙藥「朮」的療效，整理成表 4-14。

表 4-14 亂世植物仙藥「朮」的療效

藥 名	別 名	服 法	一般療效
朮〔註123〕	人不能別之，謂爲米脯	餌之	令人肥健，可以負重涉險 不及黃精甘美易食，凶年可以與老小休糧

葛洪所記載的植物性仙藥，與本草有關的有一服朮傳說，也是採自南陽地區。《抱朴子‧內篇‧仙藥》說：

> 南陽文氏，說其先祖，漢末大亂，逃去山中，飢困欲死。有一人教之食朮，遂不能飢，數十年乃來還鄉裏，顏色更少，氣力勝故。自說在山中時，身輕欲跳，登高履險，歷日不極，行冰雪中，了不知寒。常見一高岩上，有數人對坐博戲者，有讀書者，俛而視文氏，因聞其相問，言此子中呼上否。其一人答言未可也。朮一名山薊，一名山精。故神藥經曰：必欲長生，常服山精。〔註124〕

文氏先祖在漢末到山中避難，在饑困欲死之時，有一個人教以食朮，遂能不饑，長達數十年。療效是身輕體健，不懼高險及冰寒，又可以看見仙人博戲。

〔註123〕「朮一名山薊，一名山精，故神藥經曰：『必欲長生，長服山精。』」
〔註124〕《抱朴子‧內篇‧仙藥》，卷11，頁207～208。

類此亂世的神話，葛洪是深信的，並且以《神農經》來加以論證說：「必欲長生，常服山精」。朮，一名山薊，一名山精。其友人嵇含《南方草木狀》也有服朮之事，例如：「藥有乞力伽，朮也，瀕海所產，一根有至數斤者，劉涓子取以作煎，令可丸，餌之長生。」前面介紹仙人八公的林子明也服朮：「林子明服朮十一年，耳長五寸，身輕如飛，能超逾淵谷二丈許。」

（二）黃精傳說

自古黃精就被視為防老抗衰、延年益壽的珍貴中藥，杜甫有詩云：「掃除白髮黃精在，君看他年冰雪容」。《日華諸家本草》曰：「黃精單服，九蒸九曝，食之駐顏斷谷。」《本草綱目》曰：「補諸虛，止寒熱，塡精髓。」黃精味甘而能「作食充饑」，又被稱之為「救窮草」。筆者將亂世植物仙藥「黃精」的療效，整理成表 4-15。

表 4-15　亂世植物仙藥「黃精」的療效

藥 名	別 名	服 法	一般療效	難 處
黃精	白及〔註125〕、兔竹、救窮、垂珠	服之日可三合 服黃精僅十年	服其花勝其實，服其實勝其根，但花難多得。 乃可大得其益，俱以斷穀不及朮。	按《本草》藥之與他草同名者甚多，唯精博者能分別之，不可不詳也。 得其生花十斛，乾之纔可得五六斗耳，非大有役力者不能辨也。

《抱朴子‧內篇‧仙藥》提到黃精的別名、服髮、功效以及困難之處說：

　　黃精一名兔竹，一名救窮，一名垂珠。服其花勝其實，服其實勝其根，但花難多得。得其生花十斛，乾之才可得五六斗耳，而服之日可三合，非大有役力者不能辨也。服黃精僅十年，乃可大得其益耳。〔註126〕

黃精的異名有：兔竹，救窮和垂珠。在選擇藥材部分：服食黃精花，勝過服食黃精的果實，服食黃精的果實，勝過服食黃精的根，但是因為花是很難大量採得的，採摘活黃精的花十斛，曬乾後只剩下五、六升罷了。而服食時，每天需要三合，所以，如果不是體魄強健，力氣極大的人，是無法辦到的。一般療效為：服食黃精約十年，才會有顯著防老抗衰的效果。藥理研究表明，

〔註125〕而實非中以作糊之白及也。

〔註126〕《抱朴子‧內篇‧仙藥》，卷11，頁197。

黃精水煎液對腎上腺素引起的血糖過高有抑制作用，並可防止動脈粥樣硬化及肝臟脂肪浸潤，對實驗性結核病的豚鼠有顯著的抑菌效果，且能改善健康狀況。臨床觀察發現，單用黃精治療浸潤性肺結核病人，可促進結核病灶吸收，因此，肺結核病人在常規化療的同時，服用一些黃精粥，有助於疾病向癒。老年人常食黃精粥，不僅可延緩衰老，還有助於防止心血管疾病的發生。

這也是亂世神話，一名救窮，就是饑荒歲月的食物，而朮也是凶年休糧時，所吃的野生植物。神仙傳說中，有些修真者，是因為識得此藥草而服食，但因幽隱山林，採取山中的野生植物服食，也有不得已的情況。葛洪在他自己撰寫的《神仙傳》中也記載王烈、尹軌二人服食黃精事之內容，例如：

> 王烈者，字長休，邯鄲人。常服黃精並煉鉛，年二百三十八歲，
> 猶有少容，登山歷險，行步如飛。（卷六）

> 尹軌者，字公度，太原人也。博學五經，尤明天文理氣、河洛
> 讖緯，無不精微。晚乃奉道，常服黃精，日三合，年數百歲而顏色
> 美少。〔註127〕（卷九）

王烈字長休，邯鄲人。經常服用黃精，並且修習煉鉛丹，在二百三十八歲時，仍有年輕人的容貌，登山時健步如飛。尹軌字公度，太原人。博學五經，尤其精曉天文地理。晚年信奉道教，經常服用「黃精」，幾百歲了容貌依舊美麗年輕。

神仙傳說，是葛洪論證《抱朴子‧內篇‧仙藥》的主要材料，《神仙傳》是與《抱朴子‧內篇》相輔相成的仙傳。《抱朴子‧內篇‧仙藥》提到在亂世時，黃精和朮的差別說：

> 俱以斷穀不及朮，朮餌令人肥健，可以負重涉險，但不及黃精
> 甘美易食，凶年可以與老小休糧，人不能別之，謂為米脯也。〔註128〕

如果完全為斷穀絕糧，黃精的療效，還比不上山薊（朮）。服食朮可以令人強健肥胖，負重涉險，只是朮吃起來的口感，沒有黃精甜美易食。在凶年荒歲的亂世，山薊（朮）可以代替糧食來供老人、小孩食用，普通人無法分辨，就叫做米脯。從上述說明可知同為亂世植物仙藥的「朮」與「黃精」，葛洪認為「朮」的辟穀效果比「黃精」好。

〔註127〕王奇、張淑琴、高艷編著：《列仙傳神仙傳注譯》（天津市：百花文藝出版社，1996年），頁387。
〔註128〕《抱朴子‧內篇‧仙藥》，卷11，頁197。

四、容易搞混的植物藥

　　葛洪特別提到按照《本草》所載藥物與其他草同名的非常多，容易搞混，因此他提倡「爲道者必須兼修醫術」，所以在《抱朴子‧內篇‧仙藥》中提出詳細說明，認爲只有專精博學之人，才能加以分別，不會誤用。筆者將容易搞混的植物藥，整理成表 4-16。

表 4-16　容易搞混的植物藥

序號	名　稱	異同之處	性　味	一般療效
1	百部草與天門冬	同：其根俱有百許，相似如一也。 異：其苗小異也，眞百部苗似拔揳。	味甘、苦，微溫。	1. 適合治療咳嗽、殺死蝨子。 2. 不適合服食，二者不可誤混的。
2	白及與黃精	同：黃精一名白及。 異：實非中以作糊之白及也。	性苦、甘、澀，微寒。	1. 僅做爲漿糊。 2. 不適合服食。

序號 1 的百部草與天門冬一般人容易搞混，因爲「楚人呼天門冬爲百部，然自有百部草」，楚人稱天門冬爲百部，但實際上另外有百部草。相同之處：「其根俱有百許，相似如一也」，它們的根部，都有一百多條，長的完全一樣。相異之處：「其苗小異也，眞百部苗似拔揳」，只是苗葉稍有差別，眞的百部苗葉，長得像拔揳。百部草的療效，只適合治療咳嗽以及殺死蝨子而已，不適合服食。天門冬的療效，在亂世荒年時，不失爲一個延續生命的救命藥草。筆者將植物仙藥「天門冬」的療效，整理成表 4-17。

表 4-17　植物仙藥「天門冬」的療效

藥名	別　名	特　徵	服　法	一般療效
天門冬	地門冬、菔門冬、顚棘、淫羊食、管松、楚人呼爲百部	生高地，根短而味甜，氣香者善。 生水側下地者，葉細似蘊而微黃，根長而味多苦，氣臭者下，亦可服食。 然自有百部草，其根俱有百許，相似如一也，而其苗小異也。	服之百日。 入山可蒸，煮啖之。 若有力可餌之，可作散，並及絞其汁作酒，以服散尤佳。 眞百部苗似拔揳，唯中以治欬及殺蝨耳。	喜令人下氣，爲益尤遲也。 皆丁壯倍駛於朮及黃精。 取足可以斷穀。 不中服食，不可誤。

序號 2 的白及與黃精，一般人也容易搞混，因為「如黃精一名白及，而實非中以作糊之白及也」，就像黃精，又被稱做白及，但是其實並不是用來做糊的那種白及，所以不適合服食。白芨屬於中草藥，屬多年生草本球根植物（塊根），花美適合觀賞之用，其球莖曬乾後的名稱為白芨，其他亦有當作糊料之用途。白芨在中藥裡有消炎止血、消腫生肌之效。主要可以治療刀傷跌打、瘡瘍腫毒、肺部出血、胃潰瘍等症。味道帶有苦味，黏稠狀。本身無毒，藥性微寒，輕微的燒凍傷亦能適量塗於患部。

葛洪對於本草藥物的描述不只名稱和功效，對部分本草藥物的描述，相當詳細。《抱朴子‧內篇‧仙藥》說：「按本草藥之與他草同名者甚多，唯精博者能分別之，不可不詳也。」〔註 129〕此處首先載明「草藥」一詞。對於當時藥材品種的混淆，葛洪提出了鑑別的方法，如百部草與天門冬，白及與黃精的鑑別。他的記載非常細緻入微，不僅描述了天門冬的名稱及異名，還對其產地、外形、種類、主治、功效、炮製方法等進行了詳細的記載，並對某些訛誤，進行了辨析，對於認識相關藥物的情況，具有很高的參考價值。〔註 130〕

從以上說明可以知道，魏晉時期我國醫藥學已有相當高的水平，葛洪在醫藥學史上也具有重要的地位。道教醫藥學是一個值得我們繼續開發、了解和研究的寶庫。六朝人士所撰寫的筆記，經常混淆神話與事實，服食植物仙藥傳說，就兼具神話的想像力與科學的實證性，此為仙道文學的表徵。

第六節　小結

《抱朴子‧內篇‧仙藥》將重點放在服藥成仙的內容上，主要在說明上藥、中藥、下藥對於人體的效用，重點放在石芝、木芝、草芝、菌芝一類的植物性藥物上，這些雖然都是成仙的上藥，但是基本上與〈金丹〉的「還丹金液」是有差別的。在第三節礦物類藥材中，有些煉丹的物質，則與〈金丹〉有些重複。這顯示在葛洪心目中的上藥，除了「還丹金液」之外，金石礦物類藥材，廣義上是與「還丹金液」相關的，所以他的醫療養生效果，是高於草木類藥材的。

〔註 129〕葛洪著、王明校釋：《抱朴子‧內篇‧仙藥》，卷 11（北京：中華書局，1985），頁 197。

〔註 130〕章原：〈葛洪與本草服食——以《抱朴子‧內篇》為中心的探究〉，《中國道教》，2017 年 12 月，頁 64～67。

　　本章所談論到的藥物，不論是金石礦物類藥材，還是草木類藥材，在葛洪心中都是屬於能「成仙」的上藥。上品仙藥主要是金石類、茯苓等草木類養生之品，幾乎都有「輕身」、「不老」、「延年」、「神仙」等功效，明顯含有道家方士的神仙養生思想，故謂之「養命以應天」。在第三節礦物類藥材中，有些煉丹的物質，則與〈金丹〉有些重複。這顯示在葛洪心目中的上藥，除了「還丹金液」之外，金石礦物類藥材，廣義上是與「還丹金液」相關的，所以他的醫療養生效果，是高於草木類藥材的。學者李豐楙認為：這是因為漢晉時期的本草思想，是將金石方置於上品，六朝的煉丹士，多兼擅醫術，但是醫藥的運用，為醫家共通的專業技術；而道士所得意、在乎的是金石藥及一些較奇特的仙藥，自然特別推崇一般醫生所不能燒煉的金丹大藥。〔註131〕葛洪一再強調將藥品定出高下之說，因此《抱朴子・內篇・仙藥》雖已及於平常的本草植物等，卻仍然偏重於奇特的藥類介紹。〈仙藥〉篇的基本觀念與〈金丹〉、〈黃白〉兩篇相同，依據巫術性思考原則，運用於藥物的採集、服食與療效。

　　葛洪在《抱朴子・內篇・仙藥》敘述的植物性仙藥不多，並且多以服食傳說為主，同時引述的藥方也比較少，這是因為葛洪屬於神仙道教，站在金丹大道的立場，認為草木之藥的治療效果不如還丹金液，比較屬於「消體疾、救虧損」的生理醫療，並非可直接升為天仙的靈丹大藥，並且醫家常用，故不宜將其神話。其中所舉的事例，有些也見於魏晉筆記中，可以據以考察二者之間資料的襲用，以瞭解仙道思想對於筆記小說的影響力。從以上所述可以知道，葛洪一生飽覽前代的醫藥圖籍，並且有能力批判其優缺點，因此自己撰述整理多種醫書，他在醫學理論及臨床經驗上，具有非常豐富的經驗，因能深知藥性，在論藥物養身的生理治療法上，雖然「草木」與「金丹」在道教醫療中都統稱為「藥」，但是在作用上是有層次的區別。他是兼取論證合一的筆法來說明，有論述與舉例，其例證大多採自仙傳及雜記，恰可與六朝流行的筆記小說相互參證。《抱朴子・內篇・仙藥》以能成仙的靈藥為主，兼及當時的筆記小說，藉以闡述其服食傳說。

　　葛洪的藥學理論，和他的道教神學體系是相輔相成的，不僅在採集仙藥時，有一套宗教儀式，而且服食仙藥，也要按照陰陽五行學說和六壬星命之

〔註131〕李豐楙：《不死的探求——抱朴子》（台北：時報文化出版公司，1998年），
　　　　頁333。

術的規定，其中包含了許多的禁忌。這些都充分反映出道教醫藥學的神祕特色。葛洪特別偏重於奇特藥類的「特殊療效」，不論藥物的採集與服食，都脫離不了「通神」的巫術性思考原則，這是因為道教醫療是希望藉由「人與萬物的採補體系」來交通人神二者，達到驅邪、除魔、治病的一般目的。除此之外還希望藉由藥物的「特殊療效」，從肉體淨化達到了心靈淨化的終極目標，而獲得與天地鬼神相同的形上生命，也就是「仙人」的生命。

第五章 結 論

　　道教是根據陰陽五行等氣化宇宙論發展而成的宗教，以「道」作為最高的信仰；追求生命的「長生不死」，與道和合就可以成仙，代表生命的無限突破。當肉體不能與道永存，則追求以「長壽的肉體」完成「靈性的不朽」。道教醫學主要奠基於巫術醫學，傳達了其「以醫傳教」與「借醫弘道」的宗教目的。道教醫學不只醫治人體有形疾病，更要依循天道，讓生命長生不朽。所以我們不應該將道教醫療只侷限在身體的疾病治療，更應該提昇到對生命整體身、心、靈永生的醫療上。道教在濟世救人的宗教實踐中，具備了「人命至重」、「志存救濟」的醫療行為準則。〔註1〕

　　道教醫療在治療上重視「藥物養身療法」，通過服食藥物，來建構治病護身與延年益壽的醫療方法。葛洪獨特的藥物養身醫療觀，顯示古人具有主動創造的生活智慧，從經驗中建構出藥物醫療養身的理論與操作功夫。服食上藥（成仙藥物），屬於醫心「神」的修煉，這已超出生物本能的層次，進入到心靈開發的自性覺醒，領悟到藥物養身與醫療的特殊妙用。〔註2〕葛洪《抱朴子‧內篇》的成仙藥物，主要在追求「形體神用」，成為「有神」之人。發揮精神對形體的積極作用，不僅可以治病健身，還能開啓生命交感的創生作用，追求「天人感應」的生命體驗，在醫心神的修煉之下，創造生命的無限活力與能量。這種活力、能量，可以將形與神合而為一，如此可將與自然交感的「氣」，與超自然交感的「德」，轉化成為生命源源不絕的能量。

〔註1〕卿希泰、詹石窗主編：《道教文化典（上）》（台北：中華道統出版社，1996年），頁377。

〔註2〕廖育群：《岐黃醫道》（瀋陽：遼寧教育出版社，1991年），頁42。

　　道教醫療在治療上不只仰賴藥物，所謂「藥方」是有「藥」也有「方」，中國傳統醫療較偏重在「藥」的部分，而道教醫療注重的是「方」，比較不屬於「對症下藥」，而是「對症下方」，因而發展出各式各樣的治療手段及方法。這些醫療法，是建立在傳統天、人與萬物之間整體和諧的關係上，依據原始社會「巫醫共軌」所流傳下來的宇宙圖式與氣化生命觀，所建構而成的龐大理論體系。《抱朴子‧內篇》中特別重視仙人與人相互交感的神聖經驗（特殊療效），這是道教最為核心的本質所在。成仙藥物（金丹、仙藥）是從「靈性醫療」上著手，建立在這種靈實互動的精神體驗上，內在的信仰情感是重於任何的外在形式，是直接訴諸人與天地鬼神之間的「靈性交通」與「生命體驗」。筆者認為我們不要只從外在的醫療形式、實踐方法及科學實證等技術來看待醫學，更應該嘗試從文化的醫療體系中去了解宗教醫學，這也是二十一世紀醫學、養生領域可以開發的新視野。

第一節　研究成果

　　本論文的研究成果第一章緒論旨在說明葛洪獨特的「藥物養身」醫療觀實踐工夫，是服食中下藥，來進行醫身「形」的養護，屬於「服天氣」的術數醫療，來自「天地人一體」的宇宙觀，以此來維持人與「自然」的和諧。服食成仙藥物，來進行醫心「神」的修煉，屬於「通神明」的宗教醫療，來自「人鬼神一體」的宇宙觀，以此來維持人與「超自然」的和諧。第二章《抱朴子‧內篇》金丹仙藥之探析，葛洪認為服食金丹大藥，始可使人達到「定無窮」的「長生境界」。道教的金丹，繼承了古代冶金術與煉丹術，將「冶金」與「煉丹」加以「類化」，也把金丹與醫藥合流。金丹本身是一種物質化了的「道」，葛洪認為它是成仙的方便法門；所以「金丹」被視為醫術的一種，成為道教專有的「長生醫術」。

　　第三章《抱朴子‧內篇》五芝仙藥之探析，在服食五芝的「特殊醫療」中，有許多靈性的內容，是道教醫學中的靈性醫療——「生命長生不死」的藥物養身醫療觀，屬於道教醫療的宗教理想。充分體現了凡人以心靈作為主宰的生命體驗，追究存有的神聖性與不朽性，其目的在「仙人」的靈性實踐上，完成永恆不朽的生命價值追求。第四章《抱朴子‧內篇》上品仙藥之探析，〈仙藥〉篇較諸〈金丹〉、〈黃白〉篇，尤具巫術特色。這些能成仙的上品

仙藥，屬於道教用藥，藥效的發現，引自《仙經》或仙方，經常使用「援物比類」聯想法的思維方式，來解釋藥效，具有宗教文化的社會性。葛洪一再強調將藥品定出高下之說，因此《抱朴子・內篇・仙藥》雖已及於平常的本草植物等，卻仍然偏重於奇特的藥類介紹。依據巫術性思考原則，運用於藥物的採集、服食與療效。第五章結論說明服食成仙藥物，來自「通天」宇宙觀的肯定。肯定天地間有超自然的靈體存在，人的存在可以交感鬼神，以此維持與「超自然」的和諧。葛洪博采眾長，對於各類服食方法，大都有實踐經歷，自成一套完整的天人對應體系。

　　《抱朴子・內篇》的生命醫療特別重視信仰的神聖體驗，以及人與終極實體（仙人）相遇或合一的生命修持工夫。可以分成修道與金丹仙藥兩部分，金丹部分屬於方術，是屬於「靈性醫學」的部分，也就是「終極醫療」，是把靈性的安頓視為醫學的一部分，這是很前衛的醫學概念，因為包含了身、心、靈的全人醫學。在此已經突破西方傳統醫學的概念，所以道教醫療是不同於其他醫學的生理醫療，這種醫療體系是建立在宗教醫療的「永生需求」上，來自人主動創造的生活智慧，從經驗中建構出藥物醫療的理論與運用體系，這已超越人生物本能的層次，進入心靈開發的自性覺醒，領悟到藥物養生與醫療的特殊療效。強調人格的自我完成與自我實現，展現人主體的能動作用。因而「藥物養身」只是入門工夫而已，其最終目的在於「服金丹」或「服仙藥」。

　　由於目前傳統價值文化的失落，以及缺乏現代化自我調適的能力，導致大多數人對道教醫療產生誤解，尤其是在成仙藥物「特殊療效」的超能力部分，都以愚昧、迷信來看待。筆者從葛洪獨特的藥物養身醫療觀立場，來探討與詮釋《抱朴子・內篇》成仙藥物的「特殊療效」，主要目的在「通神」。這是將人的生死，通向於天地鬼神，獲得來自於自然與超自然的靈力護持，以便增強人克服生死的信心與勇氣。鬼神代表人格化的超自然存在，是一種生命力的貫穿。「通神」的手段，有助於將人加以神化，克服肉體的限制，達到與神同性的願望，雙方可以經由「氣」的相通之下，獲得宇宙間普遍存在的生命力，「醫術」與「巫術」的作用是相同的，都是要進行肉體與宇宙之間的「自然」與「超自然」的聯繫，努力追求「神用」。

　　這些都是長期以來有關生命存有的經驗與對應技術，立足於民族深層的思維模式與心理結構。雖然夾雜著以鬼神或巫術來治病去疾的行為，但並不

意謂著這種行為（操作工夫）是非理性的，基本還是屬於抽象的精神活動，對病患是有心理調節的作用，可以幫助人們排憂解難，從心靈的交感現象中，獲得精神鼓舞與精神實現。此超越了物質概念，提供了心靈相互交感的超越功能。這些醫療對應技術，是有其源遠流長的文化依據，所綜合發展出豐富精彩的心靈學體系。此體系回應著宇宙的運行原理，包含著自古傳承下來的巫醫同源共軌的宇宙論和生命觀，充滿古人對生命的精神性追求，展現出回歸自然與合乎天理的生命形式。

　　葛洪獨特的藥物養身醫療觀，其形而上「宇宙觀」、「生命觀」的思維模式，提供「天人交感」的整體對應關係，肯定人體是一個小宇宙，是對應著自然、超自然的運行秩序而來，從而發展出順應自然、超自然的醫療、養生技術，此技術不屬於科學範疇，而是生活經驗的神聖範疇，是建立在「宇宙氣化論」的信仰上，以「氣」來進行天人一體與內外一理的交感。源自古老巫術的互滲觀念，基於「通天地」、「事鬼神」的文化心理。這些醫療法，是建立在傳統天、人與萬物之間整體和諧的關係上，依據原始社會「巫醫共軌」所流傳下來的宇宙圖式與氣化生命觀，所建構而成的龐大理論體系。重點偏重在自我身心的鍛鍊與領悟，進行精神性的突破與超越。

第二節　研究價值

　　從《抱朴子‧內篇》成仙藥物之研究可知，筆者論文中分析的「一般療效」，是道教醫療的第一層次，追求身體的長壽延年，屬於治身體的「世俗醫療」，主要目的在「治已病、救虧損」，來自醫身「形」的養護。筆者論文中分析的「特殊療效」，是道教醫療的第二層次，追求生命的長生不死，屬於治靈性的「宗教醫療」，主要目的在「求神仙和長生」，來自醫心「神」的修煉。葛洪藥物養身醫療的宗旨，是要從第一層次提昇到第二層次，從服食中下藥，體悟到服食成仙藥物的「妙用」。成仙藥物是修道者追求的藥，也是葛洪特別重視的藥物，醫藥學成為修道者成仙的相關必備知識和操作技能，因此葛洪強調「為道者必須兼修醫術」。所以道教醫學不應該只從現在還存有的外在醫療形式與操作實踐工夫入手，這些長期以來有關生命存有的經驗與對應技術，實屬於人類生命探索下的深層文化智慧與觀念體系。

　　「成仙」是道教醫療的宗教理想，從此論文的研究可知，葛洪獨特「藥物養身」的醫療觀，說明醫療、養生與成仙是三位一體的，顯示醫學、生命

與宗教是密不可分的。葛洪將醫學與道教，進行深層結構的融合，建構出人體生命系統的醫療思想與實踐體系。他認為生命是掌握在自己的手中，「我」才是「形骸」與「壽命」的主體，是可以取決於自身修道者的意志與實踐工夫。由此可知道教成仙的修煉，是建立在醫療的知識基礎上，服藥物養身的目的除延年外，更渴望長生，特別重視金丹術，此為道教醫療的主要內涵。

他這種博採眾術、修煉成仙的醫療觀，雖然與現代主流醫學以科學實證為主體的醫療系統，是有出入的，但是二者對生命的關懷卻是一致的，都在追求身、心、靈整體和諧與養生保健之道。道教以「人體」作為信仰核心，生命關懷是「貴生」，偏重於精神形態的展現，相信「道由人顯」，竭盡全力擴充「生」的存在現象，所以特別重視醫療、養生的操作技術。除了強調形體的健康長壽外，最終目的在追求：人的靈性與天地自然的相應共生，人的生命與宇宙是互依共存的，以有限的肉體，來成就精氣神一體的超越共存；契入「道」的長生境界，來完成人體與道合一的願望。

對於道教醫學，我們應該從「文化」的角度來重新進行理解，它是「神聖性」與「世俗性」的合一，現實生活與精神追求是相互統一，不可以只偏於世俗性，忽略了神聖性的價值實現。只要社會有健全的宗教信仰與文化體系，是可以滋潤人們自我實現的精神追求。現代社會最大的問題是信仰文化的殘缺不全，人們只重視物質世界的生理醫療，忽略心靈的永生醫療，漠視宗教教育與文化教育，把宗教醫療視為迷信或是工具來利用而已，忽略了信仰的自我價值實現。如何重視人類精神性的文化教養，應當是現代文明迫切關懷的主題，是需要更多有心人士的投入與再造，成就「淨化心靈」的終極目標。

一、養形技術與現代醫學相結合

《抱朴子・內篇》成仙藥物的價值，我們可以分別從「科學性」立場與「文化性」立場二方面來切入，在醫身「形」的養護生理醫療方面，此屬於物質層面的操作技術，可以從科學性立場，追究其理性的內涵而與科學掛鉤，與科學相應的理性成分，可由實驗而印證。例如我們從《抱朴子・內篇》金丹大藥的探悉中，了解到早在東晉，我國就已經懂得從砷化合物中提煉單質砷的方法，這種方法比十三世紀日耳曼煉金家馬格魯斯的方法，至少要早九百年。

（一）《抱朴子・內篇》成仙藥物是傳統本草學的重要組成部分

爲了實現長生不死的願望，葛洪獨特的藥物養身醫療觀，擴大了醫學的視野。他把醫學的著眼點從第一層次「治已病、救虧損」的生理醫療（世俗醫療）提高到第二層次「追求生命永恆」的神聖醫療上來。這些服食方是古人在長期的服食過程中，不僅發現了許多新的藥物，以及藥物的新藥性，而且還按照某種配伍原則或是經驗，創制了許多特殊的服食方劑，極大的豐富和發展了古代本草學、方劑學的內容。不管是草本服食方，還是丹石服食方，都應是古代本草學、方劑學中的組成內容。尤其是道教的丹石服食方，它可說是古代方劑寶庫中的一顆璀璨明珠。令人遺憾的是《抱朴子・內篇》成仙藥物，除了一小部分草本服食方，傳承轉變爲中醫方劑學的內容外，其他的金丹大藥、五芝仙藥、金石藥以及辟穀方術等，只在道教中人傳承，而世所罕見，或是保留在道教文獻中，乃至塵封道庫而乏人問津。從文化的立場，來看《抱朴子・內篇》成仙藥物的神聖醫療行爲，不僅有助於我們全面了解古代藥物學、方劑學的內容，而且還可能從這些特殊的古方古藥中，發現有關古代人體科學研究以及古代科學技術發展很有價值的材料。

（二）從《抱朴子・內篇》成仙藥物中開發抗老延年的養生藥品

《抱朴子・內篇》上品仙藥中的植物類仙藥，大多數藥物均具有抗衰老延年的作用，這是已被近代藥理實驗所證明了的。薛愚在《中國藥學史料》一書指出，前蘇聯學者用電子計算機對東方醫學複方及其成分進行分析研究，篩選出最有價值的 30 種中藥，其中絕大部分包含在葛洪列舉的草木類仙藥之內。《抱朴子・內篇・仙藥》的仙藥思想推進了道教醫學對延年益壽藥方的研究，而今《道藏》中收輯了許多延年、健身、防老的醫方，在世界醫藥學中無與倫比，成爲中國古代科技史上的一份寶貴遺產。

（三）從《抱朴子・內篇》成仙藥物中開發保健食品或藥品

《抱朴子・內篇》成仙藥物的療效中，一般都有抗老延年的作用外，有些還具有駐顏美容、或黑髮固齒、或聰耳明目、或益智強記、或避暑耐寒的特殊療效。因此，可以從《抱朴子・內篇》成仙藥物中，挖掘整理具有特殊保健作用的方劑，開發成保健食品或藥品，對於提高社會的美學水準和生活質量，促進社會文明程度的發展，都是十分具有意義的。

（四）從《抱朴子‧內篇》成仙藥物中開發特效藥品

道醫以善治疑難雜症為其特色，道教醫生手裏，握有一些專治怪病的特效藥方，這些藥方，往往與道教服食有關，或者即為服食方。例如東漢末年，方士醫生華陀，傳授給弟子樊阿的服食方「漆葉青粘散」，是由漆葉、黃精組成。「言久服去三蟲，利五臟，輕體，使人頭不白」，相傳樊阿服食此方後，活了一百多歲。這是史書上記載最早的草木服食方，它的長壽效果，可能與它的殺蟲、安和臟腑的特殊作用有關。《抱朴子‧內篇》成仙藥物中的丹方、金石方，成為道醫用來治療瘡瘍癰疽等外科疾病，對於提膿拔毒，去腐生新，特別有效。現行中醫丹藥的煉製方法，大體有「升」、「降」、「燒」三種，丹藥組成有硫化汞、氧化汞、氯化汞等，皆由道教丹煉服食方衍化而來，成為中醫外科的主要藥物。如前面提及的中醫外科常用丹藥「紅升丹」、「白降丹」，其特殊的殺菌除蟲、消毒防腐功效，以被醫家所公認。

二、養神技術與文化醫療相結合

宗教與醫學都是人類對應「生、死」所求救的途徑，而產生的對應法則與技術，從醫學人類學來看，此二者早期是一種普遍存在的文化現象，並未產生衝突。人是一種物質的生命體，同時具有精神性質的生命現象，宗教與醫學同時面對著生命的物質存有與精神存有，甚至精神性的宗教是居於主導地位，以人有思想的生命主體，創造出宗教的觀念世界，來滿足人體的生理活動。道教醫學屬於宗教醫學的一環，其最大特色在於：神聖與世俗並立，科學與宗教並存，在協助人們治病、養生、消災與解厄。其宗教與醫學是「同源共軌」，有共通的觀念系統與詮釋體系，承繼千年的宇宙觀與生命觀。中國傳統醫學與宗教是相互涵攝的，它不是純粹科學的產物，夾雜陰陽五行的氣化理論，建立在天人感應的文化體系中，規範一整套人體內外相通的五臟功能系統，所以對中國傳統醫學進行科學研究時，不能忽略中國特有的文化環境。

醫療人類學家認為：世界上每一個文化內的醫療體系，均有其值得保存或是學習之處，也均值得研究，可以與西方現代生物醫學體系相互對話。〔註3〕道教服食的本質，從根本上來說，就是通過藥物，來改變人的根本所在。

〔註3〕張珣：〈「醫病也醫命」：民俗宗教的醫療行為及其概念〉，《台灣文獻》第62卷第1期，頁99〜121。

道教的長生成仙，不僅僅是一種宗教信仰，而是一系列以人體生命鍛煉爲基礎。道教徒對神仙的信仰，不是追求盲目的崇拜和神秘的靈性感悟，而是從對人體生命力求客觀認識中，從對生命的切實感悟中，去尋求達到長生成仙的具體途徑。〔註4〕《抱朴子‧內篇》成仙藥物之研究，可說是古人對生命探索的積極成果，屬於精神開發與創造的領域，不管科學如何發達，都無法取代人類心靈的精神追尋。

在醫心「神」的修煉方面，是重視精神的保養，來擴充形體的存有，此屬於精神層面的文化醫療觀念，屬於宗教、哲學的範疇。個體藉由增添某些外在神聖性質的行爲與形式（服食成仙藥物），來強化個體的均衡需求。是以外在神聖的超越力量，來協助個體心靈的均衡追求，主要來自於神人交通的「靈感文化」。人體的行爲操作，是受到宇宙力場的支配與互滲，來自哲學與宗教的價值體驗，屬於「信仰」的課題，與「科學」無關。其精神性的價值操作，可以幫助人們排憂解難，從「心靈的交感」現象中，發揮安撫人體形式的和諧作用，從而獲得精神鼓舞與精神實現，代表的是人類心靈的精神追尋。這方面需要加強大家的文化素養，才能重新理解道教醫療是融合了生理治療、心理治療、精神信仰治療與社會治療於一爐的文化產物，這是從人的身心內外與自然、社會等相互關聯、協調的視角出發，強調理身、治心與醫療的統一。〔註5〕

宗教醫療的靈性治療，來自人與天地鬼神的聯結，是自我生命的擴充與完成，有著強烈與宇宙合爲一體的現實願望。雖然生命是短暫的，卻能在「無限空間」與「永恆時間」中，建立出「道神人一體」的終極生命境界，讓修道人可以從生物（肉體形式）的生命，進入到精神形式的生命。在「天地人鬼神」五位一體的宇宙觀下，建立了人與宇宙精神聯結的形上模式，這種「天人感應」的形上學，爲「文化醫療」提供了理論的依據與操作的法則，體證到自身與宇宙的生命聯繫，彰顯出生命存在的特殊作用與功能（特殊療效），確立了人在天地中的地位與價值。

道教醫療不只是以物質手段來醫療身體疾患，更重視調節病患的精神狀況，因爲精神因素在生命過程中，常居於主導的地位，即養神重於養形。是

〔註4〕獎力生：〈論道教服食方的價值和影響〉，《江西社會科學》，1996 年第 12 期，頁 595，56～59。
〔註5〕蓋建民：《道教醫學導論》（台北：中華道統出版社，1999 年），頁 383。

從精神（神）上的認同與修養，來建構出以精神（神）作爲主體的生命機能。
這種重視醫療救護活動的「內源性驅動力」，是從物質世界向心靈世界邁進，
以「超自然」的各種神聖力量，來提昇個人身心的整體和諧。雖然夾雜著以
鬼神或巫術來治病去疾的行爲，但並不意謂著這種行爲（操作工夫）是非理
性的，基本還是屬於抽象的精神活動，對病患是有心理調節的作用（因爲醫
學再發達，都無法解決人類面對生死的遺憾），可以幫助人們排憂解難，從心
靈的交感現象中，獲得精神鼓舞與精神實現。此超越了物質概念，提供了心
靈相互交感的超越功能。這些醫療對應技術，是有其源遠流長的文化依據，
所綜合發展出豐富精彩的心靈學體系。此體系回應著宇宙的運行原理，包含
著自古傳承下來的巫醫同源共軌的宇宙論和生命觀，充滿古人對生命的精神
性追求，展現出回歸自然與合乎天理的生命形式。

　　道教醫療和西方的主流醫學最大的不同是來自其特有的生命觀念的延
續，重視人體存有的宇宙圖式與形而上學，重視人與天地的自然關係以及人
與鬼神的超自然關係交感對應下的地位與存在價值，建立在以人作爲主體的
精神活動上，所以除了有形肉體的生理醫療外，更加重視無形精神靈性的終
極安頓，肯定永恆無限的生命形式，是以「不死」作爲道教醫療的宗旨。宗
教的靈性醫療，雖然帶有濃厚巫術與宗教的色彩，其內在的思維理性與經驗
技能，有助於「養生健體」與「避疾防疫」的醫療運用。由此可知道教醫療
重養形也重養神，既可以經由形體的生理養護來培養出內在的精神，也可以
經由精神的心理修持來維護外在的形體，二者相互交織。顯示道教醫療醫身
也醫心，不只以物質手段來治療身體的疾病，更重視精神的修持來調節身心
的整體和諧。二十一世紀的人們要明瞭從生理、心理到靈性，不能只從單方
面來醫療或養生，除了技術性的醫學知識外，我們更應該加強精神內守的文
化教養與修煉，在醫療與生命的終極價值上，重視以人作爲主體展開的動態
文化，以有限的生涯，去領略無限的人文精神世界。

參考書目

一、專書

（一）古籍

1. （先秦）莊周著、（清）郭慶藩編：《莊子集釋》，台北：中華書局，1961年。

2. （晉）郭象注、（唐）成玄英疏、（清）郭慶藩集釋：《莊子集釋》，台北市：中華書局，1973年3月再版。

3. （秦）呂不韋：《呂氏春秋》，貴州：人民出版社，1997年。

4. （漢）司馬遷：《史記》卷150，北京：中華書局，標點本第九冊。

5. （漢）班固：《漢書》，台北：中華書局，1961年。

6. （漢）班固：《漢書》，台北：鼎文書局，1983年。

7. （漢）高誘注釋：《淮南子注釋》，台北市：華聯出版社，1973年。

8. （漢）許慎撰、（清）段玉裁注：《說文解字注》，台北市：黎明文化事業股份有限公司，1974年。

9. （魏）吳普等述、（清）孫星衍、孫馮翼同輯：《神農本草經》，台北：中華書局，1994年3月。

10. （日本）森立之重輯：《神農本草經》，上海：群聯書局，1955年。

11. （晉）葛洪：《神仙傳》（上海：古籍出版社，1990年。

12. （晉）葛洪：《肘後備急方》，北京：人民衛生出版社影印明刊本。

13. （晉）張華：《博物志》，見《四庫全書·子部小說家類》，臺北：臺灣商務印書館，1983年。

14. （晉）干寶撰：《搜神記》（北京：中華書局，1985年。

15. （梁）陶弘景校注、（日本）森立之重輯：《本草經集注》，日本：南大阪出版社，1972 年。

16. （唐）王冰次注、（宋）林億等校正：欽定《四庫全書》子部三九醫家類《黃帝內經》，第七三三冊，上海市：上海古籍出版社，1987 年。

17. （唐）王冰次注、（宋）林億等校正：欽定《四庫全書》子部三九醫家類《靈樞經》，第七三三冊，上海市：上海古籍出版社，1987 年。

18. （唐）李冰注：《靈樞經》，台北：中華書局，1987。

19. （唐）孫思邈：《孫思邈醫學全書》，北京：中國中醫藥出版社，2009 年。

20. （宋）張君房輯、蔣力生等校注：《雲笈七籤》，北京：華夏出版社，1995 年。

21. （宋）張君房編、李永晟點校：《雲笈七籤》，北京：中華書局，2003 年。

22. （宋）唐慎微：《重修政和經史證類備用本草》，北京：人民衛生出版社，1955 年。

23. 陶弘景：《養性延命錄》卷上，《道藏》第十八冊（天津：古籍出版社，1988 年）。

24. （明）張介賓：《類經》，北京：人民衛生出版社，1995 年。

25. （明）徐春甫：《古今醫統大全卷》，台北：新文豐書局，1978 年。

26. （明）李中梓：《內經知要》，台北：新文豐書局，1989 年。

27. 《馬王堆漢墓醫書校釋》，四川：成都出版社，1992 年。

28. 《古今醫統》《古今圖書集成醫部全錄》第十二冊，北京：人民衛生社，1991 年。

29. 《正統道藏》，台北：藝文印書館，1977 年。

30. 《道藏》，天津：古籍出版社，1988 年。

31. 張繼禹主編：《中華道藏》第 22 冊，北京：華夏出版社，2004 年。

二、學術著作（依出版年先後排序）

1. 陳邦賢：《中國醫學史》，上海：商務印書館，1947 年。

2. 王明：《太平經合校》，北京：中華書局，1960 年。

3. 王明校釋：《抱朴子內篇校釋（增訂本）》，北京：中華書局，1985 年。

4. 陳國符：《道藏源流考》，北京：中華書局，1963 年。

5. 陳國符：《道藏源流續考》，台北：明文書局，1983 年。

6. 陳國符：〈《道藏經》中外丹黃白法經訣出世朝代考〉《中國古代化學史研究》，北京：北京大學出版社，1985 年。

7. 陳國符：《中國外丹黃白法考》，上海：上海古籍出版社，1997 年。

8. 陳國符:〈道藏經中外丹黃白法經訣出世朝代考〉,收入趙匡華主編:《中國古代化學史研究》,北京:北京大學出版社,1985 年。

9. 鄭志明:《以人體爲媒介的道教》,嘉義:宗教文化研究中心,2000 年。

10. 鄭志明:《華人宗教的文化意識第一卷》,台北:宗教文化研究中心,2001 年。

11. 鄭志明:〈從說文解字談漢字的鬼神信仰〉《中國社會鬼神觀念的衍變》,台北:宗教文化研究中心,2001 年。

12. 鄭志明:〈宗教醫療的社會性與時代性〉《華人宗教的文化意識》第二卷,台北:宗教文化研究中心,2003 年。

13. 鄭志明:《宗教與民俗醫療》,台北:大元書局,2004 年。

14. 鄭志明:《道教生死學》,台北市:文津出版社,2006 年 5 月。

15. 鄭志明:《傳統宗教的文化詮釋——天地人鬼神五位一體》,台北:文津出版社,2009 年。

16. 鄭志明:《宗教生死學》,台北:文津出版社,2009 年。

17. 鄭志明:《當代宗教觀與生死學》,台北:文津出版社,2012 年。

18. 楊鵬舉:《神農本草經校注》,北京:學苑出版社,2004 年。

19. 秦伯未:《中醫學概論——醫學入門捷徑》,台北:文光圖書有限公司,2007 年。

20. 林富士:《中國中古時期的宗教與醫療》,台北:聯經出版社,2008 年。

21. 程雅君:《中醫哲學史——先秦兩漢時期》,四川:四川巴蜀書社,2009 年。

22. 胡守爲:《神仙傳校釋》,台北市:中華書局,2010 年。

23. 李紹燦編著:《中藥拾趣》,廣西:廣西科學出版社,2011 年。

24. 曾振宇、范學輝:《天人衡中——春秋繁露與中國文化》,河南開封:河南大學出版社,1998 年。

25. 劉松來:《養生與中國文化》,南昌:江西高校出版社,1994 年。

26. 廖育群:《岐黃醫道》,瀋陽:遼寧教育出版社,1991 年。

27. 高春媛、陶廣正:《文物考古與中醫學》,福州:福建科學技術出版社,1993 年。

28. 葛兆光:《道教與中國文化》,上海:上海人民出版社,1987 年。

29. 徐復觀:《中國人性論史先秦篇》,台北:台灣商務印書館,1996 年。

30. 海德格著、陳伯仲譯:〈建、居、思〉《建築現象學導論》,台北:桂冠圖書公司,1992 年。

31. 張光直:〈談「琮」及其在古史上的意義〉《中國青銅器時代(第二集)》,台北:聯經出版事業公司,1990 年。

32. 朱存明：《靈感思維與原始文化》，上海：學林出版社，1995 年。

33. Brian Morris 著、張慧端譯：《宗教人類學導讀》，台北：國立編譯館，1996 年。

34. 呂大吉：《宗教學通論新編》，北京：中國社會科學出版社，1998 年。

35. 陳樂平：《出入命門——中國醫學文化學導論》，上海：上海三聯書店，1991 年。

36. 劉杰、袁峻：《中國八卦醫學》，山東青島：青島出版社，1993 年。

37. 鄺良：《人身小天地——中國象數醫學源流》，北京：華藝出版社，1993 年。

38. 薛公忱主編：《中醫文化溯源》，南京：南京出版社，1993 年。

39. 李亦園：《信仰與文化》，台北：巨流出版社，1996 年。

40. 黃麗莉：《人際和諧與衝突——本土化的理論與研究》，台北：桂冠圖書公司，1999 年。

41. 李亦園：《文化的圖像（下）——宗教與族群的文化觀察》，台北：允晨文化公司，1992 年。

42. 呂理政：《天、人、社會——試論中國傳統的宇宙認知模型》，台北：中央研究院民族學研究所，1990 年。

43. 弗雷澤著、汪培基譯：《金枝：巫術與宗教之研究》，台北：久大桂冠圖書公司，1991 年。

44. 黃海德、張禹東主編：《宗教與文化》，北京：社會科學出版社，2005 年。

45. 蒲慕州：《追尋一己之福——中國古代的信仰世界》，台北：允晨文化公司，1995 年。

46. 胡孚琛：《魏晉神仙道教——抱朴子內篇研究》，北京：人民出版社，1991 年。

47. Frederick J.Streng 著，李慶譯：《人與神——宗教生活的理解》，上海：上海人民出版社，1991 年。

48. 小野澤精一、福永光司、山井涌編著，李慶譯：《氣的思想——中國自然觀與人的觀念的發展》，上海：上海人民出版社，1990 年。

49. 蒙文通：〈晚周仙道分三派考〉《古學甄微》，四川成都：巴蜀書社，1987 年。

50. 蓋建民：《道教醫學導論》，台北：中華道統出版社，1999 年。

51. 苗啓明、溫益群：《原始社會的精神歷史構架》，雲南昆明：雲南人民出版社，1993 年。

52. 李豐楙：《不死的探求——抱朴子》，台北：中時出版社，1982 年版。

53. 馮天策：《信仰導論》，廣西南寧：廣西人民出版社，1992 年。

54. 張光直：《考古學專題六講》，台北：稻香出版社，1988 年。

55. 張光直：〈談「琮」及其在中國歷史上的意義〉《文物與考古論集》，北京：文物出版社，1986 年。

56. 鄭金生：《藥林外史》，台北：東大圖書），2005 年。

57. 胡玉珍：〈《抱朴子・內篇》道教醫學之研究（上、中、下）──中國學術思想輯刊二七編 23、24、25〉，新北市：花木蘭文化事業，2018 年 3 月。

58. Andrea Aromatico 著、李曉樺譯：《煉金術──偉大的奧秘》（1996 年原版），上海：上海書店出版社，2002 年。

59. 漢斯─魏爾納・舒特（Hans-Werner Sehutt）著、李文潮、蕭培生譯：《尋求哲人石》，上海：科技教育出版社，2006 年。

60. 小林正美著、李慶譯：《六朝道教史研究》，四川：人民出版社，2001 年。

61. 龔鵬程：〈由知善到信文的理論結構〉《漢代思潮》，上海：商務印書館，2005 年。

62. 《路德論羅馬教廷》轉引自（美）斯特倫著、金澤、何其敏譯：《人與神──宗教生活的理解》，上海：人民出版社，1991 年。

63. 黃永鋒：《道教服食研究技術》，北京：東方出版社，2008 年。

64. 陳飛龍：《抱朴子內篇今註今譯》，台北市：台灣商務印書館，2000 年。

65. 李零：《中國方術考》，北京：中國人民出版社，1993 年。

66. 藍秀隆：《抱朴子研究》，台北：文津出版社，1989 年。

67. 李申：〈變化觀與煉丹術〉《中國古代哲學和自然科學》，北京：中國社會科學出版社，1989 年。

68. 村上嘉實：〈煉金術的理論〉記載於（日）福井康順等監修《道教》第 1 卷，上海：上海古籍出版社，1990 年。

69. 鄧啟耀：《中國神話的思維結構》，重慶：重慶出版社，1992 年。

70. 約翰生著、黃素封譯：《中國煉丹術考》，上海：上海文藝出版社，1992 年。

71. 張覺人：《中國古代煉丹術──中醫丹藥研究》，台北：明文書局，1985 年。

72. 金正耀：《道教與煉丹術論》，北京：宗教文化出版社，2001 年。

73. 姜生、湯偉峽：《中國道教科學技術史：漢魏兩晉卷》，北京：科學出版社，2002 年。

74. 陳國符：〈《道藏經》中外丹黃白法經訣出世朝代考〉《中國古代化學史研究》，北京：北京大學出版社，1985 年。

75. 孟乃昌：〈中國煉丹家之理論觀點〉收錄於羅熾主編：《眾妙之門──道教文化之謎探微》，湖南：教育出版社，1991 年。

76. 張子高：〈煉丹術的發生與發展〉收錄於詹石窗主編：《百年道學精華集成》第五輯道醫養生，成都：巴蜀書社，2014 年。

77. 李約瑟：《中國之科學與文明》，台北：商務印書館，1985 年。

78. 林曉民、李振岐、侯軍撰：《中國大型真菌的多樣性》，北京：中國農業出版社，2004。

79. 曾振宇、范學輝：《天人衡中——春秋繁露與中國文化》，河南開封：河南大學出版社，1998。

80. 顧頡剛：《秦漢的方士與儒生》，上海：上海古籍出版社，2005。

81. 卿希泰主編：《中國道教史（修訂本）》，成都：四川人民出版社，1996 年。

82. 江蘇新醫學院編：《中藥大辭典》，上海：上海人民出版社，1977 年。

83. 尚志鈞：《歷代中藥文獻精華》，北京：科學技術出版社，1989 年。

84. 鄔良：《人身小天地——中國象數醫學源流時間醫學篇》，北京：華藝出版社，1993 年。

85. 那琦：《本草學》，台北：南天書店，1982 年。

86. 施又文：《神農本草經》研究（古典文獻研究輯刊五編：第 30 冊），台北縣：花木蘭文化出版社，2007 年。

87. 陳西河：《中醫名詞辭典》，台北：伍洲出版社，1984 年。

88. 莊宏達：《內經新解》，台北：志遠出版社，1993 年。

89. 馬繼興主編：《神農本草經輯注》，北京：人民衛生出版社），1995 年。

90. 王筠默、王恆芬輯著：《神農本草經校證》，吉林：科學技術出版社），1988 年。

91. 《中國藥材學》，台北：啟業出版社，1987 年。

92. 高學敏：《中藥學》（上），北京市：人民衛生出版社，2000 年。

93. 陳岱全：《藥理學》，台北：合記書局，1974 年。

94. 莊兆祥、關培生、江潤祥編著：《本草研究入門》，香港：中文大學出版社，1983 年。

95. 史仲序：《中國醫學史》，台北：正中書局，1993 年。

96. 王仲殊：《漢代考古學概論》，北京：中華書局，1984 年。

97. 譚電波等編著：《道教養生》，長沙市：嶽麓書社，1993 年。

98. 薛愚主編：《中國藥學史料》，北京市：人民衛生出版社，1984 年。

99. 王奇、張淑琴、高艷編著：《列仙傳神仙傳注譯》，天津市：百花文藝出版社，1996 年。

三、期刊論文

（一）學術期刊

1. 余遜：〈早期道教之政治信念〉《輔仁學志》，第 12 卷 1～2 期，1943 年。

2. 大淵忍爾：〈初期的仙説〉《東方宗教》，第 2 卷第 2 期，1952 年。

3. 郭起華的〈從葛洪和陶弘景看道教對古代醫學的影響〉《世界宗教研究》，1982 年第 1 期。

4. 文榮光：〈要神也要人──精神疾病與民俗醫療〉《民間信仰與社會研討會》（南投：台灣省政府民政廳，1982 年。

5. 胡孚琛：〈中國科學史上的《周易參同契》〉《文史哲》，1983 年第 6 期。

6. 胡孚琛：〈齊學和道教〉，《世界宗教研究》1987 年第 2 期。

7. 王明：〈中國道教史序〉《世界宗教研究》，1987 年第 3 期。

8. 張煒玲著、丁煌校改：〈抱朴子内篇養生學之探討〉《道教學探索》，1991 年 4 月。

9. 宋鎮豪：〈商代的巫醫交合和醫療俗信〉《華夏考古》，1995 年 1 期。

10. 薛公忱：〈《抱朴子内篇》長生思想辨析〉《中醫文獻雜誌》，1996 年 2 期。

11. 劉君：〈試探魏晉神仙道教之變化思想──以葛洪「抱朴子·内篇」觀之〉《中國文化月刊》233，1999 年 8 月。

12. 黃霏莉的〈葛洪的美學思想及其對中醫美容學的貢獻〉《中華醫學美容雜誌》，1999 年第 3 期。

13. 廖育群：〈關於中國傳統醫學的一個傳統觀念──醫者意也〉《大陸雜誌》一○一卷一期，2000 年。

14. 戴建平：〈六朝煉丹術及其化學成就〉《科技與經濟》，2001 年 3 期。

15. 鄭志明：〈生死學與民俗醫療〉《現代生死學理論建構學術研討會論文集》，嘉義大林：南華大學，2001 年。

16. 鄭志明：〈民俗醫療的科學性與文化性〉《宗教與科學學術論集》，台北：輔仁大學出版社，2003 年。

17. 熊鐵基：〈人皆可以爲神仙──葛洪神仙論的現代詮釋〉《中國道教》，2003 年 6 月。

18. 曹劍波：〈《抱朴子内篇》養生智慧管窺〉《中國道教》，2003 年 2 月。

19. 黃忠慎：〈葛洪《抱朴子·内篇》之形上理論與神仙思想〉《彰化師範大學國文學誌》第七期，2003 年 12 月。

20. 曾勇：〈葛洪的生命觀及其現代沉思〉《湖北社會科學》，2005 年 3 期。

21. 岑孝清：〈讀《抱朴子》的生與命〉《中國道教》，2006 年 1 月。

22. 丁貽庄：〈試論葛洪的醫學成就及其醫學思想〉《宗教學研究論集》，2008

年 2 月。

23. 陸豔、陳懷松：〈《抱朴子‧內篇》養生思想與方術探討《黃山學院學報》，第 11 卷 2 期，2009 年 4 月。

24. 吳學宗、王麗英：〈從葛洪著述管窺葛洪的道教醫學思想〉《廣州社會主義學院學報》，2009 年第 3 期。

25. 劉君、劉樹軍、郭建菊：〈論中國傳統文化下的養生觀〉《民族傳統體育》，第 9 卷第 1 期，2011 年 1 月。

26. 王慧勇：〈從養生角度看道教對煉形的影響〉《體育科技文獻通報》，2011 年 9 月。

27. 劉仲宇：〈論道教養生學與現代養生理念〉《中國宗教》，2011 年 10 月。

28. 王慧勇：〈道教養生體系中煉丹術的哲學意蘊〉《體育研究與教育》，第 26 卷 2011 年 12 月。

29. 鄭國燊：〈論葛洪的藥學成就〉《中成藥》，1997 年 11 月。

30. 曾召南：〈服食〉《宗教學研究》，1983 年 7 月。

31. 郭起華：〈葛洪的養生學理論與方術述評〉《湖南中醫學院學報》，1993 年 12 月。

32. 伊鳴：〈枸杞養生又養顏〉《醫藥保健雜志》，2006 年 11 月。

33. 孫曉生：〈道教食養與《抱朴子》仙藥〉《新中醫》，2011 年 9 月。

34. 楊金萍：〈《神農本草經》的道家養生思想與漢畫像石中的羽人仙藥圖〉《醫學與哲學》，2006 年 2 月。

35. 華安：〈道家「仙藥」說枸杞〉《家庭中醫藥》，2006 年 3 月。

36. 胡可濤：〈葛洪養生思想撮述〉《商丘師範學院學報》，2015 年 10 月。

37. 陳立夫：〈中華文化復興運動中醫界應負之使命〉收錄於《對中國醫藥之願望》，台中：私立中國醫藥學院印行，1994 年。

38. 陳國符：〈中國外丹黃白術史略〉，《化學通報》，1954 年 12 月號。

39. 劉小楓：〈真理為何要秘傳：《靈知派經書》與隱微的教誨〉，《跨文化對話》，2001 年第 6 期。

40. 曹元宇：〈葛洪以前之金丹史略〉，《學藝》，1935 年第 2 號第 14 卷。

41. 魏小巍：〈從煉丹術看道教信仰的建構〉，《弘道》，2008 年第 1 期。

42. 劉仲宇：〈《太平經》與《周易參同契》〉〈葛玄、葛洪與《抱朴子‧內篇》〉載於《道教通論》。

43. 胡孚琛：〈中國外丹黃白術仙學述要〉，《道家文化研究》第七輯，1955 年。

44. 魏小巍：〈從煉丹術看道教信仰的建構〉收錄於詹石窗主編：《百年道學精華集成》第五輯道醫養生，成都：巴蜀書社，2014 年。

45. 黃素封:〈中國煉丹術考證〉收錄於詹石窗主編:《百年道學精華集成》第五輯道醫養生,成都:巴蜀書社,2014 年。

46. 余遜:〈早期道教之政治信念〉《輔仁學志》,第 12 卷 1～2 期,1943 年。

47. 張子高:〈煉丹術的發生與發展〉,收錄於詹石窗主編:《百年道學精華集成》第五輯道醫養生卷四,成都:巴蜀書社,2014 年。

48. 陳士瑜:〈中國食用菌栽培歷史初探〉,《微生物學通報》10,1983 年。

49. 王強、劉盛榮:〈論中國古代的菌文化〉,《中國食用菌》3,2015 年。

50. 卯曉嵐:〈「中國靈芝文化」提要〉,《食用菌》4,1999 年。

51. 陳士瑜:〈中國古代「芝草」圖經亡佚書目考〉,《中國科技史料》3,1991 年。

52. 蘆笛:〈《太上靈寶芝草品》研究〉,《中華科技史學會學刊》16,2011 年。

53. 蘆笛:〈道教文獻中「芝」之涵義考論〉,《宗教學研究》2,2015 年。

54. 陳士瑜:〈石芝・太歲・地孩兒——菌覃稗史鉤沉之一〉,《食用菌》3,1990 年。

55. 金沂:〈兩漢祥瑞災異類公文概說〉,《文教資料》26,2012 年。

56. 鄭金生:〈中藥早期藥裡考略〉,《大陸雜誌》6,1989 年。

57. 蔡永敏、邱彤、張瑋:〈天麻藥名沿革考〉,《中國中藥雜誌》10,2002 年。

58. 李豐楙:〈漢武內傳之著成及其流傳〉,《幼獅學誌》17:2,1982 年。

59. 魏先斌:〈《抱朴子・內篇》醫學思想初探〉,《錦州醫學院學報》4:1,2006 年。

60. 李麗卿:〈中藥的採集、炮製、調劑、煎煮與療效的關係〉,《福建藥學雜誌》,1994 年第 1 期。

61. 陶思炎:〈牡丹梅花菊花——中國名花祥物摭談〉《藝術探索》,2008 年第 2 期。

62. 魏先斌:〈《抱朴子・內篇》醫學思想初探〉《錦州醫學院學報》,2006 年第 4 卷第 1 期。

63. 鄭金生:〈中藥早期藥裡考略〉,《大陸雜誌》6,1989 年。

64. 章原:〈葛洪與本草服食——以《抱朴子・內篇》爲中心的探究〉,《中國道教》,2017 年 12 月。

(二)論文集論文

1. 劉仲宇:〈葛玄、葛洪與抱朴子內篇〉,收入牟鍾鑒等編《道教通論——兼論道家學說》,山東:齊魯書社,1993 年。

2. 李宗定:〈葛洪成仙之道與金丹理論〉《第三屆道家・道教養生學術研討會論文集》,高雄:師範大學,民 100 年 3 月。

3. 林文欽：〈從讀《周易參同契》談道教煉丹養生的困境與突破〉《第一屆道家、道教養生學術研討會論文集》，高雄市：高雄師範大學國文學系，2008 年 7 月。

4. 胡玉珍：〈《抱朴子‧內篇》藥物養身醫療觀之探析——以五芝爲例〉《「流失在民間的中國醫療史暨廢除中醫案 90 週年」國際學術研討會》，中央研究院：人文社會科學研究中心，2018 年 12 月。

（三）學位論文

1. 丁婉莉：《葛洪養生思想研究》，高雄：師範大學國文系碩士論文，2004 年 1 月。

2. 賴錫三：《道教內丹的先天學與後天學之發展和結構》，清華大學中文研究所博士論文，2001 年。

3. 陳文尚：《台灣傳統三合院式家屋的身體意象——地理知識學的例證研究之二》，台北：中國文化大學地理學系，1993 年。

4. 容志毅：《南北朝道教煉丹與化學研究》，山東大學博士論文，2005 年。

5. 葛召坤：《煉丹術非金石藥物研究》，山東大學碩士論文，2013 年。

6. 裘梧：《葛洪數術思想研究——以《抱朴子內篇》爲中心》，北京大學碩士論文，2010 年。

7. 朴載榮：《抱朴子‧內篇》養生思想研究，青島大學碩士論文，2013 年。

8. 謝素珠：《葛洪醫藥學成果之探究》，成功大學碩士論文，1993 年。

9. 丁婉莉：《葛洪養生思想研究》，高雄師範大學碩士論文，2003 年。

10. 李宛靜：《抱朴子內篇養生論研究》，銘傳大學碩士論文，2004 年。